Langenscheidt

Praktisches Lehrbuch

Griechisch

von Athanasios Anastasiadis
und Dr. Anastasia Kalpakidou

Langenscheidt

Berlin · München · Wien · Zürich · New York

Illustrationen: Yorgos Konstantinou
Grafik: Ute Weber
Titelgestaltung: Independent Medien-Design
Lektorat extern: Iris Keramidas

Umwelthinweis: Gedruckt auf chlorfrei gebleichtem Papier

Ergänzende Hinweise, für die wir jederzeit dankbar sind, bitten wir zu richten an:
Langenscheidt Verlag, Postfach 40 11 20, 80711 München

www.langenscheidt.de

Druck: Druckhaus Mitte, Berlin
Printed in Germany
ISBN-13: 978-3-468-**26211**-1
ISBN-10: 3-468-**26211**-6

1. 2. 3. 4. 5. * 11 10 09 08 07

Wegweiser

Herzlich willkommen! Sie haben sich dazu entschlossen, Griechisch zu lernen – und Sie wollen sich über die bloße Verständigungsmöglichkeit hinaus intensiver mit der Fremdsprache beschäftigen. Dieser Praktische Lehrgang wird Ihnen gründliche Kenntnisse des Griechischen vermitteln. Sie werden die häufigsten 1.700 Wörter und die wichtigsten grammatischen Strukturen kennen lernen, ideale Voraussetzungen also, um auf Griechisch Situationen des Alltags schriftlich oder mündlich zu bewältigen. Außerdem können Sie sich mit diesem Kurs auch auf das Level B des Zertifikats zum Nachweis von Griechischkenntnissen vorbereiten, das Sie beispielsweise bei einer Volkshochschule ablegen können.

Sie haben sich dazu entschieden, zu Hause und wahrscheinlich ohne Lehrer Griechisch zu lernen. Weil wir Sie dabei nicht allein lassen wollen, haben wir das Buch durchgängig klar strukturiert und darauf geachtet, besonders ausführliche und einfache Erklärungen, anschauliche Beispiele und nützliche Lerntipps aufzunehmen. In den folgenden beiden Abschnitten erfahren Sie, wie die Lektionen aufgebaut sind und wie Sie mit dem Buch arbeiten können. Sollten Sie lieber gleich loslegen wollen, überspringen Sie sie einfach.

Wie sind die Lektionen aufgebaut?

Alle Lektionen sind auf dieselbe Art und Weise aufgebaut, so dass Sie sich im Buch leicht zurechtfinden werden. Blättern Sie am besten einmal ein paar Seiten durch, damit Sie einen Eindruck von seinem Aufbau gewinnen.

Auf der ersten Seite finden Sie neben der Lektionsnummer einen Kasten, der Ihnen verrät, was Sie in der Lektion erwartet. Danach geht es richtig los: Jede Lektion – abgesehen von der Vorlektion, die eine Einführung in Schrift und Aussprache beinhaltet – beginnt mit einem **Lesetext**, der aus der "echten" Alltagswelt Griechenlands kommt und ein Beispiel für eine der vielen Textsorten der geschriebenen Sprache darstellt. Für das leichtere Verständnis haben wir eine Übersetzung hinzugefügt.

In der Rubrik **"Τι καινούριο έχουμε;"** *Was gibt's Neues?* wird Ihnen der Grammatikschwerpunkt der jeweiligen Lektion erklärt. Mit Hilfe der Erklärungen und der Beispiele aus dem ersten Text wird Ihnen schnell deutlich werden, was es hier zu lernen gilt.

Anschließend folgt der Haupttext der Lektion, ein **Dialog**, der Sie vor allem mit dem gesprochenen Griechisch vertraut macht. Diesen Text finden Sie im Anhang auch übersetzt sowie (wenn Sie sich für die Ausgabe mit Begleitheft und CD entschieden haben) auf CD1 vertont, so dass Sie Aussprache, Rhythmus und Melodie der griechischen Sprache erleben können. Alle Texte werden selbstverständlich von griechischen Muttersprachlern gesprochen.

In der Rubrik **"Λεξιλόγιο"** *Wortschatz* sind alle neuen Wörter aus den beiden Texten der Reihenfolge nach aufgeführt und übersetzt. Um Ihnen bei der Aussprache zu helfen, haben wir in den ersten fünf Lektionen auch jeweils die Lautschrift hinzugefügt. Manchmal finden Sie hinter einem Wort eine kleine Anmerkung, die Ihnen einen Hinweis darauf gibt, dass das Wort in einem spezifischen Kontext verwendet oder einer bestimmten Wortart zugeordnet wird. Die Wortlisten sind zum Teil recht umfangreich. Sie müssen aber nicht alle Wörter gleichermaßen intensiv lernen. Die normal gedruckten Wörter benötigen Sie zwar für das Verständnis des Textes, Sie müssen sie jedoch an dieser Stelle nicht aktiv beherrschen. Die fett gedruckten Wörter dagegen sollten Sie sehr gut lernen. Sie gehören zum festgelegten Wortschatz des *Zertifikats zum Nachweis von Griechischkenntnissen*.

Der anschließende **Grammatikteil ("Γραμματική")** macht Sie Schritt für Schritt mit den neuen Strukturen vertraut. Sie müssen sich aber nicht erst durch die ganze Grammatik einer Lektion durcharbeiten, bevor Sie die Übungen machen können. Der gelbe Pfeil hinter den Überschriften verrät Ihnen, welche Übungen welchen Grammatikthemen zugeordnet sind. Wenn Sie einen grammatischen Begriff nicht verstehen, können Sie ihn in der Liste der **grammatischen Fachausdrücke** auf Seite 12 ff. nachschlagen.

In **"Χρήση των ελληνικών"** *Gebrauch des Griechischen* zeigen wir Ihnen, wie Sie die Sprache verwenden, um alltägliche Situationen auf Griechisch zu meistern. Lernen Sie die Redewendungen gut, und beeindrucken Sie Ihre Gesprächspartner auf Ihrer nächsten Reise durch "waschechtes" Griechisch!

Unter **"Άλλες χρήσιμες εκφράσεις"** finden Sie weitere nützliche Ausdrücke, die zu den Themen der Lektion gehören. Diese Wörter und Wendungen sollten Sie sich gut einprägen.

Sie können übrigens alle griechischen Wörter, die im Buch vorkommen, auch im **Glossar** am Ende des Buchs nachschlagen. Dort finden Sie neben der Übersetzung und der Angabe der Lektion, in welcher das Wort erstmalig vorkommt, auch die Lautschrift für alle Wörter.

Interessante **Informationen** über Land und Leute finden Sie überall dort, wo das Symbol i erscheint.

Am Ende jeder Lektion heißt es üben, üben und nochmals üben. Dazu dienen Ihnen die vielen **"Ασκήσεις"**. Durch zahlreiche Übungstypen erhalten Sie die Gelegenheit, den Wortschatz und die neu erlernten grammatischen Strukturen vielfältig und abwechslungsreich zu üben. Die Übungen sollten Sie schriftlich lösen. Sie können das Buch dabei als Arbeitsmaterial benutzen und Ihre Antworten oder Notizen direkt hineinschreiben – in der Regel ist Platz dafür vorgesehen. Die Lösungen aller Übungen sind im Anhang abgedruckt.

Nach jeweils fünf Lektionen können Sie Ihre Lernfortschritte anhand eines **Tests** überprüfen. Erst wenn Sie sich beim Lösen der Tests wirklich sicher fühlen, sollten Sie sich den nächsten Lektionen zuwenden. Die Auswertung und die Lösungen zu den Tests finden Sie ebenfalls im Anhang.

Wenn Sie sich für die Ausgabe mit Buch, Begleitheft und CDs entschieden haben, bieten wir Ihnen auf den beiden Übungs-CDs ein abwechslungsreiches **Hör- und Sprechtraining**, das Sie in die verschiedensten Alltagssituationen hineinversetzt. Es ist den Lektionen im Buch direkt zugeordnet.

Wie sollten Sie mit dem Buch arbeiten?

Grundsätzlich gilt hier wie beim Sprachenlernen überhaupt: Nehmen Sie sich nicht zu viele Seiten auf einmal vor. Üben Sie stattdessen lieber täglich – 30 Minuten reichen schon.

Bevor Sie mit der ersten Lektion beginnen, sollten Sie sich, wenn Sie sich für die Ausgabe mit Buch, Begleitheft und CDs entschieden haben, zunächst unseren Einstieg auf der ersten Übungs-CD anhören, der Ihnen einen Eindruck von der Aussprache des Griechischen vermittelt. Lesen Sie anschließend die Ausspracheregeln in der Vorlektion und sprechen Sie alle Beispiele mehrmals laut nach.

Nun können Sie mit der ersten Lektion beginnen. Lesen Sie den ersten Text und erschrecken Sie nicht vor den vielen unbekannten Wörtern. Bei diesem Text ist es nämlich gar nicht wichtig, dass Sie ihn Wort für Wort verstehen. Es genügt, wenn Sie erkennen, worum es geht. Markieren Sie zunächst einmal alle Wörter, die Sie ohne Hilfe der Übersetzung und ohne Wörterbuch verstehen. Sie werden erstaunt sein, wie viele das sind! Auf diese Weise trainieren Sie nach und nach Ihre Fähigkeit, mit fremdsprachigen Texten umzugehen, ohne jedes Wort zu verstehen.

Ganz anders sollten Sie mit dem Dialog, dem eigentlichen Haupttext jeder Lektion verfahren. Da dieser Text aus der gesprochenen Alltagssprache kommt, ist es wichtig, ihn zu hören, also hautnah mit Melodie und Rhythmus zu erleben. Hören Sie sich den Dialog zunächst ein- oder zweimal ohne Buch an und notieren Sie sich alles, was Sie verstanden haben. Das können einzelne Wörter, ganze Satzteile oder auch nur ein paar Assoziationen sein. Damit Ihnen das Zuhören und Verstehen leichter fällt, haben wir alle Dialoge auch in einem verlangsamten Sprechtempo aufgenommen. Vielleicht hilft es Ihnen auch, den Text in mehrere kleine Hör-Etappen zu unterteilen. Hören Sie anschließend den ganzen Dialog noch einmal an. Erst jetzt sollten Sie dabei das Buch vor sich liegen haben. Wenn Sie mit Hilfe des "Λεξιλόγιο" und eventuell auch der Übersetzung das Gefühl haben, den Text gut zu verstehen, sollten Sie ihn laut vorlesen. Setzen Sie dabei ruhig Ihr schauspielerisches Können ein und imitieren Sie unsere Sprecher!

Um die neuen Wörter auch langfristig im Gedächtnis zu behalten, kann es sinnvoll sein, sie aufzuschreiben. Sehr bewährt hat sich dabei eine Lernkartei (Zettelkasten).

Die schriftlichen Übungen im Buch dienen dazu, Grammatik, Wortschatz und die Grundlagen der Aussprache zu üben. Mit Hilfe des Lösungsschlüssels im hinteren Buchteil können Sie jederzeit überprüfen, ob Sie alles richtig gemacht haben. Um das Hören und Sprechen zu erlernen, sollten Sie regelmäßig mit den beiden Übungs-CDs arbeiten. Bei manchen dieser Hörübungen werden Sie das Begleitheft brauchen, z. B. um etwas anzukreuzen. Alle anderen sollten Sie aber möglichst ohne Begleitheft lösen, denn schließlich geht es bei diesen Übungen ja darum, Hörverständnis und Sprechfertigkeit zu trainieren! Zur Sicherheit finden Sie jedoch im Lösungsteil des Begleitheftes eine Verschriftlichung aller Hörtexte – auf die Sie aber nur im Notfall zurückgreifen sollten.

Viel Spaß und viel Erfolg!

Abkürzungen

Abk.	Abkürzung	*Neut.*	Neutrum
Adj.	Adjektiv	*Sg*	Singular
Adv.	Adverb	*Pl*	Plural
Art.	Artikel	*unv*	unveränderlich
Pers.	Person	*aorist.*	aoristisch
best.	bestimmt	*parat.*	paratatisch
unbest.	unbestimmt	*etw.*	etwas
Nom.	Nominativ	*jdn.*	jemanden
Gen.	Genitiv	*jdm.*	jemandem
Akk.	Akkusativ	*u.a.*	und andere
Vok.	Vokativ	*wörtl.*	wörtlich
Mask.	Maskulin	*VL*	Vorlektion
Fem.	Feminin		

Inhaltsverzeichnis

Lektionsübersicht

	Texte	Themen / Sprechabsichten	Grammatik
	Vorlektion	Schrift und Aussprache Schwierigkeiten beim Schreiben und Lesen deutscher Namen auf Griechisch und umgekehrt Karte von Griechenland **Info:** Überblick über die Geschichte der griechischen Sprache Diglossie	Das griechische Alphabet Buchstabenkombinationen Lautveränderungen in laufender Rede Die Betonung Groß- und Kleinschreibung Satzzeichen
1	**Lesetext** SMS: *Στέλνουμε μήνυμα με το κινητό* **Dialog** *Στο καφέ Αμάν*	Sich begrüßen und sich verabschieden Sich / jemanden vorstellen Nach dem Namen fragen Nach dem Befinden fragen Die Zahlen von 0 bis 20	Das Substantiv im Singular Das Verb *είμαι* Der bestimmte und der unbestimmte Artikel im Singular Die Personalpronomen Die Normalkonjugation Die Negation mit *δεν*
2	**Lesetext** Kleinanzeigen: *Πίνακας ανακοινώσεων* **Dialog** *Κάνετε καλά παζάρια!*	Der Haushalt Berufsbezeichnungen Nationalitätsbezeichnungen, Länder und Sprachen **Info:** Sich am Telefon melden Duzen und Siezen	Der bestimmte Artikel im Plural Das Substantiv im Plural Die *άς*- und *είς*-Konjugation
3	**Lesetext** Veranstaltungsprogramm: *Πρόγραμμα Καρναβαλιού* **Dialog** *Δεν είναι πολύ ωραίος;*	Personen beschreiben Bedeutungsvarianten bei Adjektiven Nach der Uhrzeit fragen Die Uhrzeit angeben Die Wochentage Die Zahlen von 21 bis 100	Die Adjektive auf *-ος, -η, -ο / -ος, -α, -ο / -ος, -ια, -ο* Das Adjektiv *πολύς, πολλή, πολύ* Präpositionen mit dem Akkusativ Veränderliche Zahlwörter

	Texte	Themen / Sprechabsichten	Grammatik
4	**Lesetext** Familienstammbaum: *Το γενεαλογικό δέντρο της Ελένης* **Dialog** *Πόσα κλαδιά έχει το δικό σας γενεαλογικό δέντρο;*	Familie und Verwandtschaftsbezeichnungen Namensgebung in Griechenland Über die Familie reden Die Ordnungszahlen	Die Possessivpronomen Der Genitiv Die Fragesätze Die Fragewörter Die Interrogativpronomen *ποιος* und *πόσος* Das Adjektiv *δικός, -ιά / -ή, -ό*
5	**Lesetext** Beim Gemüsehändler: *Στη λαϊκή* **Dialog** *Γι' αυτό είμαι χορτοφάγος!*	Einkaufen gehen Nach dem Preis fragen Lebensmittel Lebensmittelhändler	Die Demonstrativpronomen Die schwachen Personalpronomen Die starken Personalpronomen Die Vokalstammkonjugation
6	**Lesetext** E-Mail: *Πάρτι το Σάββατο* **Dialog** *Συγνώμη, πού είναι ...;*	Nach dem Weg fragen Ortsangaben machen Die Zahlen von 100 bis 1.000.000 **Info:** Verkehrsmittel in Griechenland	Die Steigerung des Adjektivs und des Adverbs Die Verben auf *-άμαι* und *-ομαι* Die Adverbien auf *-α* und *-ως* Die Feminina auf *-ος* Lokaladverbien
7	**Lesetext** Postkarte: *Κάρτα από την Ξάνθη* **Dialog** *Λιχουδιές από την Ξάνθη*	Über Ereignisse in der Vergangenheit berichten Landschaften und Sehenswürdigkeiten beschreiben Anrede-, Gruß- und Abschiedsformeln in Briefen und Postkarten	Die Vergangenheit von *είμαι* und *έχω* Der aoristische Aspekt Der Aóristos der Normal- und Vokalstammkonjugation Die Verkleinerungsformen Temporaladverbien

	Texte	Themen / Sprechabsichten	Grammatik
8	**Lesetext** Jugend- und Kindheits-erinnerungen: *Όταν ήμουν μικρός ...* **Dialog** *Ο παλιός συμμαθητής*	Über Erinnerungen sprechen Freizeitaktivitäten Die Monatsnamen	Der paratatische Aspekt Der Paratatikós Ausdrücke, die auf den Paratatikós hinweisen Der Aóristos der *άς*- und *είς*-Konjugation Der Gebrauch von Paratatikós und Aóristos
9	**Lesetext** Test: *Συνήθειες διατροφής, τρόπος ζωής και υγεία* **Dialog** *Το φαγητό και η απόλαυση*	Ernährung und gesunde Lebensweise Sportliche Aktivitäten Wünsche ausdrücken Über Möglichkeiten oder Notwendigkeiten reden	Der aoristische und paratatische Konjunktiv Die Konjunktivpartikeln Die Funktionen des Konjunktiv Ausdrücke, die den Konjunktiv erfordern Die Feminina auf *-η, -εις* Die Neutra *το κρέας* und *το γάλα*
10	**Lesetexte** Einladung: *Πρόσκληση* Prospekt: *Ξενοδοχείο «Η Κυρά της Πάρου»* **Dialog** *Διακοπές στην Πάρο*	Urlaub und Reise Im Hotel Übliche Redewendungen im gesellschaftlichen Miteinander Floskeln **Info:** Orthodoxie, Hochzeit, Taufe	Das paratatische und aoristische Futur Die Relativpronomen Die Konjunktionen *ότι, πως, που* Die Substantive auf *-δες* im Plural Die Stellung des Personalpronomens in Konjunktiv und Futur
11	**Lesetext** Werbung: *Σε μας θα βρείτε τα πάντα!* **Dialog** *Η ωραιότερη της βραδιάς*	Kleidung Farben Materialien Aufforderungen und Verbote ausdrücken	Der Imperativ Der verneinte Imperativ Die Stellung der Personalpronomen im Imperativ Die Adjektive auf *-ύς, -ιά, -ύ* Die Neutra auf *-ος*

Grammatische Fachausdrücke

Fachausdrücke	deutsche Bezeichnung und Erklärungen	Beispiele
Adjektiv	Eigenschaftswort	*die **blaue** Hose*
Adverb	Umstandswort	*sie spricht **langsam***
Akkusativ	Wenfall	*ich sehe **ihn***
Aktiv	Tätigkeitsform (im Vergleich zum → Nicht-aktiv)	*ich sehe, er steht*
aoristischer Aspekt	fasst die Handlung als einmalig, zielgerichtet und abgeschlossen auf (→ Aspekt)	*θέλω να φάω – ich will (jetzt, gleich, heute, zu einem bestimmten Zeitpunkt) essen*
Aóristos	Vergangenheitsform im Griechischen	***αγόρασα** – ich habe gekauft*
Aparémfato	Verbform zur Bildung des → Perfekts, → Plusquampefekts und → perfektischen Futurs	*έχω **φάει** – ich habe **gegessen***
Aspekt	Aktionsart, Betrachtungsweise (→ aorist. Aspekt, parat. Aspekt)	
bestimmter Artikel	bestimmtes Geschlechtswort	*der, die, das*
Deklination	Beugung des Substantivs, Adjektivs, Artikels und Pronomens	*der gute Mann, den guten Mann, dem guten Mann, des guten Mannes*
Demonstrativpronomen	hinweisendes Fürwort	*dieser, diese, jenes*
Diminutiv	Verkleinerungsform	*Kätzchen, Zicklein*
direktes Objekt	Akkusativobjekt (wen oder was?)	*ich sehe **ihn, sie***
Feminin	weiblich	*die Frau, Katze, Zeitung*
Futur	Zukunft	*ich werde lernen*
Genitiv	Wesfall	*des Mannes, der Frau*
Genus	grammatisches Geschlecht	*männlich, weiblich, sächlich*
Gerundium	Verlaufsform	*lesend, telefonierend*
Hilfsverb	im Griechischen die Verben *haben* und *sein*	***έχω** φάει – ich **habe** gegessen*
Imperativ	Befehlsform	*Ruf mich an!*
Indefinitpronomen	unbestimmtes Fürwort	*irgendjemand, einige*

Fachaus-drücke	deutsche Bezeichnung und Erklärungen	Beispiele
Indikativ	Wirklichkeitsform (im Vergleich zu → Konjunktiv und → Imperativ)	*sie ruft mich an*
indirektes Objekt	Dativobjekt (wem?)	*ich kaufe **ihm** etwas*
Interrogativ-pronomen	Fragewort	*wer, welcher, was*
Kasus	Fall	*Wer-, Wem-, Wen-, Wes-, Anredefall*
Komparativ	1. Steigerungsstufe des Adjektivs oder Adverbs, Vergleichsstufe	*größer, besser*
Konditional	Bedingungsform	*Ich würde mit ihm reden.*
Konjugation	Beugung des Verbs in den einzelnen Zeitformen	*ich gehe, er geht ...*
Konjunktion	Bindewort	*da, weil, aber, und*
Konjunktiv	im Griechischen Verbform, die einen Wunsch, eine Möglichkeit oder Notwendigkeit ausdrückt	*θέλω **να διαβάσω**, μπορεί **να μείνει**, πρέπει **να φάμε***
Konjunktiv-partikel	Funktionswort, das den Konjunktiv kennzeichnet	*να, ας*
Konsonant	Mitlaut	*b, d, g, p ...*
Maskulin	männlich	*der Mann, Hund, Stuhl*
Negation	Verneinung	*ich gehe **nicht***
Negations-partikel	Funktionswort, das die Verneinung kennzeichnet	*δεν, μην, nicht, kein*
Neutrum	sächlich	*das Mädchen, Lamm, Haus*
Nicht-aktiv	Verbform, die das Passiv oder das → Reflexiv ausdrückt	***πληρώνομαι** – bezahlt werden, **ντύνομαι** – sich anziehen*
Nominativ	Werfall	***die Frau** sagt*
Numerus	Zahl (des Substantivs, Adjektivs, Promomens, Verbs)	*ich / wir, Haus / Häuser, gehe / gehen*
Paratatikós	Vergangenheitsform im Griechischen, Präteritum	***αγόραζα** – ich kaufte*
paratatischer Aspekt	betont Dauer, Verlauf und Wiederholung einer Handlung (→ Aspekt)	*θέλω να τρώω – ich will (immer, grundsätzlich, regelmäßig ...) essen*

Fachaus-drücke	deutsche Bezeichnung und Erklärungen	Beispiele
Perfekt	Vergangenheitsform, vollendete Gegenwart	*ich habe (schon) gegessen*
perfektisches Futur	vollendete Zukunft (entspricht dem deutschen Futur II)	*ich werde gegessen haben*
Plural	Mehrzahl	*die Häuser, die Alben*
Plusquamperfekt	Vorvergangenheit	*ich hatte gegessen*
Positiv	Grundstufe des Adjektivs und Adverbs	*groß, gut*
Possessiv-pronomen	besitzanzeigendes Fürwort	*mein, dein, unser*
prädikatsloser Satz	Satz ohne Vollverb	*Ich auch.*
Präposition	Verhältniswort	*auf, über, im*
Präsens	Gegenwart	*ich friere, er antwortet*
reflexiv	rückbezüglich	*sich kämmen*
Relativpronomen	bezügliches Fürwort	*das Haus, **das** ich sehe*
schwaches Personal-pronomen	einsilbiges persönliches Fürwort	*μου, σου, με*
Singular	Einzahl	*das Haus, das Album*
starkes Personal-pronomen	mehrsilbiges persönliches Fürwort	*εμένα, εσένα, αυτός*
stimmhaft	Laute, bei deren Artikulation die Stimmbänder schwingen	*b, d, g, a, e, i …*
stimmlos	Laute, bei deren Artikulation die Stimmbänder nicht schwingen	*p, t, k …*
Subjekt	Satzgegenstand (wer oder was?)	***Ich** verstehe. **Maria** geht. **Das Wasser** fließt.*
Substantiv	Hauptwort	*Buch, Frau*
Superlativ	2. Steigerungsstufe des Adjektivs oder Adverbs, Höchststufe	*größtes, bester*
Tempus	Zeitstufe	*ich gehe, ich ging*
unbestimmter Artikel	unbestimmtes Geschlechtswort	*ein, eine*
Verb	Zeitwort	*kommen, schlafen*
Vokal	Selbstlaut	*a, e, i, o, u*
Vokativ	Anredefall, Ruffall	*Δημήτρη! Ουρανέ!*

Vorlektion

Auf den folgenden Seiten erhalten Sie eine umfassende Einführung in Schrift und Aussprache des Neugriechischen. Neben dem Alphabet und der Aussprache der griechischen Buchstaben erfahren Sie alles über Betonung, Groß- und Kleinschreibung und Satzzeichen. Außerdem finden Sie hier eine kurze Einführung in die Geschichte der griechischen Sprache.

Schrift und Aussprache

1. Das griechische Alphabet

Das griechische Alphabet besteht aus 24 Buchstaben. Auf der Begleit-CD zum Hör- und Sprechtraining sind die Namen der Buchstaben sowie die Beispielwörter vertont. Hören Sie sich diese mehrmals an, und machen Sie sich langsam mit den Lauten des Griechischen vertraut, indem Sie versuchen, die Wörter nachzusprechen.

Groß- und Kleinbuchstaben	Namen	Lautschrift	Ausspracheregeln	Beispielwörter
Α α	άλφα	[a]	wie a in *alle*	άλλο ['alo]
Β β	βήτα	[v]	wie w in *Wasser*	βιβλίο [vi'vlio]
Γ γ	γάμα	[ɣ]	1. vor [a, o, u] und vor Konsonant wie norddeutsches g in *sagen*	γάμος ['ɣamos], γράφω ['ɣrafo]
		[j]	2. vor [i, e] wie j in *jeder*	γελάω [je'lao]
Δ δ	δέλτα	[ð]	ähnlich wie englisches th in *this*	δεν ['ðen]
Ε ε	έψιλον	[e]	wie e in *etwas*	έλα ['ela]
Ζ ζ	ζήτα	[z]	stimmhaftes s wie in *Sonne*	ζωή [zo'i]
Η η	ήτα	[i]	wie i in *bitte*	ήλιος ['iʎos]
Θ θ	θήτα	[θ]	ähnlich wie englisches th in *thick*	θέλω ['θelo]
Ι ι	γιώτα	[i]	wie i in *bitte*	ίσως ['isos]

Groß- und Kleinbuchstaben	Namen	Lautschrift	Ausspracheregeln	Beispielwörter
Κ κ	κάπα	[k] [c]	1. vor [a, o, u] und vor Konsonant wie k in *krumm* ohne Behauchung 2. vor [i, e] palatalisiertes (moulliertes)* k	κάνω ['kano] κύριος ['cirios]
Λ λ	λάμδα	[l] [ʎ]	1. wie l in *Lamm* 2. vor [i], wenn dies vor einem weiteren Vokal in nicht gelehrten Wörtern steht, palatalisiertes (moulliertes) l, fast wie lj oder wie spanisches ll in *Sevilla*	λόγος ['loɣos] ήλιος ['iʎos]
Μ μ	μι	[m]	wie m in *Mann*	μαμά [ma'ma]
Ν ν	νι	[n] [ɲ]	1. wie n in *nach* 2. vor [i], wenn dies vor einem weiteren Vokal in nicht gelehrten Wörtern steht, palatalisiertes (moulliertes) n, ähnlich wie gn in *Champagner*	ναι [ne] νιάτα ['ɲata]
Ξ ξ	ξι	[ks]	wie ks in *Keks* oder x in *Xaver*	ξέρω ['ksero]
Ο ο	όμικρον	[o]	wie o in *komm*	όλος ['olos]
Π π	πι	[p]	wie p in *Papier*, aber ohne Behauchung, fast wie deutsches b	ποτέ [po'te]
Ρ ρ	ρο	[r]	gerolltes Zungenspitzen-r wie im Italienischen	ρόδα ['roða]
Σ σ, ς **	σίγμα	[s] [z]	1. wie Doppel-s in *Tasse* 2. vor stimmhaftem Konsonant stimmhaft, wie s in *Sonne*	σας [sas] κόσμος ['kozmos]

* Ein palatalisierter oder moullierter Laut wird an derselben Artikulationsstelle wie j, aber ohne j, realisiert.

** Der Buchstabe σ wird nur am Wortende ς geschrieben: σας *euch, Sie*.

Groß- und Kleinbuchstaben	Namen	Lautschrift	Ausspracheregeln	Beispielwörter
Τ τ	ταυ	[t]	wie t in *Tüte*, aber ohne Behauchung, fast wie deutsches d	τέλος ['telos]
Υ υ	ύψιλον	[i] [f] [v]	1. wie i in *bitte* 2. nach α und ε und vor stimmlosem Konsonant wie f in *Fisch* 3. nach α und ε und vor stimmhaftem Konsonant oder Vokal wie w in *Wasser*	ύψος ['ipsos] αυτός [af'tos], εύκολος ['efkolos] αυγό [av'ɣo], ευγενικός [evjeni'kos]
Φ φ	φι	[f]	wie f in *Fisch*	φίλος ['filos]
Χ χ	χι	[x] [ç]	1. vor [a, o, u] und vor Konsonant wie ch in *Bach* 2. vor [i, e] wie ch in *kichern*	χάνω ['xano], χρήμα ['xrima] χέρι ['çeri]
Ψ ψ	ψι	[ps]	wie ps in *Psalm*	ψάρι ['psari]
Ω ω	ωμέγα	[o]	wie o in *komm*	ώρα ['ora]

Die griechische Schrift wird oft als "fremd" empfunden und daher überrascht es, wenn man erfährt, dass das deutsche Alphabet, das eine Variante des lateinischen ist, aus dem griechischen Alphabet stammt. Die **Gemeinsamkeiten** erkennen Sie am besten bei den Großbuchstaben. Aber auch bei den Lauten halten sich die Unterschiede in Grenzen. Sie werden sehen, dass die Aussprache des Griechischen gar nicht so schwierig ist. Fast alle Laute können anhand von deutschen Beispielen veranschaulicht werden und wenn Sie noch ein paar Wörter aus dem Englischen und Spanischen dazunehmen, haben Sie alle griechischen Laute.

Die im folgenden aufgezählten **Unterschiede** zwischen dem Griechischen und dem Deutschen sollten Sie besonders beachten:

- Das Griechische hat viel weniger **Vokale** als das Deutsche. Es kennt weder die Vokallängen des Deutschen (*Saat* vs. *satt*) noch den Unterschied zwischen geschlossenen und offenen Vokalen (geschlossenes e in *Beeren* im Vergleich zum offenen ä in *Bären*) noch die Umlaute. Ein Grieche hört keinen Unterschied zwischen *liegen* und *lügen* oder *Öhre*, *Ehre* und *Ähre*. Im Griechischen sind alle Vokale offen und halblang*. Denken Sie daran, die Äs und Os offen zu sprechen wie in *offen* und *äffen* und nicht wie in *Ofen* und *Evchen*.

---

* Der Einfachheit halber werden hier für die Vokale in der Lautschrift die lateinischen Buchstaben [e] und [o] statt der exakteren [ɛ] und [ɔ] benutzt.

- Der Buchstabe **Z, ζ "Zita"** wird im Griechischen nicht wie ein deutsches z gesprochen, sondern wie das stimmhafte s in *Sonne*. Umgekehrt wird der Buchstabe **Σ, σ / ς "Sigma"** im Griechischen in der Regel wie das stimmlose s gesprochen, das im Deutschen mit Doppel-s oder ß geschrieben wird: *Tasse, Schoß* (nur vor stimmhaftem Konsonant wird das "Sigma" wie das stimmhafte s in *Sonne* gesprochen).

- Das **Γ, γ "Gamma"**: Merken Sie sich bitte den Unterschied zwischen den zwei Aussprachevarianten: vor [a, o, u] oder Konsonant wird das **γ** "weich" und "fließend" wie im norddeutschen *sagen* [za:ɣən] als stimmhafter Reibelaut gesprochen; vor [i] oder [e] wie das **j** in *jeder*.

- Das **X, χ "Chi"**: Die zwei Varianten des ch-Lautes gibt es sowohl im Griechischen als auch im Deutschen als "ich-" und "ach-Laut". Anders als im Deutschen richtet sich im Griechischen die Aussprache nach dem folgenden Laut: wenn ein [i] oder [e] folgt, haben wir den "ich-Laut"; folgt ein [a, o, u] oder Konsonant, haben wir den "ach-Laut". Das Verb *haben* ist also in der ersten Person έχω ['exo] *ich habe* ("ach-Laut", weil ein [o] folgt – und nicht "Echo"!), in der zweiten έχεις ['eçis] *du hast* ("ich-Laut", weil ein [i] folgt).

- Auch bei den Varianten des [g], [k], [n] und [l] hängt die genaue Aussprache von der jeweiligen Umgebung des Lautes ab. Achten Sie darauf, wenn Sie sich die Beispielwörter auf der CD anhören.

2. Buchstabenkombinationen

So wie im Deutschen der sch-Laut mit drei und der ch-Laut mit zwei Buchstaben geschrieben wird, gibt es auch im Griechischen Laute, bei denen zwei Buchstaben zusammen für einen Laut stehen. Diese Kombinationen sehen Sie in folgender Tabelle. Sie können sich auch alle Beispielwörter auf der Begleit-CD zum Hör-und Sprechtraining anhören.

Buchstaben-kombination	Laut	Aussprache	Beispielwörter
αι	[e]	wie e in *etwas*	λ**αι**μός [le'mos]
ει	[i]	wie i in *bitte*	**εί**μαι ['ime]
οι	[i]	wie i in *bitte*	όλ**οι** ['oli]
ου	[u]	wie u in *Kunde*	**ού**τε ['ute]
μπ	[b]	1. am Wortanfang und in Fremdwörtern wie b in *Ball*	**μπ**άλα ['bala], Φά**μπ**ιαν ['fabian]
	[mb]	2. im Wortinneren wie mb in *Samba*	λά**μπ**α ['lamba]

Buchstaben-kombination	Laut	Aussprache	Beispielwörter
ντ	[d]	1. am Wortanfang und in Fremdwörtern wie d in *Dame*	**ντ**ύνω ['dino], βί**ντ**εο ['video]
	[nd]	2. im Wortinneren wie nd in *Wunder*	πά**ντ**α ['panda]
γκ		1. am Wortanfang und in Fremdwörtern	**γκ**αράζ ['garaz], Στουτ**γκ**άρδη
	[g]	a) vor [a, o, u] und Konsonant wie g in *Gabe*	[stut'garði], **γκ**ρίνια ['griɲa]
	[ɟ]	b) vor [i, e] palatalisiertes (moulliertes) g	**γκ**έμι ['ɟemi]
γγ		2. im Wortinneren	συ**γκ**άτοικος
	[ŋg]	a) vor [a, o, u] wie ng in *Bengale*	[siŋ'gatikos], φε**γγ**άρι [feŋ'gari]
	[ŋɟ]	b) vor [i, e], palatalisiertes (moulliertes) ng (γγ kommt nur im Wortinneren vor)	α**γκ**ινάρα [aŋɟi'nara], α**γγ**ίζω [aŋ'ɟizo]

Doppelkonsonanten wie in Θεσσαλονίκη [θesalo'nici] *Thessaloniki* oder κόκκινος ['kocinos] *rot* gibt es im Griechischen nur aus historischen Gründen; sie haben keine Bedeutung für die Aussprache und werden so ausgesprochen wie die entsprechenden einfachen Konsonanten (Ausnahme: γγ, siehe oben).

Wenn Sie die griechische Rechtschreibung als schwierig empfinden, sind Sie damit nicht alleine. Auch viele Griechen habe ihre liebe Not mit der Orthographie: Es gibt zwei verschiedene Schreibweisen für das [o], zwei für das [e] und sogar fünf für das [i]. Ohne Kenntnisse der Grammatik oder der Sprachgeschichte ist es oft nicht möglich, die richtige Wahl zu treffen. Aber vielleicht ist es ja ein kleiner Trost, dass es im Griechischen umgekehrt viel einfacher ist, Geschriebenes richtig zu lesen als im Englischen oder Französischen. Es gibt nur eine geringe Anzahl von Regeln und diese garantieren eine verständliche Aussprache.

3. Lautveränderungen in laufender Rede

Im Redefluss werden im Griechischen manche Wörter miteinander verbunden. Syntaktisch zusammenhängende Wörter werden ohne Pausen gesprochen, so als handele es sich um ein Wort. Für Hörer, die kein Griechisch können, ist es schwierig, ja fast unmöglich zu hören, wo ein Wort aufhört und wo ein neues beginnt. Beachten Sie dies beim Hören der CDs und versuchen Sie insbesondere den "Knacklaut", der im Deutschen bei allen Wörtern (und den Komponenten von zusammengesetzten Wörtern), die mit einem Vokal beginnen, hörbar wird, zu vermeiden. Merken Sie den Unterschied zwischen "Ver-ein" und "herein"? Vor dem ersten "ein" spricht ein Deutscher einen Knacklaut, vor dem zweiten nicht.

Dieses Verbinden der Wörter hört man sehr schön bei den kleinen "grammatischen" Wörtern, die auf den Buchstaben **-ν** enden: τον, την, έναν, δεν, μην. Wenn diese vor einem Wort stehen, das mit einem Vokal beginnt, werden -ν und Vokal zu einer Silbe: την Άννα [ti-'na-na]. Stehen sie vor einem momentanen Konsonanten π, τ, κ, μπ, ντ, γκ, ψ, τσ, τζ, ξ, so werden die beiden Laute miteinander verbunden und der Konsonant wird stimmhaft, wenn er es nicht schon ist: τον Τάσο [ton'**d**aso] *den Tassos*.

Auch das Schluss-**ν** wird von dem darauffolgenden Konsonanten beeinflusst und verändert sich:
Schluss-ν + π ▶ [mb]: τον πατέρα [tomba'tera] *den Vater*
Schluss-ν + τ ▶ [nd]: τον ταξιτζή [tondaksi'dzi] *den Taxifahrer*
Schluss-ν + κ ▶ [ŋg]: τον Κώστα [toŋ'gosta] *den Kostas*
Beginnt ein Wort mit einem der übrigen Konsonanten φ, β, μ, θ, δ, σ, ζ, ν, λ, ρ, χ, γ, so verschwindet das Schluss-ν aus Gründen des Wohlklangs. Es verschwindet nicht nur beim Sprechen, sondern auch beim Schreiben: τη Βέρα [ti 'vera] *die Vera*, το Μάρτιο [to 'martio] *im März*, το γιατρό [to ja'tro] *den Arzt*.
Da die Erleichterung der Aussprache allerdings nicht auf Kosten der grammatischen Deutlichkeit gehen darf, schwindet das Schluss-ν nicht bei **των** (Artikel im Genitiv Plural) und dem männlichen Personalpronomen **τον** (*ihn*), das sich durch das -ν vom sächlichen Personalpronomen **το** (*es*) unterscheidet.

4. Betonung

Noch ein Grund, warum es leicht ist, Geschriebenes zu lesen, ist der **Akzent** (Akut). Er zeigt uns, welche Silbe betont wird. Der Akut hat 1982 offiziell die zwei anderen Akzentzeichen, die es im Griechischen früher gab, ersetzt. Setzen Sie ihn beim Schreiben auf den Vokal der betonten Silbe: μαμά *Mama*, aber bei Großbuchstaben bitte vor den betonten Vokal: Άννα *Anna*. Wenn Sie das ganze Wort groß schreiben, verwenden Sie keinen Akzent: ANNA*.

Alle mehrsilbigen Wörter tragen den Akzent und zwar auf einer der drei letzten Silben. Einsilbige Wörter brauchen keinen Akzent (obwohl sie in der Rede häufig betont ausgesprochen werden).

---

* Der Akzent (Akut) begegnet Ihnen in diesem Buch teils in Form eines Striches, der von rechts oben nach links unten verläuft (Καλησπέρα), teils in Form eines Dreiecks, dessen Spitze nach unten zeigt (Στέλνουμε). Hierbei handelt es sich lediglich um Schriftvarianten, die keine weitere Bedeutung haben.

Lediglich drei einsilbige Wörter haben dennoch einen Akzent:
πού ['pu]: Fragewort *wo*,
πώς ['pos]: Fragewort *wie* und
ή ['i]: Konjunktion *oder*
Diese tragen den Akzent, damit man sie von den gleich lautenden und gleich geschriebenen **που** (Relativpronomen *der, die, das*), **πως** (Konjunktion: *dass*) und **η** (weiblicher Artikel *die*) unterscheiden kann.

Bei Buchstabenkombinationen steht der Akzent immer auf dem zweiten Buchstaben: αίμα ['ema] *Blut*, πολλοί [po'li] *viele*. Das gilt auch für die Kombinationen αυ und ευ. Der zweite Buchstabe besteht zwar aus einem Vokalzeichen, wird aber als Konsonant [f] oder [v] gesprochen: εύκολο ['efkolo] *leicht* oder μαύρος ['mavros] *schwarz*. Hier wird in Wahrheit natürlich der Vokal der Silbe betont, also das [e] bzw. das [a].

Sollte der Akzent bei zwei aufeinanderfolgenden Vokalen auf dem ersten Buchstaben stehen, ist das ein Hinweis darauf, dass es sich hier nicht um eine Kombination handelt, sondern um zwei Laute: άυλος ['ailos] *immateriell* vgl. αυλός [av'los] *Flöte*. In diesem Fall wird also auch auf das Trema (siehe unten) verzichtet, es erübrigt sich.

Das **Trema** wird bei zwei aufeinanderfolgenden Vokalen benutzt, um zu kennzeichnen, dass es sich hierbei um zwei Laute und nicht um eine Buchstabenkombination handelt: παιδάκι: αι = [e] [pe'ðaci] *Kindchen* vgl. παϊδάκι: αϊ = [ai] [pai'ðaci] *Rippchen*.

5. Groß- und Kleinschreibung

In der Regel beginnt im Griechischen ein Wort mit einem Kleinbuchstaben. Großgeschrieben werden, abgesehen vom ersten Wort eines Satzes oder einer Überschrift, auch:
- Personennamen: Κωνσταντίνος Καβάφης [konstan'dinos ka'vafis] *Konstantinos Kavafis*;
- geographische Bezeichnungen: Αθήνα [a'θina] *Athen*, Όλυμπος ['olimbos] *Olymp*, Γερμανία [jerma'nia] *Deutschland*, Βαυαρία [vava'ria] *Bayern*;
- Institutionen: Αριστοτέλειο Πανεπιστήμιο [aristo'telio panepi'stimio] *Aristoteles Universität*, Ευρωπαϊκή Ένωση [evropai'ci 'enosi] *Europäische Union*;
- Nationalitätsbezeichnungen: Έλληνας ['elinas] *Grieche*, Γερμανίδα [jerma'niða] *Deutsche*, Αυστριακός [afstria'kos] *Österreicher*;
- Feiertage, Monate, Wochentage: Χριστούγεννα [xri'stujena] *Weihnachten*, Ιούνιος [i'unios] *Juni*, Παρασκευή [paraske'vi] *Freitag*

Bei Buchstabenkombinationen wird nur der erste Buchstabe groß geschrieben: Αίγυπτος ['ejiptos] *Ägypten*.

6. Satzzeichen

- Punkt, Komma und Ausrufezeichen sind im Deutschen und Griechischen gleich.
- Das Fragezeichen wird im Griechischen durch einen Strichpunkt dargestellt: ; (das deutsche Fragezeichen [?] gibt es im Griechischen nicht).
- Dem deutschen Strichpunkt entspricht im Griechischen ein hochgestellter Punkt: ˙.

7. Schwierigkeiten beim Schreiben und Lesen deutscher Namen auf Griechisch und umgekehrt

Schwierigkeiten entstehen oft, wenn es einen Laut oder Buchstaben in der einen Sprache nicht gibt oder derselbe Buchstabe für einen anderen Laut benutzt wird.

- Der Buchstabe **Υ, υ "Ypsilon"** z.B. hat im Griechischen drei verschiedene Funktionen: Er steht für das [i] in κυρία [ci'ria] *Frau*, er ist Teil der Buchstabenkombination, mit der das [u] geschrieben wird, z.B. in ουρανός [ura'nos] *Himmel* und wird sogar zum Konsonanten [f] in αυτί [af'ti] *Ohr* oder [v] in αύριο ['avrio] *morgen.*
- Den ü-Laut gibt es im Neugriechischen nicht. Wollte man die Insel *Sylt* mit griechischen Buchstaben schreiben, könnte man zwar *Συλτ* schreiben, man würde aber trotzdem [silt] lesen.
- Das Griechische kennt auch den gehauchten h-Laut nicht. Man ersetzt ihn in ausländischen Namen durch den "ich-" bzw. "ach-Laut": Χίλντε ['çilde] statt *Hilde* und Χάιντι ['xaidi] statt *Heidi.*
- Auch den ö-Laut gibt es nicht. Um sich zu behelfen, benutzt der Grieche einen verwandten Laut: das [e].
- So wählt er auch den Konsonanten [s], um den im Standardgriechischen unbekannten sch-Laut zu ersetzen. Ein Grieche schreibt also Σρέντερ und spricht auch "Ssrädär" ['sreder] statt *Schröder*!

Umgekehrt kann man sich fragen, welche Laute das Griechische hat, die es im Deutschen nicht gibt. Zum Beispiel das **[θ] "Theta"**, das **[ð] "Delta"** und das **[ɣ]** (wenn der Buchstabe **γ "Gamma"** vor einem [a, o, u] oder Konsonanten steht). Vielleicht überrascht es Sie, dass im Deutschen Wörter zum täglichen Gebrauch gehören, die auf Neugriechisch diese Laute enthalten: Theorie, Thema, These, Theologie, Bibliothek, Dorothea, Demokratie, Delphin, Galaxie, Grammatik usw. All diese Fremdwörter kommen aus dem Altgriechischen. Machen Sie sich die unterschiedliche Aussprache zwischen dem Deutschen und dem Neugriechischen anhand dieser Wörter bewusst: θεωρία [θeo'ria], θέμα ['θema], θέση ['θesi], θεολογία [θeolo'jia], βιβλιοθήκη [vivlio'θici], Δωροθέα [ðoro'θea], δημοκρατία [ðimokra'tia], δελφίνι [ðel'fini], γαλαξίας [ɣala'ksias], γραμματική [ɣramati'ci] und freuen Sie sich, dass Sie schon so viele griechische Wörter kennen. Es gibt noch viele mehr: μουσείο [mu'sio] *Museum*, φιλόσοφος [fi'losofos] *Philosoph*, λογικά [loji'ka] *logisch*, βιολογία [violo'jia] *Biologie*, ζωολογικός κήπος [zooloji'kos 'cipos] *Zoo(logischer Garten)*, υποθήκη [ipo'θici] *Hypothek*, κυνικός [cini'kos] *zynisch*, περίοδος [pe'rioðos] *Periode* usw.

i Griechisch ist die älteste Sprache Europas. Die um 700 v. Chr. entstandenen homerischen Epen “Ilias” und “Odyssee” markieren den Beginn der griechischen und somit der europäischen Literatur. Wer kennt nicht die Geschichten vom trojanischen Pferd oder von den Abenteuern des herumirrenden Odysseus? Das griechische Alphabet entstand um 800 v. Chr. Es handelt sich dabei um die älteste phonematische Schrift der Welt, d.h. jedem Sprachlaut entsprach ein Schriftzeichen. Das Griechische tritt uns seit dieser Zeit in mehreren Dialekten entgegen, wobei das Attische seit dem Beginn der klassischen Zeit (5. Jh. v. Chr.) nach und nach an Einfluss gewann und zur Hochsprache wurde, in welcher die meisten literarischen Werke verfasst worden sind. Es handelt sich um das klassische Altgriechisch, das heute noch an humanistischen Gymnasien gelehrt wird. Auf der Grundlage des Attischen entstand dann in hellenistischer Zeit (nach dem Tode Alexanders des Großen 323 v. Chr.) eine allgemeine Verkehrssprache, die so genannte Koiné, in der u.a. das Neue Testament geschrieben ist. Diese Koiné führte über das Mittelgriechische zum heutigen Neugriechisch.

Diglossie, eine Zweisprachigkeit besonderer Art

Für viele – ganz alltägliche – Begriffe gibt es im Griechischen zwei vollkommen verschiedene Ausdrücke. Zwei Wörter für *rot* (κόκκινο und ερυθρό), zwei für *weiß* (άσπρο und λευκό), zwei für *Haus* (σπίτι und οίκος) oder *Tür* (πόρτα und θύρα), für *Fisch* (ψάρι und ιχθύς), *Wein* (κρασί und οίνος) und viele weitere. Das hat damit zu tun, dass bis in die Mitte der 1970er Jahre zwei Varianten der griechischen Sprache verwendet wurden: Die vom Volk gesprochene **“Dimotikí”**, die sich aus der Koiné entwickelt hatte und eine “Hochsprache”, die **“Katharévousa”**, eine auf der Grundlage des klassischen Altgriechisch geschaffene Sprache. Bis zum Ende der Militärdiktatur 1974 war die Katharévousa die offizielle Sprache des Staates, die Sprache, die in den Schulen unterrichtet wurde, die Sprache, die man bei den Behörden und bei Gericht verwenden musste. Es ist daher nicht verwunderlich, dass sich auch heute noch – wo die Dimotikí längst offizielle Amtssprache ist – Spuren dieser Form der Zweisprachigkeit finden lassen. Die Katharévousa lässt sich z.B. als Stilmittel einsetzen und viele feststehende Ausdrücke der Standardsprache sind aus der Katharévousa. Das mühsame Erlernen einer reinen Schriftsprache bleibt heute den Schülern und Ihnen als Lerner des Neugriechischen zum Glück erspart, dennoch ist das Wissen um deren Existenz sinnvoll. Das “normale” Wort für *weiß* ist άσπρο und das für *Haus* σπίτι, *das weiße Haus* also το άσπρο σπίτι. *Das Weiße Haus* in Washington aber heißt auf Griechisch ο Λευκός Οίκος: Adjektiv und Substantiv sind hier beides Wörter der Katharévousa (so genannte “gelehrte” Wörter).

Nach dieser ausführlichen Einleitung in die griechische Schrift und Aussprache können Sie nun all das Gelernte anwenden und üben.

Ασκήσεις

1 **a.** Machen Sie ein Kreuzchen bei jedem Großbuchstaben des deutschen Alphabets, den es auch im Griechischen gibt.

A ☒	E ☐	I ☒	M ☒	Q ☐	U ☐	Y ☐
B ☒	F ☐	J ☐	N ☒	R ☐	V ☐	Z ☒
C ☐	G ☐	K ☒	O ☒	S ☐	W ☐	
D ☐	H ☒	L ☐	P ☒	T ☒	X ☒	

b. Wieviele Kreuzchen haben Sie insgesamt? 11 ☐ 14 ☐ 17 ☐

2 Und jetzt schauen Sie sich bitte diese gemeinsamen Buchstaben an. Bei sechs davon stehen sie im Deutschen und Griechischen für unterschiedliche Laute, welche sind das?

Buchstabe	Laut im Deutschen	Laut im Griechischen
1. B	b	ν
2. H	h	i
3. P	p	ρ
4. X	ks	ch
5. Y	ü	i (v f)
6. Σ	ts	z

3 Wie schreibt man im Griechischen die folgenden Laute?

1. i-Laut ι η υ ει οι
2. e-Laut ε αι
3. o-Laut ο ω

4 Ordnen Sie den deutschen Vornamen die griechischen Buchstabenkombinationen zu, die man als Anfangsbuchstaben verwenden würde, wenn man diese Namen mit griechischen Buchstaben schreiben wollte.

1. Gabi	a. Oυ U = Ute
2. Ben	b. Nτ D = Dora
3. Dora	c. Γι J = Jan
4. Jan	d. Γκ
5. Ute	e. Mπ B

5 Entscheiden Sie bei folgenden Wörtern, ob es sich um eine Buchstabenkombination handelt oder um zwei Buchstaben, die für zwei Laute stehen.

καΐκι και χάιδεψε είναι γεια
μοίρα ρολόι πού κάπου προϋπηρεσία

Buchstabenkombination = zwei Buchstaben – ein Laut	zwei Buchstaben – zwei Laute
1. *και*	1. ....
2.	2. ....
3.	3. ....
4.	4. ....
5.	
6.	

6 Hier sehen Sie einige griechische Vornamen, die es so oder geringfügig verändert auch im Deutschen gibt. Schreiben Sie die griechische Version der Namen mit lateinischen Buchstaben und daneben eine (von u.U. mehreren) deutsche Entsprechung.

1.	Μαρία	*Maria*	*Marie*
2.	Σοφία	Sofia	....
3.	Έλενα	ELENA	....
4.	Πέτρος	Petrus	....
5.	Παύλος	....	....
6.	Αλέξανδρος	Alexandros	....
7.	Κατερίνα	katerina	....
8.	Φίλιππος	Filippos	....

7 Schauen Sie sich die nachfolgenden Eigennamen an. Es handelt sich dabei um Städte und Inseln Griechenlands. Sicherlich kennen Sie einige schon. Die Nummern helfen Ihnen, die Orte auf der Karte zu finden. Schreiben Sie zur Übung die Wörter noch einmal mit Kleinbuchstaben in die mittlere Spalte und setzen Sie dabei den Akzent auf die betonte Silbe (diese ist hier fett markiert). Ordnen Sie anschließend in der rechten Spalte die Namen in alphabetischer Reihenfolge.

1. ΣΑΜΟΣ	*Σάμος*	*Αθήνα*
2. ΨΑΡΑ	ψαρα	
3. ΖΑΚΥΝΘΟΣ	ζακυνθοζ	
4. ΜΥΚΟΝΟΣ	μυκονος	
5. ΑΘΗΝΑ	αθηνα	
6. ΩΡΑΙΟΚΑΣΤΡΟ	οραιοκαςρο	
7. ΚΑΒΑΛΑ	καβαλα	
8. ΤΡΙΠΟΛΗ	τριπολ	
9. ΞΑΝΘΗ	ξανθη	
10. ΥΔΡΑ	υδρα	
11. ΝΑΥΠΛΙΟ	ναυπλιο	
12. ΧΙΟΣ	χιος	
13. ΘΕΣΣΑΛΟΝΙΚΗ	θεςςαλονικη	
14. ΠΑΤΡΑ	πατρα	
15. ΕΡΜΟΥΠΟΛΗ	ερμουπολη	
16. ΡΟΔΟΣ	ροδος	
17. ΦΛΩΡΙΝΑ	φλωρινα	
18. ΛΑΡΙΣΑ	λαριςα	
19. ΙΘΑΚΗ	ιθακη	
20. ΔΡΑΜΑ	δραμα	
21. ΒΟΛΟΣ	βολος	
22. ΟΡΕΣΤΙΑΔΑ	ορεςτιαλα	
23. ΓΙΑΝΝΕΝΑ	γιαννενα	
24. ΗΡΑΚΛΕΙΟ	ηρακλειο	

8 Erkennen Sie diese Namen? Versuchen Sie, sie laut zu lesen, dann klappt es bestimmt besser.

1. Κλιντ Ίστγουντ *Clint Eastwood*
2. Ίνγκριντ Μπέργκμαν Ingrid Bergμαν
3. Τζον Κένεντι John kene d(ντ) i
4. Φλόρενς Νάιτινγκεϊλ florence
5. Όσκαρ Γουάιλντ Oskar W
6. Τσαρλς Ντίκενς ....
7. Ζίγκμουντ Φρόιντ ....

9 Diese Übung ist etwas schwierig. Versuchen Sie dennoch sie zu lösen, da Ihnen auf diese Weise am besten bewusst wird, mit welchen griechischen Buchstaben Sie die Laute des Deutschen wiedergeben müssen. Schreiben Sie die Namen der folgenden Persönlichkeiten mit griechischen Buchstaben.

1. Rainer Maria Rilke *Ράινερ Μαρία Ρίλκε*
2. Johann Sebastian Bach ....
3. Johann Wolfgang von Goethe ....
4. Gotthold Ephraim Lessing ....
5. Wolfgang Amadeus Mozart ....
6. Heinrich Böll ....
7. Günter Grass ....
8. Bertolt Brecht ....
9. Konrad Adenauer ....

10 Versuchen Sie zu guter Letzt, auch Ihren eigenen Namen mit griechischen Buchstaben zu schreiben. Sicherlich wirkt das noch etwas befremdlich auf Sie. Im Laufe dieses Kurses wird sich das bestimmt ändern.

....

In dieser Lektion lernen Sie:

- sich zu begrüßen und zu verabschieden
- sich vorzustellen und nach dem Befinden zu fragen
- das **Substantiv** im Singular
- das Verb **είμαι** und die **Normalkonjugation**
- den **Artikel** im Singular
- die **Personalpronomen**
- die Negation mit **δεν**
- die **Zahlen** von 0 bis 20

Μάθημα

1

Στέλνουμε μήνυμα με το κινητό — SMS verschicken

Καλησπέρα Γιάννη!
Εμείς είμαστε στο καφέ Αμάν και παίζουμε τάβλι. Είναι και ο Μάρτιν εδώ.

Guten Tag Jannis! Wir sind im Café Aman und spielen Backgammon. Martin ist auch hier.

Γεια σου Μαρία! Εγώ είμαι στο κέντρο και ψάχνω ένα παντελόνι, όμως δε βρίσκω τίποτα. Εσύ τι κάνεις; Μαγειρεύεις;

Hallo Maria! Ich bin im Stadtzentrum und suche eine Hose, aber ich finde nichts. Was machst du? Kochst du?

Μάκη, πώς πάει; Είσαι σπίτι και βλέπεις μπάλα; Ο ΠΑΟΚ κερδίζει;

Makis, wie läuft's? Bist du zu Hause und guckst Fußball? Gewinnt PAOK?

Παίζετε τάβλι; Τι ωραία! Εγώ διαβάζω ένα βιβλίο. Δεν μπορώ άλλο! Φτάνω σε δέκα λεπτά.

Ihr spielt Backgammon? Wie schön! Ich lese ein Buch. Ich kann nicht mehr! Ich komme in zehn Minuten an.

Όχι, δε μαγειρεύω. Δε βρίσκεις παντελόνι; Τι κρίμα!

Nein, ich koche nicht. Du findest keine Hose? Wie schade!

Δεν είμαι καλά! Βλέπω μπάλα και ο ΠΑΟΚ χάνει!

Mir geht's nicht gut! Ich gucke Fußball und PAOK verliert!

Τι καινούριο έχουμε; A 1, 2, 4

In dieser Lektion ist natürlich das meiste noch neu für Sie. Doch das darf Sie nicht abschrecken. Sie müssen nicht alles auf Anhieb verstehen. Mit den SMS-Nachrichten wollen wir Ihnen lediglich einen Einstieg in die griechische Alltagssprache geben.

An dieser Stelle finden Sie eine Einführung in die Grammatikschwerpunkte der Lektion. Beginnen wir mit dem Substantiv:
Im Griechischen gibt es genau wie im Deutschen drei Genusformen. Die Artikel im Singular lauten für die Maskulina **ο**, für die Feminina **η** und für die Neutra **το**.

- **Maskulina** enden auf: **-ας** oder **-ος** oder **-ης** (ο άντρας *der Mann*, ο φίλος *der Freund*, ο φοιτητής *der Student*).
- **Feminina** enden auf: **-α** oder **-η** (η γυναίκα *die Frau*, η κόρη *die Tochter*).
- **Neutra** enden auf: **-ι**, **-ο** oder **-μα** (το παιδί *das Kind*, το βιβλίο *das Buch*, το θέμα *das Thema*).

Anhand der Endungen können Sie also immer das Genus des Substantivs erkennen. Unterstreichen Sie im Kasten alle männlichen Substantive blau, alle weiblichen rot und alle sächlichen grün. Vorsicht! Substantive auf **-α** sind weiblich; Substantive auf **-μα** jedoch sind sächlich.

παντελόνι κέντρο μπάλα Γερμανός μπίρα Έλληνας τάβλι νερό
θέμα δάσκαλος μητέρα βιβλίο σπίτι καθηγητής ζάχαρη

Das Verb *είμαι*

Wie im Deutschen weist auch im Griechischen das Hilfsverb **είμαι** *sein* im Präsens Unregelmäßigkeiten auf.

Singular			Plural		
εγώ	είμαι	*ich bin*	εμείς	είμαστε	*wir sind*
εσύ	είσαι	*du bist*	εσείς	είστε / είσαστε	*ihr seid*
αυτός, αυτή, αυτό	είναι	*er, sie, es ist*	αυτοί, αυτές, αυτά	είναι	*sie sind*

In der gesprochenen Sprache kann die 2. Person Plural auch **είσαστε** statt **είστε** heißen.

- Ist Ihnen aufgefallen, dass die Verbform in der 3. Person Singular und Plural gleich ist?
- Übrigens gibt es im Griechischen keinen Infinitiv! Die Grundform – also die im Wörterbuch aufgeführte Form – ist immer die 1. Person Singular.

Στο καφέ Αμάν

Ο Γιάννης φτάνει στο καφέ Αμάν. Βλέπει την Ελένη, τον Τάκη και ακόμη ένα παιδί.

Γιάννης: Γεια σας! Τι κάνετε;
Τάκης: Μια χαρά! Παίζουμε τάβλι και πίνουμε καφέ. Αυτός είναι ο Μάρτιν. Είναι φοιτητής από τη Γερμανία.
Γιάννης: Γεια σου Μάρτιν. Με λένε Γιάννη. Τι κάνεις;
Μάρτιν: Καλά ευχαριστώ.
Γιάννης: Βλέπω, ξέρεις ελληνικά! Εγώ δεν ξέρω γερμανικά!
Ελένη: Ναι, ο Μάρτιν δεν ξέρει τάβλι, αλλά καταλαβαίνει ελληνικά.
Μάρτιν: Καταλαβαίνω μόνο λίγο. Σπουδάζω αρχαία ελληνικά στο Αμβούργο και τώρα μαθαίνω νέα ελληνικά εδώ στη Θεσσαλονίκη.
Ελένη: Ε, βέβαια. Εμείς δεν ξέρουμε αρχαία ελληνικά. Μόνο νέα ελληνικά καταλαβαίνουμε.
Τάκης: Λοιπόν, τα αρχαία είναι δύσκολα. Όμως τα νέα είναι εύκολα!
Μάρτιν: Έτσι ελπίζω και εγώ.

Λεξιλόγιο

Sie finden im Folgenden den Wortschatz zum Text der Einstiegsseite und zum Dialog. Die fett gedruckten Wörter sollten Sie besonders gut lernen, denn das sind die Wörter, die Sie auch in den folgenden Lektionen aktiv anwenden werden. Die normal gedruckten Wörter müssen Sie lediglich passiv verstehen.

Στέλνουμε μήνυμα με το κινητό

στέλνω ['stelno]	*schicken, senden*
το μήνυμα ['minima]	*Botschaft; hier: SMS*
με [me]	*mit*
το κινητό [cini'to]	*Handy*
καλησπέρα [kali'spera]	*guten Tag, guten Abend*
εμείς [e'mis]	*wir*
είμαι ['ime]	*sein*
στο [sto]	*im, in*
το καφέ *unv* [ka'fe]	*Café*
και ['ce]	*und, auch*
παίζω ['pezo]	*spielen*
το τάβλι ['tavli]	*Backgammon*
εδώ [e'ðo]	*hier*
γεια σου ['ja‿su]	*hallo*
εγώ [e'ɣo]	*ich*
το κέντρο ['cendro]	*(Stadt)zentrum*
ψάχνω ['psaxno]	*suchen*
ένα ['ena]	*ein*
το παντελόνι [pande'loni]	*Hose*
όμως ['omos]	*aber*
δε(ν) ['ðe], ['ðen]	*nicht, kein*
βρίσκω ['vrisko]	*finden*
τίποτα / τίποτε ['tipota], ['tipote]	*nichts*
εσύ [e'si]	*du*
τι ['ti]	*was*
κάνω ['kano]	*tun, machen*
μαγειρεύω [maji'revo]	*kochen*
πώς ['pos]	*wie*
πώς πάει; ['pos‿'pai]	*wie läuft's?*
το σπίτι ['spiti]	*Haus, Wohnung*
βλέπω ['vlepo]	*sehen, gucken*
η μπάλα ['bala]	*Ball; hier: Fußball*
ο ΠΑΟΚ ['paok]	*Fußballverein aus Thessaloniki*
κερδίζω [cer'ðizo]	*gewinnen*
τι ωραία ['ti‿o'rea]	*wie schön*
διαβάζω [ðja'vazo]	*lesen*
το βιβλίο [vi'vlio]	*Buch*
μπορώ [bo'ro]	*können*
άλλο ['alo]	*mehr*
φτάνω ['ftano]	*ankommen*
σε [se]	*in*
δέκα ['ðeka]	*zehn*
τα λεπτά *Pl* [le'pta]	*Minuten*
όχι ['oçi]	*nein*
τι κρίμα! ['ti‿'krima]	*wie schade!*
καλά [ka'la]	*gut*
δεν είμαι καλά ['ðen‿'ime‿ka'la]	*es geht mir nicht gut*
χάνω ['xano]	*verlieren*

Στο καφέ Αμάν

ακόμη / ακόμα [a'komi], [a'koma]	*noch*
το παιδί [pe'ði]	*Kind; hier: junger Mann*
γεια σας ['ja‿sas]	*hallo*
τι κάνετε; ['ti‿'kanete]	*wie geht es euch?*
μια χαρά ['mɲa‿xa'ra]	*blendend (wörtl.: eine Freude)*
πίνω ['pino]	*trinken*
ο καφές [ka'fes]	*Kaffee*

αυτός [a'ftos]	*er*
ο φοιτητής [fiti'tis]	*Student*
από [a'po]	*von, aus*
η Γερμανία [jerma'nia]	*Deutschland*
με λένε [me‿'lene]	*ich heiße*
τι κάνεις; ['ti‿'kanis]	*wie geht's?*
ευχαριστώ [efxari'sto]	*danke*
ξέρω ['ksero]	*wissen, kennen*
τα ελληνικά *Pl* [elini'ka]	*Griechisch*
τα γερμανικά *Pl* [jermani'ka]	*Deutsch*
ναι ['ne]	*ja*
αλλά [a'la]	*aber*
καταλαβαίνω [katala'veno]	*verstehen*
μόνο ['mono]	*nur*
λίγο ['liɣo]	*ein wenig*
σπουδάζω [spu'ðazo]	*studieren*

τα αρχαία ελληνικά *Pl* [ar'çea‿elini'ka]	*Altgriechisch*
το Αμβούργο [am'vurɣo]	*Hamburg*
τώρα ['tora]	*jetzt*
μαθαίνω [ma'θeno]	*lernen*
τα νέα ελληνικά *Pl* ['nea‿elini'ka]	*Neugriechisch*
στη(ν) [sti], [stin]	*im, in*
η Θεσσαλονίκη [θesalo'nici]	*Thessaloniki*
βέβαια ['vevea]	*natürlich, freilich*
λοιπόν [li'pon]	*also*
τα *Neut. Pl* [ta]	*die*
δύσκολα ['ðiskola]	*schwierig*
εύκολα ['efkola]	*einfach*
έτσι ['etsi]	*so*
ελπίζω [el'pizo]	*hoffen*

Γραμματική

1. Der bestimmte Artikel und das Substantiv im Singular *A 1, 3*

Artikel und Substantive werden im Griechischen wie im Deutschen dekliniert. Im Griechischen gibt es vier Fälle: Nominativ, Genitiv, Akkusativ und Vokativ. In dieser Lektion lernen Sie den **Nominativ**, den **Akkusativ** und den **Vokativ** kennen.

Der **Vokativ** ist ein eigener Fall für die Anrede. In der Form stimmt er meistens mit dem Nominativ überein. Der Vokativ hat keinen Artikel:
Ελένη, πώς πάει; *Eleni, wie läuft's?*
Γεια σου **Γιάννη**. *Hallo Jannis.*

Der bestimmte Artikel

- Der bestimmte Artikel lautet im Nominativ: **ο, η, το** *der, die das.*
- Im Akkusativ lautet er: **το(ν), τη(ν), το** *den, die, das.*

Merken Sie sich bitte, dass im Griechischen abweichend vom Deutschen bei **Personennamen** immer der bestimmte Artikel steht:
Η Ελένη είναι εδώ. *Eleni ist hier.*
Auch vor **Ortsnamen** steht im Griechischen immer der Artikel:
Το Αμβούργο είναι στη Γερμανία. *Hamburg ist in Deutschland.*

Das Substantiv

Beginnen wir mit den **Maskulina auf -ας** und -ης:

Singular				
Nominativ	ο άντρ**ας**	*der Mann*	ο φοιτητ**ής**	*der Student*
Akkusativ	τον άντρ**α**	*den Mann*	το φοιτητ**ή**	*den Student*
Vokativ	άντρ**α**	*Mann*	φοιτητ**ή**	*Student*

Im Akkusativ und im Vokativ Singular verschwindet das Schluss-ς .

Ein wenig anders sieht es bei den **Maskulina auf -ος** aus:

Singular		
Nominativ	ο φίλ**ος**	*der Freund*
Akkusativ	το φίλ**ο**	*den Freund*
Vokativ	φίλ**ε**	*Freund*

Im Akkusativ Singular verschwindet ebenfalls das Schluss-ς . Im Vokativ jedoch wird die Endung **-ος** zu **-ε**.

Einfacher machen es uns die **Feminina.** Dort sind nämlich die Endungen in allen drei Fällen gleich.

Singular				
Nominativ	η γυναίκ**α**	*die Frau*	η κόρ**η**	*die Tochter*
Akkusativ	τη γυναίκ**α**	*die Frau*	την κόρ**η**	*die Tochter*
Vokativ	γυναίκ**α**	*Frau*	κόρ**η**	*Tochter*

Noch einfacher sind die **Neutra:** Die Endungen sind in allen drei Fällen gleich und auch beim Artikel ändert sich nichts.

Singular						
Nominativ	το παιδ**ί**	*das Kind*	το βιβλ**ίο**	*das Buch*	το θέμ**α**	*das Thema*
Akkusativ	το παιδ**ί**	*das Kind*	το βιβλ**ίο**	*das Buch*	το θέμ**α**	*das Thema*
Vokativ	παιδ**ί**	*Kind*	βιβλ**ίο**	*Buch*	θέμ**α**	*Thema*

2. Der unbestimmte Artikel A 1

Der unbestimmte Artikel lautet im Nominativ: **ένας, μία** (oder **μια**), **ένα** *ein, eine, ein.*
Genauso wie im Deutschen gibt es keinen unbestimmten Artikel im Plural.
ο κύριος *der Herr* ▸ **ένας** κύριος *ein Herr*
η κυρία *die Dame* ▸ **μία (μια)** κυρία *eine Dame*
το κορίτσι *das Mädchen* ▸ **ένα** κορίτσι *ein Mädchen*

Im Akkusativ lautet der unbestimmte Artikel:
έναν, μία (μια), ένα *einen, eine, ein.*
Βλέπω **έναν** κύριο. *Ich sehe einen Herrn.*
Βλέπω **μία (μια)** κυρία. *Ich sehe eine Dame.*
Βλέπω **ένα** κορίτσι. *Ich sehe ein Mädchen.*

3. Die Personalpronomen A 2, 5, 6

Im Unterschied zum Deutschen drückt im Griechischen die Verbform durch ihre Endung auch eindeutig die grammatische Person aus, so dass eigentlich kein Personalpronomen benötigt wird:
Παίζ**ουμε** τάβλι. ***Wir** spielen Backgammon.*
Man benutzt das Personalpronomen also lediglich zur Verstärkung (besonders bei Gegensätzen):
Εγώ είμαι από την Ελλάδα, όμως ο Μάρτιν είναι από τη Γερμανία.
***Ich** komme aus Griechenland, aber Martin kommt aus Deutschland.*

	Singular		Plural	
1. Person	εγώ	*ich*	εμείς	*wir*
2. Person	εσύ	*du*	εσείς	*ihr*
3. Person	αυτός	*er*	αυτοί	*sie*
	αυτή	*sie*	αυτές	*sie*
	αυτό	*es*	αυτά	*sie*

Auch in der 3. Person Plural gibt es im Griechischen eine Unterscheidung der Genusformen:
ο Κώστας και ο Μάρτιν *Kostas und Martin* ▸ **αυτοί**
η Μαρία και η Ελένη *Maria und Eleni* ▸ **αυτές**
το βιβλίο και το τάβλι *das Buch und das Backgammon* ▸ **αυτά**

Im Griechischen wird die 2. Person Plural als Höflichkeitsform verwendet.
Εσείς είστε από τη Γερμανία; *Sind Sie aus Deutschland?*

4. Die Normalkonjugation A 2, 6, 7

Es gibt im Griechischen vier Konjugationen. In dieser Lektion lernen Sie zunächst die Normalkonjugation kennen. Die entsprechenden Verben werden folgendermaßen konjugiert:

Singular		Plural	
εγώ	κάν-**ω**	εμείς	κάν-**ουμε**
εσύ	κάν-**εις**	εσείς	κάν-**ετε**
αυτός, αυτή, αυτό	κάν-**ει**	αυτοί, αυτές, αυτά	κάν-**ουν(ε)**

Wollen Sie die Bedeutung dieses Verbs im Glossar oder im Wörterbuch nachschauen, dann schlagen Sie unter **κάνω** (1. Pers. Sg) nach!

Die Verben der Normalkonjugation zeichnen sich dadurch aus, dass sie den Akzent auf der vorletzten Silbe tragen und dass der Stamm in der Regel auf einen Konsonanten ausgeht. An den Stamm werden folgende Personalendungen gefügt: **-ω, -εις, -ει, -ουμε, -ετε, -ουν(ε)**.

Dieser Konjugation folgen auch die meisten Verben aus dieser Lektion:
παίζω *spielen*, κερδίζω *gewinnen*, ψάχνω *suchen*, μαγειρεύω *kochen*, χάνω *verlieren*, βρίσκω *finden*, βλέπω *sehen*, διαβάζω *lesen*, πίνω *trinken*, etc.

5. Die Negation A 8

Die Negationspartikel lautet im Griechischen **δε(ν)** und entspricht dem deutschen *nicht* bzw. *kein*.
Anders als im Deutschen steht die Negationspartikel im Griechischen immer unmittelbar vor dem Verb, das verneint wird.
Δεν είμαι από τη Γερμανία. *Ich komme nicht aus Deutschland.*
Δε βρίσκω παντελόνι. *Ich finde keine Hose.*

Χρήση των ελληνικών

Sich vorstellen und nach dem Namen fragen A 2, 9

- Πώς σε / σας λένε;
  Wie heißt du / heißen Sie?
- Με λένε Ελένη. *Ich heiße Eleni.*
- Είμαι ο Πέτρος. *Ich bin Petros.*
- Χαίρω πολύ. *Sehr erfreut.*

Begrüßung

Γεια σου! *Hallo! (Singular)*
Γεια σας! *Hallo! (Plural bzw. Höflichkeitsform)*
Χαίρετε! *Guten Tag! (formeller)*

Am Vormittag können Sie Folgendes sagen:
Καλημέρα! *Guten Morgen! / Guten Tag!*
Am Nachmittag (ab 15 Uhr) oder am Abend sagen Sie:
Καλησπέρα! *Guten Tag! / Guten Abend!*

Nach dem Befinden fragen

- Τι κάνεις; *Wie geht es dir?*
- Τι κάνετε; *Wie geht es Ihnen / euch?*
- Πώς είσαι; *Wie geht es dir?*
- Πώς είστε; *Wie geht es Ihnen / euch?*
- Πώς πάει; *Wie läuft's?*

- Πολύ καλά. Εσύ; *Sehr gut. Und dir?*
- Μια χαρά. *Blendend.*
- Είμαι / Είμαστε καλά. *Mir / Uns geht's gut.*
- Έτσι κι έτσι. *Es geht. / So lala.*
- Χάλια. *Sehr schlecht.*

Verabschiedung

Γεια σου / σας! Αντίο! *Tschüss! / Auf Wiedersehen!*
Καλό μεσημέρι! *Schönen Mittag!*
Καλό απόγευμα! *Schönen Nachmittag!*
Καλό βράδυ! *Schönen Abend!*
Καληνύχτα! *Gute Nacht!*

Άλλες χρήσιμες εκφράσεις

Die Zahlen von 0 bis 20 *A 2, 10*

μηδέν	0	έντεκα (*oder* ένδεκα)	11
ένα	1	δώδεκα	12
δύο	2	δεκατρία	13
τρία	3	δεκατέσσερα	14
τέσσερα	4	δεκαπέντε	15
πέντε	5	δεκαέξι (*oder* δεκάξι)	16
έξι	6	δεκαεφτά (*oder* δεκαεπτά)	17
εφτά (*oder* επτά)	7	δεκαοκτώ (*oder* δεκαοχτώ)	18
οκτώ (*oder* οχτώ)	8	δεκαεννιά (*oder* δεκαεννέα)	19
εννιά (*oder* εννέα)	9	είκοσι	20
δέκα	10		

Ασκήσεις

1 Welche der folgenden Substantive sind Feminina, welche Maskulina und welche Neutra? Ergänzen Sie die bestimmten und die unbestimmten Artikel im Nominativ. Achten Sie bitte auf die Wortendungen.

bestimmter Art.	unbestimmter Art.	bestimmter Art.	unbestimmter Art.
1. *το* .... κορίτσι ↔	*ένα* .... κορίτσι	**5.** .... βιβλίο ↔	.... βιβλίο
2. .... κυρία ↔	.... κυρία	**6.** .... φοιτητής ↔	.... φοιτητής
3. .... κύριος ↔	.... κύριος	**7.** .... κόρη ↔	.... κόρη
4. .... μάθημα ↔	.... μάθημα	**8.** .... πατέρας ↔	.... πατέρας

2 Ein Wort passt jeweils nicht in die Reihe. Streichen Sie es durch!

1.	καλημέρα	καληνύχτα	~~μητέρα~~	χαίρετε
2.	εμείς	αυτός	εγώ	ευχαριστώ
3.	δέκα	Ελένη	Γιάννης	Μαρία
4.	κάνετε	μαθαίνω	πίνουμε	βιβλίο
5.	κυρία	δώδεκα	πέντε	μηδέν
6.	μαγειρεύω	είναι	είμαστε	είστε
7.	άντρας	όμως	γυναίκα	παιδί

3 Ergänzen Sie die folgenden SMS mit den Wörtern aus dem Kasten.

είσαι σπίτι είμαστε ✔ πάει παίζω κέντρο παντελόνι
βλέπεις βρίσκω καλησπέρα δε κάνεις πίνουμε

1. Γεια σου Μαρία. Εμείς *είμαστε* .... στο καφέ Αμάν και .... καφέ. Εσύ πού .... ;

2. Είμαι στο .... και διαβάζω.

3. .... Ελένη! Είσαι ακόμα στο .... και ψάχνεις .... ;

4. Ναι! Και δε .... τίποτα! Εσύ τι .... ;

5. Πώς .... , Κώστα; .... μπάλα;

6. Όχι, ... βλέπω μπάλα. .... τάβλι με τον Πέτρο.

4 Setzen Sie in den folgenden Sätzen die richtigen Formen von **είμαι** ein.

είμαι	είναι	είσαι	είναι ✔	είναι	είμαστε	είστε	είναι

1. Ο Μάρτιν *είναι*.................................. από τη Γερμανία.
2. Η Μαρία και η Ελένη .... στο κέντρο.
3. Εγώ .... στο σπίτι.
4. Αυτοί .... εδώ.
5. Γιάννη, εσύ .... φοιτητής;
6. Εσείς .... από την Ελλάδα;
7. Η Ελένη δεν .... καλά.
8. Εμείς .... στο καφέ Αμάν.

5 Setzen Sie jeweils das Personalpronomen ein.

εμείς ✔	εγώ	αυτοί	εγώ	αυτός	εσείς	εσύ	αυτή	εσύ

1. *Εμείς*............................ μαθαίνουμε Ελληνικά.
2. .... δεν παίζω τάβλι.
3. Παιδιά, ... καταλαβαίνετε Γερμανικά;
4. Κώστα, ... ξέρεις το Μάρτιν;
5. .... είναι η Έφη.
6. .... δε βλέπω μπάλα.
7. .... είναι ο Παύλος και ο Δημήτρης.
8. .... πίνει καφέ, αλλά .... πίνεις μπίρα*.

*η μπίρα: *Bier*

6 Tragen Sie die fehlenden Personalpronomen oder Verbformen ein.

εγώ *ξέρω*............................	.... ξέρουμε
εσύ	εσείς ....
.... ξέρει	αυτοί ....

7 Setzen Sie in den Sätzen das jeweilige Verb in der richtigen Form ein.

1. Ο Κώστας και η Ελένη *παίζουν* (παίζω) τάβλι.
2. Εγώ δεν .... (πίνω) μπίρα.
3. Η γυναίκα .... (διαβάζω) ένα βιβλίο.
4. Εσείς .... (καταλαβαίνω) ελληνικά;
5. Εμείς .... (σπουδάζω) στη Γερμανία.
6. Ο Σάκης .... (ψάχνω) ένα παντελόνι.
7. Γιάννη, ... (ξέρω) πού είναι ο Μάρτιν;
8. Αυτοί δε .... (μαθαίνω) ελληνικά.

8 Verneinen Sie die folgenden Fragen.

1. Είσαι από τη Γερμανία; *Όχι, δεν είμαι από τη Γερμανία.*
2. Ο Μάρτιν είναι από την Ελλάδα; ....
3. Η Ελένη μαγειρεύει; ....
4. Τα παιδιά παίζουν μπάλα; ....
5. Μαρία, εσύ πίνεις καφέ; ....
6. Κώστα, Γιάννη, εσείς μαθαίνετε γερμανικά; ....

9 Welche Antwort gehört zu welcher Frage?

1. Πώς σε λένε;
2. Τι κάνετε;
3. Χαίρετε κύριε Αργυρίου.
4. Πώς πάει;
5. Γεια σου Κώστα.
6. Τι κάνεις Ελένη;

a. Πολύ καλά. Ευχαριστώ. Εσείς;
b. Γεια σας κυρία Γλάρου.
c. Χάλια.
d. Με λένε Μάρτιν.
e. Είμαι καλά.
f. Γεια σου Μαρία.

10 Schreiben Sie die folgenden Zahlen in Worten.

a. 7 *εφτά / επτά*
b. 12 ....
c. 14 ....
d. 20 ....
e. 5 ....
f. 3 ....

Was Sie in dieser Lektion lernen:
- rund um den Haushalt
- Berufsbezeichnungen
- Nationalitätsbezeichnungen
- den bestimmten Artikel im **Plural**
- das Substantiv im **Plural**
- die **άς**- und **είς-Konjugation**

Μάθημα 2

Πίνακας ανακοινώσεων

Schwarzes Brett

1 Wir sind zwei junge Frauen aus Katerini. Wir studieren Medizin und suchen ein Appartement im Zentrum. Tel.: 2310 257361

2 Ich bin Martin, Student aus Deutschland. Ich habe eine Wohnung, aber ich habe keine Möbel. Wer verkauft oder verschenkt zwei Stühle, einen Tisch und ein Bett? Meine Handynummer ist: 697 8798765

3 Ich ziehe nach Deutschland um! Ich verkaufe Bücher, Platten, CDs, einen Tisch, Stühle und andere Sachen. Tel.: 2310 695879

4 Ich bin Rechtsanwalt, 38 Jahre alt. Suche Mitbewohner. Ich bevorzuge eine Jurastudentin. Warum lacht ihr? Ich mache keinen Spaß! Tel.: 2310 384950

5 Ich bin Angestellter in einer Bank. Meine Frau ist Sekretärin. Wir suchen nach einer Babysitterin für unsere Töchter. Wir bevorzugen eine Spanierin. Tel.: 2310 483948

6 Hilfe! Ich habe kein Geld und suche Arbeit. Ich komme aus Madrid. Ich spreche Griechisch, Englisch und natürlich Spanisch. Ich liebe Fremdsprachen und Kinder. Wenn ihr nach einer Lehrerin oder einer Babysitterin sucht, meine Telefonnummer ist: 2310 293049

Τι καινούριο έχουμε;

Der Plural

Vielleicht haben Sie in den Kleinanzeigen einige Substantive im Plural schon erkannt: δύο **κοπέλες** *zwei junge Frauen*; πουλάω **βιβλία** *ich verkaufe Bücher*. Im Griechischen erfolgt die Pluralbildung des Substantivs nach bestimmten Regeln, die Sie in dieser Lektion kennenlernen werden.

- Der **bestimmte Artikel** im Nominativ lautet im Plural sowohl für die Maskulina als auch für die Feminina **οι**.
- Der bestimmte Artikel für die Neutra lautet im Plural **τα**.

Die **Maskulina auf -ας** und **-ης** sowie die **Feminina auf -η** und **-α** bilden den Nominativ Plural auf **-ες**:

Nominativ Singular		Nominativ Plural	
ο άντρας	*der Mann*	οι άντρες	*die Männer*
ο φοιτητής	*der Student*	οι φοιτητές	*die Studenten*
η κόρη	*die Tochter*	οι κόρες	*die Töchter*
η γυναίκα	*die Frau*	οι γυναίκες	*die Frauen*

Die **Maskulina auf -ος** hingegen bilden den Nominativ Plural auf **-οι**:

Nominativ Singular		Nominativ Plural	
ο φίλος	*der Freund*	οι φίλοι	*die Freunde*

Die **Neutra auf -ι** enden im Plural auf **-ια**; die Neutra auf **-ο** enden im Plural auf **-α** und jene auf **-μα** bilden den Plural auf **-ματα**:

Nominativ Singular		Nominativ Plural	
το σπίτι	*das Haus*	τα σπίτια	*die Häuser*
το βιβλίο	*das Buch*	τα βιβλία	*die Bücher*
το θέμα	*das Thema*	τα θέματα	*die Themen*

Übrigens: Fremdwörter bleiben im Plural unverändert:
το σιντί *die CD* ▸ τα σιντί *die CDs*
η μπέιμπι σίτερ *die Babysitterin* ▸ οι μπέιμπι σίτερ *die Babysitterinnen*
Auch das griechische Wort für *Euro* lautet im Plural wie im Singular **ευρώ**:
ένα ευρώ *ein Euro* ▸ δέκα ευρώ *zehn Euro*

Κάνετε καλά παζάρια!

Ο Μάρτιν βλέπει στον πίνακα ανακοινώσεων την αγγελία με τις καρέκλες και το τραπέζι και παίρνει τηλέφωνο.

Κύριος Παυλίδης: Παρακαλώ!

Μάρτιν: Καλησπέρα. Με λένε Μάρτιν Ρότκεγκελ. Τηλεφωνώ επειδή πουλάτε ένα τραπέζι και δύο καρέκλες ...

Κ. Παυλίδης: Μάλιστα. Είστε ξένος;

Μάρτιν: Ναι, είμαι από τη Γερμανία.

Κ. Παυλίδης: Όμως μιλάτε καλά ελληνικά. Μπράβο! Δουλεύετε στην Ελλάδα;

Μάρτιν: Όχι, είμαι φοιτητής στη Θεσσαλονίκη, όμως δεν έχω έπιπλα.

Κ. Παυλίδης: Και πώς ζείτε χωρίς έπιπλα; Πού τρώτε; Στο πάτωμα;

Μάρτιν: Ε, όχι! Μένω ακόμα με τη φίλη μου την Ελένη. Όμως από αύριο έχω σπίτι και ...

Κ. Παυλίδης: Α, μιλάς, ε, συγνώμη, μιλάτε ελληνικά επειδή έχετε φίλη Ελληνίδα. Ξέρετε, εγώ μιλάω λίγο γερμανικά επειδή έχω Γερμανίδα φίλη. Τη λένε Κάτριν. Είναι καθηγήτρια και μιλάει αγγλικά, γαλλικά, ιταλικά, όμως δεν ξέρει ελληνικά ... ζι καν κάιν γκρίχις, χα χα ...

Μάρτιν: Καταλαβαίνω ... Λοιπόν, πουλάτε ένα τραπέζι και καρέκλες ...

Κ. Παυλίδης: Ναι. Ένα τραπέζι, πέντε καρέκλες και άλλα πράγματα: δίσκους, σιντί, βιβλία, δύο λάμπες, κατσαρόλες, μία σκούπα ...

Μάρτιν: Θέλω μόνο το τραπέζι και τις καρέκλες! Εντάξει;

Κ. Παυλίδης: Μόνο το τραπέζι και τις καρέκλες; Βλέπετε, φεύγω τη Δευτέρα από τη Θεσσαλονίκη, και τι να κάνω με τα πιάτα, τα κουτάλια, τα πιρούνια και τα μαχαίρια, τις λάμπες και τους φούρνους;

Μάρτιν: Λοιπόν, η Ελένη είναι φοιτήτρια. Δεν έχει ούτε κατσαρόλες ούτε πιάτα και πιρούνια. Για πενήντα ευρώ αγοράζω το νοικοκυριό.

Κ. Παυλίδης: Βλέπω, δε μιλάτε μόνο καλά ελληνικά αλλά κάνετε και καλά παζάρια. Εντάξει, για πενήντα ευρώ παίρνετε τα βιβλία, τους δίσκους, τις καρέκλες, τις πόρτες, τα παράθυρα και τους ανεμιστήρες!

Μάρτιν: Ευχαριστώ πολύ κύριε ...

Κ. Παυλίδης: Παυλίδη. Με λένε Ηλία Παυλίδη. Λοιπόν, μπορείτε αύριο το απόγευμα;

Μάρτιν: Φυσικά και μπορώ!

2

Λεξιλόγιο

Πίνακας ανακοινώσεων

ο πίνακας ανακοινώσεων ['pinakas‿anaci'noseon]	*schwarzes Brett*
η κοπέλα [ko'pela]	*junge Frau*
η Κατερίνη [kate'rini]	*Katerini, Stadt in Nordgriechenland*
η Ιατρική [iatri'ci]	*Medizin*
το διαμέρισμα [ðja'merizma]	*Appartement*
στο(ν), στη(ν) [sto(n)], [sti(n)]	*in, auf, an, bei, nach, zu*
τηλ. *Abk.*	*Tel.*
το τηλέφωνο [ti'lefono]	*Telefon*
έχω ['exo]	*haben*
τα έπιπλα *Pl* ['epipla]	*Möbel*
ποιος ['pços]	*wer*
πουλάω [pu'lao]	*verkaufen*
ή ['i]	*oder*
χαρίζω [xa'rizo]	*(ver)schencken*
η καρέκλα [ka'rekla]	*Stuhl*
το τραπέζι [tra'pezi]	*Tisch*
το κρεβάτι [kre'vati]	*Bett*
το κινητό [cini'to]	*hier: Handynummer*
μου [mu]	*mein*
μετακομίζω [metako'mizo]	*umziehen*
ο δίσκος ['ðiskos]	*Schallplatte*
το σιντί *unv* [si'di]	*CD*
άλλα *Pl* ['ala]	*andere*
το πράγμα ['praɣma]	*Sache, Ding*
ο δικηγόρος [ðici'ɣoros]	*Rechtsanwalt*
... χρονών [xro'non]	*... Jahre alt*
ο, η συγκάτοικος [siŋ'gatikos]	*Mitbewohner(in)*
προτιμάω [proti'mao]	*bevorzugen*
η φοιτήτρια [fi'titria]	*Studentin*
η φοιτήτρια της Νομικής [fi'titria‿tis‿nomi'cis]	*Jurastudentin*
γιατί [ja'ti]	*warum (in Fragen); weil*
γελάω [je'lao]	*lachen*
κάνω πλάκα ['kano‿'plaka]	*Spaß machen*
ο, η υπάλληλος [i'palilos]	*Angestellte(r)*
η τράπεζα ['trapeza]	*Bank*
η γυναίκα [ji'neka]	*Frau, Ehefrau*
ο, η γραμματέας [ɣrama'teas]	*Sekretär(in)*
ζητάω [zi'tao]	*suchen nach, verlangen*
η μπέιμπι σίτερ *unv* ['beibi‿'siter]	*Babysitterin*
για [ja]	*für*
η κόρη ['kori]	*Tochter*
η Ισπανίδα [ispa'niða]	*Spanierin*
η βοήθεια [vo'iθia] *oder* [vo'iθça]	*Hilfe*
τα λεφτά *nur im Pl* [le'fta]	*Geld*
η δουλειά [ðu'ʎa]	*Arbeit*
η Μαδρίτη [ma'ðriti]	*Madrid*
μιλάω [mi'lao]	*sprechen, reden*
τα αγγλικά *Pl* [aŋgli'ka]	*Englisch*
φυσικά [fisi'ka]	*natürlich*
τα ισπανικά *Pl* [ispani'ka]	*Spanisch*
αγαπάω [aɣa'pao]	*lieben, mögen*
η γλώσσα ['ɣlosa]	*Sprache*
οι ξένες γλώσσες *Pl* ['ksenes‿'ɣloses]	*Fremdsprachen*
αν ['an]	*wenn, falls*
η δασκάλα [ða'skala]	*Lehrerin*

Κάνετε καλά παζάρια!

κάνω παζάρια ['kano‿pa'zarja]	*feilschen, handeln*
η αγγελία [aŋɟe'lia]	*Anzeige*
παίρνω τηλέφωνο ['perno‿ti'lefono]	*anrufen*

ο κύριος ['cirios]	*Herr*
Κ. *Abk.*	*H.*
παρακαλώ [paraka'lo]	*bitte*
τηλεφωνώ [tilefo'no]	*telefonieren, anrufen*
επειδή [epi'ði]	*weil, da*
μάλιστα ['malista]	*richtig, jawohl*
ο ξένος ['ksenos]	*Ausländer*
μπράβο ['bravo]	*bravo*
δουλεύω [ðu'levo]	*arbeiten*
η Ελλάδα [e'laða]	*Griechenland*
ζω ['zo]	*leben*
χωρίς [xo'ris]	*ohne*
πού ['pu]	*wo*
τρώω ['troo]	*essen*
το πάτωμα ['patoma]	*Fußboden*
μένω ['meno]	*wohnen*
η φίλη ['fili]	*Freundin*
αύριο ['avrio]	*morgen*
από αύριο [a'po‿'avrio]	*ab morgen*
συγνώμη [si'ɣnomi]	*Verzeihung*
η Ελληνίδα [eli'niða]	*die Griechin*
η Γερμανίδα [jerma'niða]	*die Deutsche*
τη λένε [ti 'lene]	*sie heißt*
η καθηγήτρια [kaθi'jitria]	*(Gymnasial) lehrerin*
τα γαλλικά *Pl* [ɣali'ka]	*Französisch*
τα ιταλικά *Pl* [itali'ka]	*Italienisch*
η λάμπα ['lamba]	*Lampe*
η κατσαρόλα [katsa'rola]	*Kochtopf*

η σκούπα ['skupa]	*Staubsauger, Besen*
θέλω ['θelo]	*wollen, mögen*
εντάξει [en'daksi]	*in Ordnung*
φεύγω ['fevɣo]	*verlassen, weggehen*
η Δευτέρα [ðe'ftera]	*Montag*
τι να κάνω ['ti‿na‿'kano]	*was soll ich machen*
το πιάτο ['pçato]	*Teller*
το κουτάλι [ku'tali]	*Löffel*
το πιρούνι [pi'runi]	*Gabel*
το μαχαίρι [ma'çeri]	*Messer*
ο φούρνος ['furnos]	*Backofen*
ούτε ... ούτε ['ute 'ute]	*weder ... noch*
πενήντα [pe'ninda]	*fünfzig*
το ευρώ *unv* [e'vro]	*Euro*
αγοράζω [aɣo'razo]	*kaufen*
το νοικοκυριό [nikoci'rjo]	*Haushalt*
παίρνω ['perno]	*nehmen*
η πόρτα ['porta]	*Tür*
το παράθυρο [pa'raθiro]	*Fenster*
ο ανεμιστήρας [anemi'stiras]	*Ventilator*
πολύ [po'li]	*sehr*
το απόγευμα [a'pojevma]	*(am) Nachmittag*

Γραμματική

1. Der bestimmte Artikel und das Substantiv im Plural

A 4, 5, 6, 9

Der bestimmte Artikel

Wie Sie bereits in Lektion 1 gelernt haben, lautet der bestimmte Artikel im Nominativ Singular **ο, η, το** *der, die, das* und im Akkusativ Singular **το(ν), τη(ν), το** *den, die, das*. Im Unterschied zum Deutschen wird im Griechischen die Genusunterscheidung auch im Plural aufrechterhalten.

- Der bestimmte Artikel in Nominativ Plural lautet: **οι** (Mask.), **οι** (Fem.), **τα** (Neut.) *die*.
- Im Akkusativ Plural lautet er: **τους** (Mask.), **τις** (Fem.), **τα** (Neut.) *die*.

Die Maskulina auf *-ας* und *-ης* und die Feminina auf *-α* und *-η*

Diese Substantive enden im Plural in allen drei Fällen auf **-ες**.

Maskulina	Singular		Plural	
Nominativ	ο άντρας	ο φοιτητής	οι άντρες	οι φοιτητές
Akkusativ	τον άντρα	το φοιτητή	τους άντρες	τους φοιτητές
Vokativ	άντρα	φοιτητή	άντρες	φοιτητές

Feminina	Singular		Plural	
Nominativ	η γυναίκα	η κόρη	οι γυναίκες	οι κόρες
Akkusativ	τη γυναίκα	την κόρη	τις γυναίκες	τις κόρες
Vokativ	γυναίκα	κόρη	γυναίκες	κόρες

Die Maskulina auf *-ος*

Sie enden im Nominativ und im Vokativ Plural auf **-οι** und im Akkusativ Plural auf **-ους**. Schauen Sie sich noch einmal die Deklination des bestimmten Artikels genau an: Sie sehen, dass im Plural die Endungen des Artikels und des Substantivs gleich sind: **οι φίλοι, τους φίλους**.

	Singular	Plural
Nominativ	ο φίλος	οι φίλοι
Akkusativ	το φίλο	τους φίλους
Vokativ	φίλε	φίλοι

Die Neutra auf *-ι*, *-ο* und *-μα*

Sowohl im Singular als auch im Plural sind die Endungen in allen drei Fällen gleich.

	Singular			Plural		
Nominativ	το παιδί	το βιβλίο	το θέμα	τα παιδιά	τα βιβλία	τα θέματα
Akkusativ	το παιδί	το βιβλίο	το θέμα	τα παιδιά	τα βιβλία	τα θέματα
Vokativ	παιδί	βιβλίο	θέμα	παιδιά	βιβλία	θέματα

Ist Ihnen aufgefallen, dass die Neutra auf **-μα** im Plural noch eine weitere Silbe bekommen? **το θέμα** ▶ **τα θέματα**.

3. Die άς- und είς-Konjugation A 7, 8, 9

Diese beiden Konjugationen sind dadurch gekennzeichnet, dass sie den Akzent im Gegensatz zur Normalkonjugation auf der Endung tragen. Man nennt sie **άς**- bzw. **είς**-Konjugation, weil diese Verben in der 2. Person Singular entweder auf -**άς** oder auf -**είς** enden: αγαπ**άς** *du liebst*; μπορ**είς** *du kannst*.

	αγαπάω	*lieben*	**μπορώ**	*können*
εγώ	αγαπ-**άω** / αγαπώ	*ich liebe*	μπορ-**ώ**	*ich kann*
εσύ	αγαπ-**άς**	*du liebst*	μπορ-**είς**	*du kannst*
αυτός, -ή, -ό	αγαπ-**άει** / αγαπά	*er, sie, es liebt*	μπορ-**εί**	*er, sie, es kann*
εμείς	αγαπ-**άμε** / αγαπούμε	*wir lieben*	μπορ-**ούμε**	*wir können*
εσείς	αγαπ-**άτε**	*ihr liebt*	μπορ-**είτε**	*ihr könnt*
αυτοί, -ές, -ά	αγαπ-**άν(ε)** / αγαπούν(ε)	*sie lieben*	μπορ-**ούν(ε)**	*sie können*

Die zweiten Varianten werden Sie in der Schriftsprache antreffen, während in der gesprochenen Sprache die ersten Formen üblich sind. Im Wörterbuch finden Sie diese Verben je nach Ausgabe entweder unter der einen oder der anderen Form: Zum Beispiel, *lieben* unter **αγαπάω** oder **αγαπώ**; *vergessen* unter **ξεχνάω** oder **ξεχνώ**.

- Einige wichtige Verben der **άς**-Konjugation sind: αγαπάω *lieben*, απαντάω *antworten*, γελάω *lachen*, διψάω *Durst haben*, ζητάω *suchen*, *verlangen*, μιλάω *sprechen*, νικάω *gewinnen*, ξεχνάω *vergessen*, πουλάω *verkaufen*, ρωτάω *fragen*.

- Einige wichtige Verben der **είς**-Konjugation sind: αργώ *sich verspäten*, εξηγώ *erklären*, ζω *leben*, μπορώ *können*, τηλεφωνώ *telefonieren*.

Χρήση των ελληνικών

Berufsbezeichnungen A 2, 3

Im Griechischen haben viele Berufsbezeichnungen nur eine Form für beide Geschlechter. Bei diesen lässt sich nur am Artikel erkennen, ob es sich um eine Frau oder einen Mann handelt:
ο / η υπάλληλος *der / die Angestellte*
ο / η γιατρός *der Arzt / die Ärztin*
ο / η δικηγόρος *der Rechtsanwalt / die Rechtsanwältin*
ο / η γραμματέας *der Sekretär / die Sekretärin*
ο / η δημοσιογράφος *der Journalist / die Journalistin*

Andere Berufsbezeichnungen unterscheiden eine männliche und eine weibliche Form:
ο καθηγητής / η καθηγήτρια
der Professor oder der (Gymnasial)lehrer / die Professorin oder die (Gymnasial)lehrerin
ο δάσκαλος / η δασκάλα *der Lehrer / die Lehrerin (Grundschule)*
ο νοσοκόμος / η νοσοκόμα *der Krankenpfleger / die Krankenschwester*
ο φοιτητής / η φοιτήτρια *der Student / die Studentin*
ο μαθητής / η μαθήτρια *der Schüler / die Schülerin*

So können Sie nach dem Beruf fragen:
Τι δουλειά κάνετε / κάνεις; *Was machen Sie / machst du beruflich?*

Άλλες χρήσιμες εκφράσεις

Länder, Nationalitätsbezeichnungen und Sprachen A 1, 2

Land	Nationalität Maskulin	Feminin	Sprache
η Ελλάδα *Griechenland*	ο Έλληνας *der Grieche*	η Ελληνίδα *die Griechin*	τα ελληνικά *Griechisch*
η Γερμανία *Deutschland*	ο Γερμανός *der Deutsche*	η Γερμανίδα *die Deutsche*	τα γερμανικά *Deutsch*
η Ελβετία *die Schweiz*	ο Ελβετός *der Schweizer*	η Ελβετίδα *die Schweizerin*	τα γερμανικά *Deutsch*
η Αυστρία *Österreich*	ο Αυστριακός *der Österreicher*	η Αυστριακή *die Österreicherin*	τα γερμανικά *Deutsch*
η Αγγλία *England*	ο Άγγλος *der Engländer*	η Αγγλίδα *die Engländerin*	τα αγγλικά *Englisch*
η Γαλλία *Frankreich*	ο Γάλλος *der Franzose*	η Γαλλίδα *die Französin*	τα γαλλικά *Französisch*
η Ισπανία *Spanien*	ο Ισπανός *der Spanier*	η Ισπανίδα *die Spanierin*	τα ισπανικά *Spanisch*
η Ιταλία *Italien*	ο Ιταλός *der Italiener*	η Ιταλίδα *die Italienerin*	τα ιταλικά *Italienisch*
η Τουρκία *die Türkei*	ο Τούρκος *der Türke*	η Τουρκάλα *die Türkin*	τα τουρκικά / τούρκικα *Türkisch*
η Κίνα *China*	ο Κινέζος *der Chinese*	η Κινέζα *die Chinesin*	τα κινέζικα *Chinesisch*

i Die Griechen melden sich am Telefon nicht mit Namen, sondern mit einer kurzen Wendung, wie z.B. **Ναι!** *Ja!*, **Παρακαλώ!** *Bitte!*, **Ορίστε!** *Bitte schön!*, **Λέγετε!** *wörtl.: Sprechen Sie!* oder **Εμπρός!** *wörtl.: Vorwärts!*
Übrigens duzt man sich in Griechenland häufiger als in Deutschland, insbesondere unter jüngeren Leuten oder unter Arbeitskollegen. Allerdings sollten Sie siezen (2. Person Plural!), wenn Sie mit unbekannten Personen reden. Werden Sie von einer älteren Person geduzt, sollten sie aus Respekt nicht zurückduzen, sondern die Höflichkeitsform verwenden.

Ασκήσεις

1 Welcher Nationalität gehören diese berühmten Persönlichkeiten an und welche Sprache sprechen sie?

1. Ουίνστον Τσόρτσιλ *Ο Ουίνστον Τσόρτσιλ είναι Άγγλος και μιλάει αγγλικά.*
2. Φεντερίκο Φελίνι ....
3. Ότο Ρεχάγκελ ....
4. Μελίνα Μερκούρη ....
5. Σαλβαντόρ Νταλί ....
6. Μπριζίτ Μπαρντό ....

2 Wie würden Sie auf die folgenden Fragen antworten? Kreuzen Sie die richtige Antwort an.

1. Μιλάς γαλλικά;
- **a.** Λέγετε! ☐
- **b.** Ναι, είμαι Γερμανός. ☐
- **c.** Όχι, δε μιλάω γαλλικά. ☒

2. Τι δουλειά κάνετε;
- **a.** Είμαι δασκάλα. ☐
- **b.** Είμαι από την Ισπανία. ☐
- **c.** Δεν είμαι γραμματέας. ☐

3. Τι γλώσσα μιλάνε οι Ιταλοί;
- **a.** Δεν είμαι Ιταλός. ☐
- **b.** Μιλάω αγγλικά. ☐
- **c.** Μιλάνε ιταλικά. ☐

4. Πού μένεις;
- **a.** Από την Αγγλία. ☐
- **b.** Δε μένω. ☐
- **c.** Στο Αμβούργο. ☐

5. Είσαι φοιτητής;
- **a.** Όχι, δε δουλεύω. ☐
- **b.** Ναι, σπουδάζω Ιατρική. ☐
- **c.** Είμαι χάλια. ☐

6. Είστε δικηγόρος;
- **a.** Είμαι από την Ελλάδα. ☐
- **b.** Όχι, είμαι δημοσιογράφος. ☐
- **c.** Ορίστε! ☐

3 Wie lauten die weiblichen Formen der folgenden Berufsbezeichnungen?

1. ο υπάλληλος *η υπάλληλος*
2. ο καθηγητής ....
3. ο δικηγόρος ....
4. ο γιατρός ....
5. ο νοσοκόμος ....
6. ο δάσκαλος ....

4 Setzen Sie folgende Substantive in den Plural. Bitte achten Sie auf den Kasus!

1. την κοπέλα *τις κοπέλες*
2. η κόρη ....
3. τον άντρα ....
4. το τραπέζι ....
5. την κατσαρόλα ....
6. το φοιτητή ....
7. το πράγμα ....
8. η μπέιμπι σίτερ ....

5 Und nun umgekehrt: Wie lauten die folgenden Substantive im Singular?

1. οι σκούπες *η σκούπα*
2. τους φουρνούς ....
3. τις καρέκλες ....
4. τα βιβλία ....
5. οι δίσκοι ....
6. τα σιντί ....
7. οι πόρτες ....
8. οι κύριοι ....

6 Ergänzen Sie die richtigen Formen des Substantivs.

1. Η Μαρία αγαπάει τα *παιδιά* (παιδί).
2. Ο κύριος Παυλίδης πουλάει δύο .... (τραπέζι) και πέντε .... (καρέκλα).
3. Η Ελένη ακούει .... (δίσκος) και .... (σιντί).
4. Ο Μάρτιν ψάχνει ένα .... (γιατρός).
5. Πού μένουν οι .... (κοπέλα) από την Κατερίνη;
6. Η γυναίκα αγοράζει δύο .... (κατσαρόλα), έξι .... (πιάτο) και δώδεκα .... (κουτάλι).

7 Ergänzen Sie die Konjugationstabelle mit den fehlenden Formen von **κάνω**, **αγαπάω** und **εξηγώ**.

	Normalkonjugation	άς- Konjugation	είς- Konjugation
εγώ	....	*αγαπάω*	....
εσύ	....	....	*εξηγείς*
αυτός, -ή, -ό	....	....	....
εμείς	....	....	....
εσείς	*κάνετε*	....	....
αυτοί, -ές, -ά	....	....	....

8 Ergänzen Sie die Sätze mit den passenden Verbformen.

1. Ο Μάρτιν *μιλάει* (μιλάω) ελληνικά και γερμανικά.
2. Ο κύριος Παυλίδης .... (φεύγω) από τη Θεσσαλονίκη.
3. Εμείς δεν .... (αγοράζω) έπιπλα.
4. Εγώ .... (μένω) στο Αμβούργο. Εσύ πού .... (μένω);
5. Η Κάρμεν και ο Χουάν .... (μιλάω) ισπανικά.
6. Παιδιά, τι .... (κάνω);
7. Οι καθηγητές .... (εξηγώ) τη γραμματική.
8. Εσείς γιατί δε .... (γελάω);

9 Setzen Sie die folgenden Sätze in den Plural.

1. Ο φοιτητής διαβάζει το βιβλίο. *Οι φοιτητές διαβάζουν τα βιβλία.*
2. Πουλάς την καρέκλα; ....
3. Το παιδί πίνει καφέ. ....
4. Η γυναίκα βλέπει το γιατρό. ....
5. Η κοπέλα αγοράζει τη λάμπα. ....
6. Θέλω το σιντί. ....
7. Ο δικηγόρος μένει στη Θεσσαλονίκη. ....
8. Εγώ δεν μπορώ. Εσύ μπορείς; ....

Μάθημα 3

Ihre Lernziele in dieser Lektion sind:

- Personen zu beschreiben
- die Uhrzeit anzugeben
- die Wochentage
- die **Adjektive** auf **-ος, -η, -ο / -ος, -α, -ο / -ος, -ια, -ο**
- das Adjektiv **πολύς, πολλή, πολύ**
- die **Präpositionen** mit dem Akkusativ
- die veränderlichen **Zahlwörter**
- die **Zahlen** von 21 bis 100

Πρόγραμμα Καρναβαλιού

Das Karnevalsprogramm

Πέμπτη
16:00 Πλατεία Ελευθερίας
Ένα πλούσιο μουσικό πρόγραμμα με παραδοσιακούς χορούς από όλη την Ελλάδα

Donnerstag
16:00 Platz der Freiheit
Ein reichhaltiges Musikprogramm mit traditionellen Tänzen aus ganz Griechenland

Παρασκευή
21:00 Αίθουσα «Αρίων»
Κέφι μέχρι το πρωί στο μεγάλο αποκριάτικο χορό

Freitag
21:00 Saal "Arion"
Gute Laune bis in den Morgen auf dem großen Karnevalsball

Σάββατο
12:30 Κεντρική Πλατεία
Γιορτή με τους «Yuppi Too»: Διασκέδαση για τα παιδιά
20:30 Εθνικό γήπεδο
Λαϊκό γλέντι με τον Κλεάνθη. Ελληνική λαϊκή μουσική και πολύς χορός από το γνωστό καλλιτέχνη

Samstag
12:30 Zentraler Platz
Ein Fest mit den "Yuppi Too": Unterhaltung für Kinder
20:30 Nationalstadion
Volksfest mit Kleanthis. Griechisc
Volksmusik und viel Tanz von un
mit dem bekannten Künstler

Κυριακή
13:30 Στους δρόμους της πόλη
Μεγάλη αποκριάτικη παρέλασ

Sonntag
13:30 In den Straßen der St
Großer Karnevalsumzug

Δευτέρα
11:00 Πλατεία των Αβδήρων
Καθαρή Δευτέρα με τοπικά έθιμ

Montag
11:00 Abderaplatz
Aschermittwoch mit lokalen Bräuche

Τι καινούριο έχουμε; A 2, 4, 8, 9

Die Adjektive

Sicherlich haben Sie im Veranstaltungsprogramm schon einige Adjektive entdeckt. Sie stehen im Griechischen in der Regel vor dem Substantiv.
Auch das Adjektiv unterscheidet drei Genusformen und richtet sich hinsichtlich Numerus, Genus und Kasus nach dem Substantiv, auf das es sich bezieht:
οι παραδοσιακ**οί** χορ**οί** *die traditionellen Tänze*
Die Deklination des Adjektivs müssen Sie nicht neu lernen: Das männliche Adjektiv wird so dekliniert wie die Maskulina auf **-ος** (φίλος), das weibliche Adjektiv so wie die Feminina auf **-η** (κόρη) und das sächliche so wie die Neutra auf **-ο** (βιβλίο):

	Singular Maskulin	Feminin	Neutrum	Plural Maskulin	Feminin	Neutrum
Nom.	ο καλ**ός** φίλος	η καλ**ή** κόρη	το καλ**ό** βιβλίο	οι καλ**οί** φίλοι	οι καλ**ές** κόρες	τα καλ**ά** βιβλία
Akk.	τον καλ**ό** φίλο	την καλ**ή** κόρη	το καλ**ό** βιβλίο	τους καλ**ούς** φίλους	τις καλ**ές** κόρες	τα καλ**ά** βιβλία
Vok.	καλ**έ** φίλε	καλ**ή** κόρη	καλ**ό** βιβλίο	καλ**οί** φίλοι	καλ**ές** κόρες	καλ**ά** βιβλία

Δεν είναι πολύ ωραίος;

Η Ελένη και ο Μάρτιν ψάχνουνε με αγγελία στο ίντερνετ συνοδό για τον αποκριάτικο χορό. Στις 2 το μεσημέρι έχουν ραντεβού στο ίντερνετ καφέ. Η Ελένη φτάνει μετά από το Μάρτιν.

Ελένη: Γεια σου Μάρτιν, περιμένεις πολλή ώρα;
Μάρτιν: Όχι, μόνο πέντε λεπτά.
Γκαρσόν: Θέλετε κάτι;
Ελένη: Ναι, εγώ θέλω μια πορτοκαλάδα, όχι πολύ κρύα.
Μάρτιν: Εγώ θέλω ένα γαλλικό καφέ με πολλή ζάχαρη και λίγο γάλα.

Η Ελένη βρίσκει μια αγγελία στο ίντερνετ.

Ελένη: «Δικηγόρος, 38 χρονών, ελεύθερος και γοητευτικός, ζητά γνωριμία με δεσποινίδα έως 28 χρονών.» Τον λένε Αλέξανδρο. Να και μια φωτογραφία. Δεν είναι πολύ ωραίος;
Μάρτιν: Καλός είναι. Η μύτη του όμως είναι λίγο μεγάλη! Και δεν είναι λίγο χοντρός;
Ελένη: Καθόλου! Έχει και ωραία γαλανά μάτια και μαύρα σγουρά μαλλιά!

Μάρτιν: Ίσως. Τα αυτιά του όμως είναι πολύ πεταχτά!
Ελένη: Νομίζεις;
Μάρτιν: Ναι!

Ο Μάρτιν δείχνει μια άλλη αγγελία στην Ελένη.

Μάρτιν: «Δασκάλα, 27 χρονών, όμορφη, ένα εβδομήντα, λεπτή, ξανθιά, επιθυμεί γνωριμία με κύριο έως 39 χρονών, με καλό χαρακτήρα.» Να και μια φωτογραφία. Τη λένε Λυδία. Δεν είναι υπέροχη;
Ελένη: Δεν είναι άσχημη. Έχει όμως πολύ λεπτά χείλια.
Μάρτιν: Νομίζεις; Έχει όμως ξανθά μαλλιά και είναι λεπτή και ψηλή.
Ελένη: Εγώ είμαι κοντή και καστανή. Άσχημη είμαι; Εξάλλου τα δόντια της είναι κάπως στραβά!
Μάρτιν: Τι λες, Ελένη, πάμε μαζί στον αποκριάτικο χορό;
Ελένη: Ναι, αυτή είναι μια πολύ καλή ιδέα!

Λεξιλόγιο

Πρόγραμμα Καρναβαλιού

το πρόγραμμα ['proγrama]	*Programm*
το καρναβάλι [karna'vali]	*Karneval*
το πρόγραμμα καρναβαλιού ['proγrama‿karnava'ʎu]	*Karnevals-programm*
η Πέμπτη ['pempti]	*Donnerstag*
η πλατεία [pla'tia]	*Platz*
η ελευθερία [elefθe'ria]	*Freiheit*
η Πλατεία Ελευθερίας [pla'tia‿elefθe'rias]	*Platz der Freiheit*
πλούσιος, -α, -ο ['plusios]	*reich; hier: reichhaltig*
μουσικός, -ή, -ό [musi'kos]	*Musik-*
παραδοσιακός, -ή, -ό [paraðosia'kos]	*traditionell*
ο χορός [xo'ros]	*Tanz; Ball*

όλος, -η, -ο ['olos]	*ganz, alle*
η Παρασκευή [parasce'vi]	*Freitag*
η αίθουσα ['eθusa]	*Saal*
το κέφι ['cefi]	*gute Laune*
μέχρι ['mexri]	*bis*
το πρωί [pro'i]	*Morgen*
μεγάλος, -η, -ο [me'ɣalos]	*groß*
αποκριάτικος, -η, -ο [apokri'atikos]	*Karnevals-*
το Σάββατο ['savato]	*Samstag*
κεντρικός, -ή, -ό [cendri'kos]	*zentral*
η γιορτή [jor'ti]	*Fest*
η διασκέδαση [ðia'sceðasi]	*Vergnügen*
εθνικός, -ή, -ό [eθni'kos]	*national*
το γήπεδο ['jipeðo]	*Stadion*
λαϊκός, -ή, -ό [lai'kos]	*volks-*
το γλέντι ['ɣlendi]	*Feiern*
ελληνικός, -ή, -ό [elini'kos]	*griechisch*
η μουσική [musi'ci]	*Musik*
πολύς, πολλή, πολύ *Adj.* [po'lis]	*viel*
γνωστός, -ή, -ό [ɣno'stos]	*bekannt*
ο καλλιτέχνης [kali'texnis]	*Künstler*
η Κυριακή [cirja'ci]	*Sonntag*
ο δρόμος ['ðromos]	*Straße*
η πόλη ['poli]	*Stadt*
της πόλης [tis‿'polis]	*der Stadt*
η παρέλαση [pa'relasi]	*Umzug*
η Πλατεία των Αβδήρων [pla'tia‿ton‿a'vðiron]	*Abderaplatz*
καθαρός, -ή, -ό [kaθa'ros]	*rein, sauber*
η Καθαρή Δευτέρα [kaθa'ri‿ðe'ftera]	*Ende des Karnevals (wörtl.: reiner Montag)*
τοπικός, -ή, -ό [topi'kos]	*lokal, örtlich*
το έθιμο ['eθimo]	*Brauch*

Δεν είναι πολύ ωραίος;

ωραίος, -α, -ο [o'reos]	*hübsch, schön*
το ίντερνετ *unv* ['internet]	*Internet*
ο, η συνοδός [sino'ðos]	*Begleiter(in)*
το μεσημέρι [mesi'meri]	*Mittag, mittags*
το ραντεβού *unv* [rande'vu]	*Verabredung*
το ίντερνετ καφέ *unv* ['internet‿ka'fe]	*Internetcafé*
μετά (από) [me'ta‿a'po]	*nach, danach*
περιμένω [peri'meno]	*warten*
η ώρα ['ora]	*Zeit; Stunde*
το γκαρσόν(ι) [gar'son], [gar'soni]	*Kellner*
κάτι ['kati]	*etwas*
η πορτοκαλάδα [portoka'laða]	*Orangenlimonade*
κρύος, -α, -ο ['krios]	*kalt*
γαλλικός, -ή, -ό [ɣali'kos]	*französich*
ο γαλλικός καφές [ɣali'kos‿ka'fes]	*Filterkaffee*
η ζάχαρη ['zaxari]	*Zucker*
το γάλα ['ɣala]	*Milch*
ελεύθερος, -η, -ο [e'lefθeros]	*frei; hier: ledig*
γοητευτικός, -ή, -ό [ɣoitefti'kos]	*charmant*
η γνωριμία [ɣnori'mia]	*Bekanntschaft*
η δεσποινίδα [ðespi'niða]	*Fräulein*
έως ['eos]	*bis*
τον λένε [ton‿'lene]	*er heißt*
να ['na]	*da, schau*
η φωτογραφία [fotoɣra'fia]	*Foto*
καλός, -ή, -ό [ka'los]	*gut; hier: nett*
η μύτη ['miti]	*Nase*

του [tu]	*seine*
χοντρός, -ή, -ό [xon'dros]	*dick*
καθόλου [ka'θolu]	*überhaupt nicht*
γαλανός, -ή, -ό [ɣala'nos]	*(hell)blau*
το μάτι ['mati]	*Auge*
μαύρος, -η, -ο ['mavros]	*schwarz*
σγουρός, -ή, -ό [zɣu'ros]	*lockig*
τα μαλλιά *Pl* [ma'ʎa]	*Haare*
ίσως ['isos]	*vielleicht*
το αυτί [a'fti]	*Ohr*
πεταχτός, -ή, -ό [peta'xtos]	*abstehend*
νομίζω [no'mizo]	*meinen*
δείχνω ['ðixno]	*zeigen*
άλλος, -η, -ο ['alos]	*anderer*
όμορφος, -η, -ο ['omorfos]	*hübsch*
εβδομήντα [evðo'minda]	*siebzig*
λεπτός, -ή, -ό [le'ptos]	*schlank, dünn*
ξανθός, -ή /-ιά, -ό [ksan'θos]	*blond*
επιθυμώ [epiθi'mo]	*wünschen*
ο χαρακτήρας [xara'ktiras]	*Charakter*
υπέροχος, -η, -ο [i'peroxos]	*wunderbar*
άσχημος, -η, -ο ['asçimos]	*hässlich*
τα χείλια *Pl* ['çiʎa]	*Lippen*
ψηλός, -ή, -ό [psi'los]	*groß*
κοντός, -ή, -ό [kon'dos]	*klein*
καστανός, -ή, -ό [kasta'nos]	*braun*
εξάλλου [e'ksalu]	*außerdem*
το δόντι ['ðondi]	*Zahn*
της [tis]	*hier: ihre*
κάπως ['kapos]	*etwas, irgendwie*
στραβός, -ή, -ό [stra'vos]	*schief*
λέω ['leo]	*sagen, meinen*
πάω ['pao]	*gehen*
μαζί [ma'zi]	*zusammen*
η ιδέα [i'ðea]	*Idee*

Γραμματική

1. Die Adjektivdeklination *A 2, 4, 8, 9*

Die griechischen Adjektive enden in der Regel auf **-ος**, **-η** und **-ο**.
Einige Adjektive haben allerdings eine weibliche Form auf **-α** statt auf **-η**. Sie werden so dekliniert wie die Feminina auf **-α** (γυναίκα). Diese Adjektive erkennen Sie daran, dass deren Stamm mit einem betonten Vokal (wie bei ωραί-ος *schön*) oder einem i-Laut (wie bei πλούσι-ος *reich*) endet:
η ωραί**α** γυναίκα ► οι ωραί**ες** γυναίκες
ο πλούσιος άντρας ► οι πλούσιοι άντρες

Außerdem gibt es eine kleinere Gruppe von Adjektiven, deren Femininform im Singular alternativ zu **-η** auch **-ια** lauten kann. Diese Adjektive erkennen Sie daran, dass deren Stamm auf **-κ** (wie bei γλυ**κ**-ός *süß*), **-θ** (wie bei ξαν**θ**-ός *blond*) oder **-χ** (wie bei φτω**χ**-ός *arm*) endet:
η ξανθ**ιά** / η ξανθ**ή** γυναίκα ► οι ξανθ**ές** γυναίκες

2. Das Adjektiv *πολύς, πολλή, πολύ* A 3

Das Adjektiv **πολύς, πολλή, πολύ** *viel* ist unregelmäßig.

	Singular Maskulin	Feminin	Neutrum	Plural Maskulin	Feminin	Neutrum
Nom.	πολύς	πολλή	πολύ	πολλοί	πολλές	πολλά
Akk.	πολύ	πολλή	πολύ	πολλούς	πολλές	πολλά

Bitte achten Sie auf die Rechtschreibung: Wenn ein υ folgt, schreibt man das Adjektiv mit einem λ; in allen anderen Fällen mit zwei λ (λλ).

Übrigens: Das Adverb *sehr* lautet auch **πολύ**.
Είναι **πολύ** ωραίος άντρας. *Er ist ein sehr schöner Mann.*
Das Adverb *wenig* lautet **λίγο**.
Η μύτη είναι **λίγο** μεγάλη. *Die Nase ist ein wenig groß.*

3. Präpositionen mit dem Akkusativ A 5, 6

Die meisten Präpositionen im Griechischen stehen mit dem Akkusativ.

- **σε** verschmilzt mit dem folgenden bestimmten Artikel und wird zu:

  σε + το(ν) ▶ **στο(ν)**
  σε + τη(ν) ▶ **στη(ν)**
  σε + το ▶ **στο**
  σε + τους ▶ **στους**
  σε + τις ▶ **στις**
  σε + τα ▶ **στα**

  σε bedeutet *in, auf, an, bei* oder *nach, zu*:
  Είμαι **στην** Ελλάδα. *Ich bin in Griechenland.*
  Είμαι **στη** φωτογραφία. *Ich bin auf dem Foto.*
  Πάω **στην** Ελλάδα. *Ich fahre nach Griechenland.*
  Πάω **στο** γιατρό. *Ich gehe zum Arzt.*

- **από** bedeutet *aus, von*:
  Είναι **από** τη Γερμανία. *Er / Sie ist aus Deutschland.*
  Το δώρο είναι **από** τη Σοφία. *Das Geschenk ist von Sofia.*

- **για** bedeutet *für, über*:
  Είναι **για** τη Σοφία. *Es ist für Sofia.*
  Μιλάνε **για** τη Σοφία. *Sie reden über Sofia.*

- **με** bedeutet *mit*:
  με τη Σοφία *mit Sofia*

- **χωρίς** bedeutet *ohne*:
  χωρίς τη Σοφία *ohne Sofia*

4. Veränderliche Zahlwörter A 7

Im Griechischen werden die Zahlen *eins*, *drei* und *vier* dekliniert:
ένας άντρας *ein Mann* ▸ **μία** γυναίκα *eine Frau* ▸ **ένα** παιδί *ein Kind*
τρεις άντρες *drei Männer* ▸ **τρεις** γυναίκες *drei Frauen* ▸ **τρία** παιδιά *drei Kinder*
τέσσερις άντρες *vier Männer* ▸ **τέσσερις** γυναίκες *vier Frauen* ▸ **τέσσερα** παιδιά *vier Kinder*

Sie sehen, dass die Zahl *eins* identisch mit dem unbestimmten Artikel ist. Auch die Zahlen, die auf *eins*, *drei* oder *vier* enden, werden dekliniert (außer **έντεκα** 11): **δεκατρείς** άντρες / γυναίκες *dreizehn Männer / Frauen*, **δεκατρία** παιδιά *dreizehn Kinder*

Χρήση των ελληνικών

Bedeutungsvarianten bei Adjektiven A 4, 9

Bei manchen Adjektiven, die sehr häufig gebraucht werden, hängt die genaue Bedeutung davon ab, ob sie sich auf eine Person beziehen oder nicht:

	Beziehen sich auf eine Person		Beziehen sich nicht auf eine Person	
νέος, -α, -ο	*jung:*	ένας νέος άντρας *ein junger Mann*	*neu:*	το νέο σιντί *die neue CD*
μεγάλος, -η, -ο	*alt, älter:*	μία μεγάλη γυναίκα *eine ältere Frau*	*groß:*	μία μεγάλη γιορτή *ein großes Fest*
μικρός, -ή, -ό	*jung, jünger:*	ο μικρός αδελφός *der jüngere Bruder*	*klein:*	το μικρό τραπέζι *der kleine Tisch*
ψηλός, -ή, -ό	*groß:*	ένα ψηλό παιδί *ein großes Kind*	*hoch:*	ένα ψηλό βουνό *ein hoher Berg*
κοντός, -ή, -ό	*klein:*	ένας κοντός άντρας *ein kleiner Mann*	*kurz:*	ένα κοντό παντελόνι *eine kurze Hose*

Statt **νέος, -α, -ο** *neu* kann man auch, insbesondere bei Gegenständen, **καινούριος, -α, -ο** verwenden: το καινούριο τραπέζι *der neue Tisch*

Die Uhrzeit A 7

ο χρόνος	*die Zeit*	η ώρα	*die Stunde, die Uhrzeit*
το πρωί	*der Morgen, morgens*	το λεπτό	*die Minute*
το μεσημέρι	*der Mittag, mittags*	το δευτερόλεπτο	*die Sekunde*
το απόγευμα	*der Nachmittag, nachmittags*	το τέταρτο	*das Viertel*
το βράδυ	*der Abend, abends*	τρία τέταρτα	*drei Viertel*
η νύχτα	*die Nacht*	μισή ώρα	*halbe Stunde*
τα μεσάνυχτα	*Mitternacht, um Mitternacht*	μιάμιση ώρα	*anderthalb Stunden*

Nach der Uhrzeit fragen

Τι ώρα είναι; *Wie viel Uhr ist es?* (*wörtl.: Was für eine Stunde ist es?*)
Έχεις / Έχετε ώρα; *Weißt du / Wissen Sie, wie spät es ist?*
(*wörtl.: Hast du / Haben Sie die Uhrzeit?*)

Die Uhrzeit angeben

Είναι ... *Es ist ...*

οχτώ (η ώρα)	*acht (Uhr)*	δύο και μισή	*halb drei*
έντεκα και δέκα	*zehn nach elf*	πέντε παρά είκοσι	*zwanzig vor fünf*
δώδεκα και τέταρτο	*viertel nach zwölf*	εννιά παρά τέταρτο	*viertel vor neun*

- Bei offiziellen Zeitangaben (auf dem Flughafen, am Bahnhof etc.) wird 13:00, 14:00 benutzt:
  δεκατρείς και είκοσι *dreizehn Uhr zwanzig*
  In der gesprochenen Sprache sagt man stattdessen:
  μία και είκοσι *ein Uhr zwanzig*
- Um Missverständnisse zu vermeiden, kann man auch die Tageszeit angeben:
  14:00: δύο **το μεσημέρι** *zwei Uhr mittags*
  20:00: οχτώ **το βράδυ** *acht Uhr abends*
  9:30: εννιά και μισή **το πρωί** *halb zehn morgens*
- In der Schriftsprache werden zuweilen die Abkürzungen **π.μ.** (προ μεσημβρίας (Katharévousa) *vor Mittag*) und **μ.μ.** (μετά μεσημβρία(ν) (Katharévousa) *nach Mittag*) verwendet.

Um die Uhrzeit für ein Ereignis, eine Verabredung und Ähnliches zu nennen, benötigen Sie **στις** (Präposition σε + bestimmter Artikel in Feminin Plural τις):
Τι ώρα αρχίζει ο χορός; *Um wie viel Uhr beginnt der Tanz? (wörtl. zu welcher Stunde?)*
Στις τρεις (η ώρα). *Um drei.*
Den Singular verwenden Sie nur für *ein Uhr*:
Στη μία. *Um eins.*

Bei Angabe der Tageszeiten und Wochentage verwendet man keine Präposition, sondern lediglich den Akkusativ mit Artikel:
Πότε πίνεις καφέ; **Το** πρωί και **το** απόγευμα.
Wann trinkst du Kaffee? Morgens und nachmittags.
Φεύγω **την** Τετάρτη. *Ich fahre am Mittwoch.*

Άλλες χρήσιμες εκφράσεις

Die Wochentage

η (η)μέρα	*der Tag*	η Πέμπτη	*Donnerstag*
η (ε)βδομάδα	*die Woche*	η Παρασκευή	*Freitag*
η Δευτέρα	*Montag*	το Σάββατο	*Samstag*
η Τρίτη	*Dienstag*	η Κυριακή	*Sonntag*
η Τετάρτη	*Mittwoch*	το Σαββατοκύριακο	*Wochenende*

Die Zahlen von 21 bis 100 A 1

είκοσι ένα	21	σαράντα	40	ογδόντα	80
είκοσι δύο	22	πενήντα	50	ενενήντα	90
είκοσι τρία	23	εξήντα	60	ενενήντα εννέα (*oder* εννιά)	99
τριάντα	30	εβδομήντα	70	εκατό	100

Ασκήσεις

1 Ergänzen Sie das fehlende Zahlwort oder die fehlende Ziffer.

a. 30 *τριάντα*
b. .... εξήντα τέσσερα
c. 58 ....
d. .... σαράντα δύο
e. 96 ....
f. .... ογδόντα τρία

2 Was alles gibt es auf der großen Feier? Ergänzen Sie die Adjektive.

1. Μια *μεγάλη* (μεγάλ-) γιορτή.
2. Με ένα .... (πλούσι-) πρόγραμμα.
3. Με ....(ελληνικ-) μουσική.
4. Με .... (γνωστ-) καλλιτέχνες.
5. Με .... (παραδοσιακ-) χορούς.
6. Με .... (τοπικ-) έθιμα.

3 Ergänzen Sie die korrekte Endung des Adjektivs.

1. πολ*λοί* άντρες
2. πολ............ χορός
3. πολ............ φίλοι
4. πολ............ κοπέλες
5. πολ............ ζάχαρη
6. πολ............ κόρες
7. πολ............ βιβλία
8. πολ............ κέφι
9. πολ............ πράγματα

4 Übersetzen Sie die folgenden Phrasen mithilfe der angegebenen Adjektive.
Jedes Adjektiv wird zweimal verwendet.

νέος	μεγάλος	μικρός	ψηλός	κοντός

1. die junge Frau *η νέα γυναίκα*
2. der kleine Bruder ....
3. das kleine Haus ....
4. der große Saal ....
5. neue Fotos ....
6. der große Mann ....
7. die kurze Hose ....
8. hohe Stühle ....
9. der ältere Herr ....
10. kleine Chinesen ....

5 Verbinden Sie die Satzteile. Achten Sie bitte auf die Präpositionen.

1. Θέλω έναν καφέ
2. Το νέο σιντί είναι
3. Ψάχνουν
4. Η Ελένη είναι
5. Θέλουν συνοδό
6. Η Σοφία πάει
7. Ο Μάρτιν είναι
8. Η Λυδία δεν πάει στο καφέ

a. με αγγελία ένα σπίτι στη Θεσσαλονίκη.
b. με τα παιδιά στην γιορτή.
c. χωρίς τη Μαρία.
d. για τον αποκριάτικο χορό.
e. στην πλατεία και περιμένει την Ελένη.
f. από την Ξάνθη.
g. με πολύ γάλα.
h. για τον Αλέξανδρο.

6 Setzen Sie ein: **στο(ν), στη(ν), με, από** oder **για**.

Ο Μάρτιν είναι *από* τη Γερμανία. Τώρα σπουδάζει .... Θεσσαλονίκη. Πάει .... ίντερνετ καφέ .... την Ελένη. Η Ελένη είναι .... την Ξάνθη. Πίνουν καφέ .... γάλα και ζάχαρη. Μιλάνε .... τις αγγελίες. Ο Μάρτιν δείχνει μια φωτογραφία .... Ελένη. Η Ελένη δείχνει μια φωτογραφία .... Μάρτιν. .... φωτογραφίες είναι η Λυδία και ο Αλέξανδρος.

7 Schauen Sie sich noch einmal das Veranstaltungsprogramm an. Um wie viel Uhr finden die einzelnen Veranstaltungen statt? Geben Sie die Uhrzeit zunächst umgangssprachlich an und danach als offizielle Zeitangabe (ausgeschrieben).

1. Το λαϊκό γλέντι αρχίζει
   στις οχτώ και μισή το βράδυ / *στις είκοσι και τριάντα*
2. Οι παραδοσιακοί χοροί είναι
   .... / ....
3. Ο αποκριάτικος χορός αρχίζει
   .... / ....
4. Η γιορτή για τα παιδιά αρχίζει
   .... / ....
5. Η μεγάλη αποκριάτικη παρέλαση αρχίζει
   .... / ....

8 Beschreiben Sie die Personen.

1. **Ο καλλιτέχνης** είναι *κοντός*.......................... (κοντ-) και .... (άσχημ-), έχει .... (χοντρ-) μύτη, ... (πεταχτ-) αυτιά και .... (στραβ-) δόντια.
2. **Η Χριστίνα** είναι .... (κοντ-) και .... (ξανθ-). Έχει .... (γαλαν-) μάτια, ... (κοντ-) μαλλιά και πολύ .... (ωραί-) μύτη.
3. **Το παιδί** είναι .... (όμορφ-) και .... (καστάν-), έχει .... (μεγάλ-) μάτια, ... (μικρ-) μύτη και .... (σγουρ-) μαλλιά.
4. **Ο Φίλιππος** είναι .... (ψηλ-) και .... (λεπτ-), έχει .... (μεγάλ-) μύτη, ... (μαύρ-) μαλλιά και .... (καστάν-) μάτια.

9 Benutzen Sie die Adjektive, die Sie gelernt haben und beschreiben Sie sich selbst und Ihren Partner / Ihre Partnerin.

Εγώ είμαι .... και ....

έχω .... και

....

Ο / Η .... είναι .... και

έχει .... και

....

Μάθημα

4

In dieser Lektion erfahren Sie etwas über:

- die Familie
- die **Possessivpronomen**
- den **Genitiv**
- die **Fragesätze** und **Fragewörter**
- das Adjektiv **δικὸς, -ιὰ / -ή, -ὸ**
- die **Ordnungszahlen**

Το γενεαλογικό δέντρο της Ελένης

Elenis Stammbaum

1 ο γιος τους Φίλιππος
ihr Sohn Philippos

2 η κόρη τους Αγγελική
ihre Tochter Angeliki

3 οι κόρες τους Αγγελική και Αθηνά
ihre Töchter Angeliki und Athina

4 η Ελένη
Eleni

5 η αδελφή της Άννα
ihre Schwester Anna

6 ο γαμπρός της Γιώργος
ihr Schwager Jorgos

7 ο αδελφός της Νίκος
ihr Bruder Nikos

8 η νύφη της Ειρήνη
ihre Schwägerin Irini

9 η μητέρα της Αγγελική
ihre Mutter Angeliki

10 ο πατέρας της Δημήτρης
ihr Vater Dimitris

11 ο παππούς Νικόλας
der Großvater Nikolas

12 η γιαγιά Άννα
die Großmutter Anna

13 ο παππούς Σωκράτης
der Großvater Sokratis

14 η γιαγιά Ιφιγένεια
die Großmutter Iphigenia

Τι καινούριο έχουμε;

Die Possessivpronomen A 3, 4

Haben Sie in dem Stammbaum schon einige Possessivpronomen erkannt?
η μητέρα **της** *ihre Mutter*, οι κόρες **τους** *ihre Töchter*

Im Gegensatz zum Deutschen steht das Possessivpronomen in der Regel nach dem Substantiv, zu dem es gehört.

Wird das Substantiv von einem Adjektiv begleitet, so steht das Possessivpronomen in der Regel zwischen Adjektiv und Substantiv:
το καινούριο **μου** βιβλίο *mein neues Buch*, η μικρή **τους** κόρη *ihre kleine Tochter.*

	Singular		Plural	
1. Person	μου	*mein*	μας	*unser*
2. Person	σου	*dein*	σας	*euer*
3. Person	του	*sein*	τους	*ihr*
	της	*ihr*		
	του	*sein*		

In der 3. Person Plural ist das Possessivpronomen wie im Deutschen für alle drei Genusformen gleich: **τους**.

Eine kleine Besonderheit sollten Sie sich hinsichtlich der Betonung merken: Ein mehrsilbiges Substantiv, das auf der drittletzten Silbe betont wird, erhält einen zweiten Akzent auf der letzten Silbe, wenn ihm ein Possessivpronomen folgt:
ο δάσκαλος *der Lehrer* ► ο δάσκαλός μου *mein Lehrer*

Πόσα κλαδιά έχει το δικό σας γενεαλογικό δέντρο;

Η Ελένη και η αδελφή της η Άννα βλέπουν φωτογραφίες.

Μάρτιν: Γεια σας κορίτσια. Τι κάνετε εκεί;
Ελένη: Βλέπουμε φωτογραφίες της οικογένειάς μας.
Μάρτιν: Πολύ ωραίο άλμπουμ. Ποιος είναι αυτός στην πρώτη σελίδα;
Άννα: Ο παππούς μας ο Νικόλας με τη γιαγιά μας την Άννα.
Μάρτιν: Έχεις το ίδιο όνομα με τη γιαγιά σου;
Άννα: Ναι, βέβαια, και ο αδελφός μας έχει το όνομα του παππού μας.
Μάρτιν: Τι ωραίες παλιές ασπρόμαυρες φωτογραφίες! Και ποιοι είναι αυτοί στην έγχρωμη φωτογραφία;
Άννα: Είναι μια οικογενειακή φωτογραφία από το γάμο μου. Εδώ βλέπεις όλα τα εγγόνια τους.

Μάρτιν: Πόπο, τι μεγάλη οικογένεια! Πόσα εγγόνια έχουν;
Ελένη: Εμείς είμαστε τρεις. Και η θεία Βούλα έχει τρία παιδιά. Η θεία Βασιλική και ο θείος Τάκης έχουν από δύο και μόνο ο θείος Χρήστος δεν έχει παιδιά γιατί δεν είναι παντρεμένος. Άρα έχουμε εφτά ξαδέλφια και αυτό σημαίνει ότι έχουν δέκα εγγόνια.
Άννα: Τρεις Άννες και τέσσερις Νίκους! Έχουμε δύο ξαδέλφες με το όνομα Άννα και τρεις ξαδέλφους με το όνομα Νίκος.
Μάρτιν: Γιατί; Δεν υπάρχουν άλλα ονόματα ή έχουν όλα τα αδέλφια το ίδιο γούστο;
Έλενη: Στην Ελλάδα τα ονόματα δεν έχουν σχέση με το γούστο, τα παιδιά συνήθως παίρνουν το όνομα του παππού ή της γιαγιάς.
Μάρτιν: Πολύ μπέρδεμα αυτό!
Άννα: Όχι, είναι πολύ εύκολο. Η ανιψιά μου, η κόρη του αδελφού μου, είναι το πρώτο του παιδί και έχει το όνομα της μαμάς του μπαμπά της, Αγγελική. Και η δική μου κόρη έχει επίσης το όνομα της μητέρας μου. Ο γιος μου είναι το πρώτο μας παιδί και έχει το όνομα του πατέρα του μπαμπά του.
Μάρτιν: Α, τώρα καταλαβαίνω, είναι απλό: όλα τα ονόματα σε μια οικογένεια υπάρχουν διπλά και τριπλά!
Ελένη: Μόνο εγώ είμαι μοναδική. Η μόνη Ελένη της οικογένειας!
Μάρτιν: Ναι, Ελένη μου, είσαι μοναδική. Αλλά κι εγώ είμαι μοναδικός.
Άννα: Ξέρουμε, στη Γερμανία δε δίνουν στα παιδιά το όνομα της γιαγιάς ή του παππού.
Μάρτιν: Ναι, αυτό είναι αλήθεια. Αλλά δεν είναι μόνο αυτό. Εγώ είμαι μοναχοπαίδι, δεν έχω αδέλφια, η μαμά μου είναι μοναχοκόρη και ο μπαμπάς μου είναι μοναχογιός. Δεν έχω ούτε ξαδέλφια ούτε θείες ούτε θείους. Το δικό μου γενεαλογικό δέντρο έχει μόνο ένα κλαδί!

Λεξιλόγιο

Το γενεαλογικό δέντρο της Ελένης

το δέντρο ['ðendro]	*Baum*
το γενεαλογικό δέντρο [jenealoji'ko‿'ðendro]	*Stammbaum*
ο παππούς [pa'pus]	*Großvater, Opa*
η γιαγιά [ja'ja]	*Großmutter, Oma*
η μητέρα [mi'tera]	*Mutter*
ο πατέρας [pa'teras]	*Vater*
η νύφη ['nifi]	*Schwägerin*
ο αδελφός [aðel'fos]	*Bruder*
η αδελφή [aðel'fi]	*Schwester*
ο γαμπρός [ɣam'bros]	*Schwager*
ο γιος ['jos]	*Sohn*

Πόσα κλαδιά έχει το δικό σας γενεαλογικό δέντρο;

πόσος, -η, -ο ['posos]	*wie viel(e)*
το κλαδί [kla'ði]	*Ast, Zweig*
δικός, -ιά / -ή, -ό μου [ði'kos]	*mein (betont)*
το κορίτσι [ko'ritsi]	*Mädchen, Mädel*
εκεί [e'ci]	*da, dort*
η οικογένεια [iko'jenia]	*Familie*
το άλμπουμ *unv* ['album]	*Album*
ποιος, -α, -ο ['pços]	*wer*
πρώτος, -η, -ο ['protos]	*erster*
η σελίδα [se'liða]	*Seite*
ίδιος, -α, -ο (με) ['iðjos]	*gleich (wie ...)*
το όνομα ['onoma]	*Name*
τι ['ti]	*hier: wie, was für*
παλιός, -ά, -ό [pa'ʎos]	*alt*
ασπρόμαυρος, -η, -ο [as'promavros]	*schwarzweiß*
έγχρωμος, -η, -ο ['eŋxromos]	*farbig, Farb-*
οικογενειακός, -ή, -ό [ikojenia'kos]	*Familien-*
ο γάμος ['ɣamos]	*Hochzeit*
τα εγγόνια *Pl* [eŋ'goɲa]	*Enkelkinder*
πόπο! ['popo]	*Oh!*
η θεία ['θia]	*Tante*
ο θείος ['θios]	*Onkel*
από [a'po]	*+ Zahlwort: je*
παντρεμένος, -η, -ο [pandre'menos]	*verheiratet*
άρα ['ara]	*also*
τα ξαδέλφια *Pl* [ksa'ðelfça]	*Cousins und Cousinen*
σημαίνω [si'meno]	*bedeuten*
ότι ['oti]	*dass*
η ξαδέλφη [ksa'ðelfi]	*Cousine*
ο ξάδελφος ['ksaðelfos]	*Cousin*
υπάρχει *3. Pers.* [i'parçi]	*es gibt*
τα αδέλφια *Pl* [a'ðelfça]	*Geschwister*
το γούστο ['ɣusto]	*Geschmack*
η σχέση ['sçesi]	*Beziehung, Zusammenhang*
έχω σχέση (με) ['exo‿'sçesi‿me]	*etw. zu tun haben mit ...*
συνήθως [si'niθos]	*gewöhnlich*
το μπέρδεμα ['berðema]	*Durcheinander*
εύκολος, -η, -ο ['efkolos]	*einfach*
η ανιψιά [ani'psça]	*Nichte*
η μαμά [ma'ma]	*Mama*
ο μπαμπάς [ba'bas]	*Papa*
επίσης [e'pisis]	*ebenfalls*
απλός, -ή, -ό [a'plos]	*einfach*
διπλός, -ή, -ό [ði'plos]	*doppelt*
τριπλός, -ή, -ό [tri'plos]	*dreifach*
μοναδικός, -ή, -ό [monaði'kos]	*einzig(artig)*
μόνος, -η, -ο ['monos]	*einzig*
κι [ci]	*und, auch (Alternative zu* και*)*
δίνω ['ðino]	*geben*
η αλήθεια [a'liθça]	*Wahrheit*

αυτό είναι αλήθεια [a'fto‿'ine‿a'liθça]	*das stimmt*	η μοναχοκόρη [monaxo'kori]	*Einzelkind (weiblich)*
το μοναχοπαίδι [monaxo'peði]	*Einzelkind*	ο μοναχογιός [monaxo'jos]	*Einzelkind (männlich)*

Γραμματική

1. Der Genitiv *A 1, 2*

Im Griechischen ist der Genitiv häufiger als im Deutschen. Ein zusammengesetztes Wort im Deutschen entspricht oft einer Wortgruppe mit einem Genitiv im Griechischen:
η φοιτήτρια της Νομικής *die Jurastudentin,* η αίθουσα χορού *Tanzsaal*

- Der Genitiv des **bestimmten Artikels** im Singular lautet **του, της, του** *des, der, des.*
- Der Genitiv des **unbestimmten Artikels** lautet **ενός, μίας (μιας), ενός** *eines, einer, eines.*

In Lektion 1 haben Sie gelernt, dass bei den **Maskulina** auf **-ας** und **-ης** das Schluss-**ς** im Akkusativ verschwindet. Dasselbe geschieht bei diesen Substantiven auch im Genitiv. Anders ist es bei den Maskulina auf **-ος**: Hier lautet die Genitivendung **-ου**. Ebenso bilden die **Adjektive** auf -ος den Genitiv auf **-ου**.

Maskulina	best. Artikel	unbest. Artikel	Adjektive	Substantive		
Nom.	ο	ένας	καλός	άντρας	φοιτητής	φίλος
Gen.	του	ενός	καλ**ού**	άντρ**α**	φοιτητ**ή**	φίλ**ου**

Die **weiblichen** Substantive und Adjektive erhalten im Genitiv Singular ein Schluss-**ς**:

Feminina	best. Artikel	unbest. Artikel	Adjektive		Substantive	
Nom.	η	μία (μια)	καλή	ωραία	κόρη	γυναίκα
Gen.	της	μίας (μιας)	καλ**ής**	ωραί**ας**	κόρ**ης**	γυναίκ**ας**

Die **sächlichen** Substantive auf **-ι** und **-ο** sowie die Adjektive im Neutrum enden im Genitiv Singular auf **-ου**, genau so wie die Maskulina auf **-ος**.
Ganz anders bilden die Neutra auf **-μα** den Genitiv. So wie bei der Bildung des Plurals (→ Lektion 2) wird auch im Genitiv eine zusätzliche Silbe an die Endung angefügt:

Neutra	best. Artikel	unbest. Artikel	Adjektive	Substantive		
Nom.	το	ένα	καλό	παιδί	βιβλίο	θέμα
Gen.	του	ενός	καλ**ού**	παιδι**ού**	βιβλί**ου**	θέμα**τος**

Der **Plural** des Genitivs macht es Ihnen leicht:

- Der **Artikel** ist im Plural für alle drei Genusformen gleich und lautet **των** *des, der, des.*
- Die **Endung** für sämtliche Substantive und Adjektive aller Genusformen ist **-ων**.

Beachten Sie allerdings, dass sich bei einigen Substantiven im Genitiv Plural der Akzent verschiebt:
οι άντρες ▸ των αντρ**ώ**ν, οι γυναίκες ▸ των γυναικ**ώ**ν, τα θέματα ▸ των θεμ**ά**των.

2. Die Fragesätze und Fragewörter A 2, 5, 6

Anders als im Deutschen unterscheidet sich im Griechischen die Wortstellung in Entscheidungsfragen (das sind die Fragen, die man nur mit ja oder nein beantworten kann) nicht von der in Aussagesätzen. «Έχεις το ίδιο όνομα με τη γιαγιά σου.» würde also ohne Fragezeichen *"Du hast den selben Namen wie deine Oma."* heißen. In der mündlichen Rede unterscheiden sich die Sätze nur in der Intonation.

Übersicht der wichtigsten Fragewörter

τι	*was*	**Τι** κάνετε εκεί;	*Was macht ihr da?*
ποιος, -α, -ο	*wer*	**Ποιος** είναι αυτός;	*Wer ist das?*
πόσος, -η, -ο	*wie viel(e), wie groß (Pronomen)*	**Πόσα** ξαδέρφια έχεις;	*Wie viele Cousins hast du?*
πόσο	*wie viel, wie groß (Adverb)*	**Πόσο** μεγάλη είναι η οικογένειά σου;	*Wie groß ist deine Familie?*
πού	*wo*	**Πού** είναι η αδελφή σου;	*Wo ist deine Schwester?*
πότε	*wann*	**Πότε** έχεις γενέθλια;	*Wann hast du Geburtstag?*
πώς	*wie*	**Πώς** πάει;	*Wie geht's?*
γιατί	*warum*	**Γιατί** έχουν όλοι το ίδιο όνομα;	*Warum haben alle den selben Namen?*

πού und **πώς** sind zwei der drei einsilbigen Wörter, die im Griechischen einen Akzent tragen (→ Vorlektion).

Γιατί bedeutet *warum* in Fragesätzen und *weil* in Aussagesätzen:
Γιατί είσαι στην Ελλάδα; ***Warum** bist du in Griechenland?*
Γιατί μαθαίνω ελληνικά. ***Weil** ich Griechisch lerne.*

Τι kann auch *wie, was für* bedeuten, in Sätzen wie z.B.:
Τι μεγάλη οικογένεια! ***Was für** eine große Familie!*

Die Interrogativpronomen *ποιος* und *πόσος*

Die Interrogativpronomen **ποιος, -α, -ο** *wer, welcher* und **πόσος, -η, -ο** *wie viel, wie viele, wie groß* sind die einzigen Fragewörter, die dekliniert werden:

	Singular **Maskulin**	**Feminin**	**Neutrum**
Nom.	ποιος	ποια	ποιο
Gen.	ποιανού	ποιανής	ποιανού
Akk.	ποιον	ποια	ποιο

	Plural **Maskulin**	**Feminin**	**Neutrum**
Nom.	ποιοι	ποιες	ποια
Gen.	ποιανών	ποιανών	ποιανών
Akk.	ποιους	ποιες	ποια

Lassen Sie sich von den vielen Vokalzeichen nicht verwirren: Abgesehen von den Formen des Genitivs handelt es sich um einsilbige Wörter, die infolgedessen auch keinen Akzent tragen.
Die Aussprache lautet jeweils: ποιος ['pços], ποια ['pça], ποιο ['pço].
Ποιον είδες στη λαϊκή; *Wen hast du auf dem Markt gesehen?*
Ποιανού είναι το αυτοκίνητο; *Wessen ist das Auto?*

πόσος, -η, -ο wird genauso dekliniert wie die Adjektive auf -ος.
Πόσο γάλα θέλετε στον καφέ σας; *Wie viel Milch möchten Sie in Ihrem Kaffee?*
Πόσους γιους έχει ο Γιάννης; *Wie viele Söhne hat Jannis?*

3. Das Adjektiv *δικός, -ιά / -ή, -ό* *A 3, 4*

Wenn man das Possessivpronomen betonen will, verwendet man das Adjektiv **δικός, δικιά / δική, δικό** *eigen.*
δικός gehört auch zu den Adjektiven auf **-ος** (→ Lektion 3). Es bildet die Femininform alternativ auf **-ιά** oder auf **-ή**.
Man verwendet es immer zusammen mit dem Possessivpronomen. Das Possessivpronomen steht dann vor dem Substantiv:
Το **δικό μου** αυτοκίνητο είναι μικρό, αλλά το **δικό σου** είναι μεγάλο.
Mein Auto ist klein, aber deins ist groß.
Wie Sie in dem Beispiel sehen, wird im Griechischen im Gegensatz zum Deutschen der Artikel immer gesetzt, wenn Bestimmtheit vorliegt (hier: το).

Χρήση των ελληνικών

Die Familie A 8

οι συγγενείς	*Verwandte*	ο παππούς	*Großvater, Opa*	η γιαγιά	*Großmutter, Oma*
τα εγγόνια	*Enkelkinder*	ο εγγονός	*Enkel*	η εγγονή	*Enkelin*
οι γονείς	*Eltern*	ο πατέρας	*Vater*	η μητέρα	*Mutter*
		ο μπαμπάς	*Papa*	η μαμά	*Mama*
τα παιδιά	*Kinder*	ο γιος	*Sohn*	η κόρη	*Tochter*
τα αδέλφια	*Geschwister*	ο αδελφός	*Bruder*	η αδελφή	*Schwester*
		ο θείος	*Onkel*	η θεία	*Tante*
τα ανίψια	*Neffen und Nichten*	ο ανιψιός	*Neffe*	η ανιψιά	*Nichte*
τα ξαδέλφια	*Cousins und Cousinen*	ο ξάδελφος	*Cousin*	η ξαδέλφη	*Cousine*
τα πεθερικά	*Schwiegereltern*	ο πεθερός	*Schwiegervater*	η πεθερά	*Schwiegermutter*
το ζευγάρι	*Paar*	ο άντρας	*Mann*	η γυναίκα	*Frau*
οι σύζυγοι	*Ehepaar*	ο σύζυγος	*Ehemann*	η σύζυγος	*Ehefrau*
ο γάμος	*Ehe oder Hochzeit*	παντρεμένος	*verheiratet*	παντρεμένη	*verheiratet*
		ανύπαντρος *oder* ελεύθερος	*unverheiratet oder ledig*	ανύπαντρη *oder* ελεύθερη	*unverheiratet oder ledig*
ο αρραβώνας	*Verlobung*	ο αρραβωνιαστικός	*Verlobter*	η αρραβωνιαστικιά	*Verlobte*
ο χωρισμός	*Trennung*	χωρισμένος	*getrennt*	χωρισμένη	*getrennt*
το διαζύγιο	*Scheidung*	διαζευγμένος	*geschieden*	διαζευγμένη	*geschieden*
		ο χήρος	*Witwer*	η χήρα	*Witwe*

- Im Griechischen gibt es, anders als im Deutschen, nur ein Wort für *Opa* bzw. *Großvater* (**παππούς**) und *Oma* bzw. *Großmutter* (**γιαγιά**).

- **Ο πρώτος** ξάδελφος ist der Cousin *ersten Grades*, ο **δεύτερος** ξάδελφος der Cousin *zweiten Grades*, η **τρίτη** ξαδέλφη die Cousine *dritten Grades*, usw.

- Das Wort **ο γαμπρός** wird für den *Schwiegersohn*, den *Schwager* oder den *Bräutigam* benutzt. Η **νύφη** wird entweder für die *Schwiegertocher*, für die *Schwägerin* oder für die *Braut* benutzt.

Άλλες χρήσιμες εκφράσεις

Die Ordnungszahlen A 7

πρώτος, -η, -ο	1.	όγδοος, -η, -ο	8.
δεύτερος, -η, -ο	2.	ένατος, -η, -ο	9.
τρίτος, -η, -ο	3.	δέκατος, -η, -ο	10.
τέταρτος, -η, -ο	4.	ενδέκατος, -η, -ο	11.
πέμπτος, -η, -ο	5.	δωδέκατος, -η, -ο	12.
έκτος, -η, -ο	6.	δέκατος τρίτος, -η, -ο	13.
έβδομος, -η, -ο	7.	εικοστός, -ή, -ό	20.

Ασκήσεις

1 Bilden Sie Sätze mit dem Genitiv nach folgendem Muster.

1. ο μπαμπάς / ο Μάρτιν / είμαι / μοναχογιός.
   Ο μπαμπάς του Μάρτιν είναι μοναχογιός.
2. οι παλιές φωτογραφίες / η οικογένεια / είμαι / ασπρόμαυρος.
   ....
3. η κόρη / μια ξαδέλφη μου / σπουδάζω / κινέζικα.
   ....
4. η γυναίκα / ο θείος Τάκης / είμαι / Γερμανός.
   ....
5. η δουλειά / ένας καθηγητής / είμαι / δύσκολος.
   ....

2 Beantworten Sie die Fragen nach dem Besitzer der Gegenstände.

1. Ποιανής είναι το άλμπουμ; (η Ελένη) *Το άλμπουμ είναι της Ελένης.*
2. Ποιανού είναι τα σιντί; (ο Φίλιππος) ....
3. Ποιανού είναι η πορτοκαλάδα; (το παιδί) ....
4. Ποιανού είναι ο καφές; (ο Κώστας) ....
5. Ποιανής είναι οι καρέκλες; (η φίλη μου) ....
6. Ποιανών είναι τα βιβλία; (τα κορίτσια) ....

3 Nehmen Sie nun die Sätze aus Übung 3. Ersetzen Sie den Besitzer durch das Possessivpronomen und betonen Sie es mit dem Adjektiv **δικός, -ιά / -ή, -ό**.

1. Το άλμπουμ είναι της Ελένης. *Είναι το δικό της άλμπουμ.*
2. ...
3. ...
4. ...
5. ...
6. ...

4 Ordnen Sie die Wortgruppen zu korrekten Sätzen.

1. ο καφές / δεν έχει / έχει ζάχαρη / μου / ο δικός σου
   Ο καφές μου έχει ζάχαρη, ο δικός σου δεν έχει.
2. είναι παλιό / το αυτοκίνητο / της / το δικό του / είναι καινούριο
   ...
3. είναι μαύρα / τα μαλλιά / τα δικά σου / είναι ξανθά / μου
   ...
4. του / είναι μικρή / η δικιά της / είναι μεγάλη / η μύτη
   ...

5 Vervollständigen Sie die Fragen mit den Fragewörtern, so dass die jeweiligen Antworten passen.

ποιος	πόση	πόσες	γιατί ✔	ποια	πού

1. *Γιατί* ψάχνεις δουλειά; Γιατί δεν έχω λεφτά.
2. ... θείες έχει η Ελένη; Η Ελένη έχει τρεις θείες.
3. ... μένεις; Μένω στη Θεσσαλονίκη.
4. ... είναι η Άννα; Είναι η αδελφή της Ελένης.
5. ... είναι στη φωτογραφία; Ο παππούς ο Νικόλας.
6. ... ώρα περιμένεις; Μισή ώρα.

6 Verbinden Sie jeweils Frage und Antwort.

1. Πού παίζουν τάβλι η Ελένη και ο Τάκης;
2. Γιατί είναι στη Θεσσαλονίκη ο Μάρτιν;
3. Τι ψάχνει ο δικηγόρος;
4. Πώς λένε τον κύριο;
5. Πότε αρχίζει ο χορός;
6. Ποιανού φωτογραφία δείχνει η Ελένη στο Μάρτιν;
7. Ποιος πουλάει καρέκλες, σιντί και βιβλία;
8. Πόσα δίνει ο Μάρτιν για τα πράγματα του κυρίου Παυλίδη;

a. Φοιτήτρια Νομικής για συγκάτοικο.
b. Τον λένε Ηλία Παυλίδη.
c. Ο κύριος Παυλίδης.
d. Στο καφέ Αμάν.
e. 50 ευρώ.
f. Στις εννιά το βράδυ.
g. Γιατί μαθαίνει νέα ελληνικά.
h. Του Αλέξανδρου.

7 Grundzahlen oder Ordnungszahlen? Ergänzen Sie das fehlende Zahlwort.

1. Το *πρώτο* (1) μας παιδί έχει το όνομα της γιαγιάς του.
2. Έχω .... (3) αδέλφια και .... (7) ξαδέλφια.
3. Ο .... (2) μου ξάδελφος είναι ο γιος της .... (1) ξαδέλφης της μαμάς μου.
4. Η .... (3) ημέρα της εβδομάδας είναι η Τετάρτη και η .... (4) ημέρα της εβδομάδας είναι η Πέμπτη.
5. Η εβδομάδα έχει .... (7) ημέρες.
6. Ο Μάρτιν αγοράζει το νοικοκυριό για .... (50) ευρώ.

8 Sind die folgenden Aussagen richtig oder falsch? Kreuzen Sie **σωστό** (*richtig*) oder **λάθος** (*falsch*) an.

		σωστό	λάθος
1.	Η Ελένη έχει το ίδιο όνομα με τη γιαγιά της.	☐	☒
2.	Ο παππούς Νικόλας έχει πέντε παιδιά.	☐	☐
3.	Η Άννα είναι παντρεμένη.	☐	☐
4.	Η θεία Βασιλική έχει τέσσερα παιδιά.	☐	☐
5.	Στην οικογένεια υπάρχουν τρεις ξάδελφοι με το όνομα Νίκος.	☐	☐
6.	Ο Μάρτιν έχει πολλά ξαδέλφια.	☐	☐
7.	Οι γονείς του Μάρτιν είναι μοναχοπαίδια.	☐	☐

Im Mittelpunkt dieser Lektion stehen:
- das Einkaufen
- die Lebensmittel und die Lebensmittelhändler
- die **Demonstrativpronomen**
- die schwachen und starken **Personalpronomen**
- die **Vokalstammkonjugation**

Μάθημα 5

Τι καινούριο έχουμε; A 3

Die Demonstrativpronomen *αυτός, αυτή, αυτό*

Die Personalpronomen im Nominativ der 3. Person **αυτός, αυτή, αυτό** entsprechen den Demonstrativpronomen *dieser, diese, dieses*. Man verwendet sie zusammen mit den bestimmten Artikeln, wenn ein Substantiv folgt. Sie werden wie Adjektive dekliniert und stimmen in Numerus, Genus und Kasus mit den zugehörigen Substantiven überein.
Αυτά τα πεπόνια είναι γλυκά. ***Diese*** *Honigmelonen sind süß.*
Αυτό το ροδάκινο είναι ζουμερό. ***Dieser*** *Pfirsich ist saftig.*

Die Demonstrativpronomen können auch ohne den bestimmten Artikel stehen:
Αυτό είναι ακριβό. *Dies ist teuer.*
Ποιες ντομάτες θέλεις; **Αυτές.** *Welche Tomaten möchtest du? Diese.*

Singular	Maskulin		Feminin		Neutrum	
Nom.	αυτός (ο)	*dieser*	αυτή (η)	*diese*	αυτό (το)	*dieses*
Gen.	αυτού (του)	*dieses*	αυτής (της)	*dieser*	αυτού (του)	*dieses*
Akk.	αυτόν (τον)	*diesen*	αυτήν (τη)	*diese*	αυτό (το)	*dieses*

Plural	Maskulin		Feminin		Neutrum	
Nom.	αυτοί (οι)	*diese*	αυτές (οι)	*diese*	αυτά (τα)	*diese*
Gen.	αυτών (των)	*dieser*	αυτών (των)	*dieser*	αυτών (των)	*dieser*
Akk.	αυτούς (τους)	*diese*	αυτές (τις)	*diese*	αυτά (τα)	*diese*

Γι' αυτό είμαι χορτοφάγος!

Κάθε Πέμπτη έχει λαϊκή αγορά στη γειτονιά της Ελένης. Εκεί βρίσκεις φρούτα, λαχανικά και ψάρια. Ο Μάρτιν περιμένει για πρώτη φορά επισκέπτες το Σάββατο στο καινούριο του σπίτι. Η Ελένη τον βοηθάει στα ψώνια.

Ελένη: Καλημέρα κυρ Δημήτρη.
Μανάβης: Καλημέρα σας, παιδιά. Τι θέλετε παρακαλώ;
Ελένη: Θέλουμε διάφορα φρούτα για μια νόστιμη φρουτοσαλάτα. Λοιπόν, μου δίνετε τρία κιλά μήλα, δύο κιλά πορτοκάλια, ένα κιλό σταφύλια, ένα καρπούζι και δύο μπανάνες, σας παρακαλώ;
Μανάβης: Αμέσως, κοπέλα μου.
Μάρτιν: Τι; Μόνο δύο μπανάνες;
Ελένη: Μα οι μπανάνες είναι πολύ ακριβές. Τρία ευρώ το κιλό!

Μάρτιν: Καλά, καλά. Όμως αυτά τα ροδάκινα είναι πολύ μεγάλα και ωραία. Δεν παίρνουμε μερικά;
Μανάβης: Έχεις δίκιο, αγόρι μου. Είναι και φτηνά, μόνο μισό ευρώ το κιλό. Θέλετε τίποτα άλλο;
Ελένη: Ναι. Θέλουμε και ένα κιλό μελιτζάνες, μισό κιλό κρεμμύδια, ένα σκόρδο για μια μελιτζανοσαλάτα και δύο μαρούλια, ένα αγγούρι και μισό κιλό ντομάτες.
Μάρτιν: Και για μένα αυτό το ωραίο πεπόνι. Μου αρέσουν πολύ τα πεπόνια.
Μανάβης: Βέβαια, αυτά τα πεπόνια είναι το κάτι άλλο! Μήπως θέλετε και από εκείνα τα σύκα; Είναι γλυκά σαν το μέλι.
Ελένη: Όχι, όχι, ευχαριστώ. Δεν τρώμε σύκα. Τι λες, Μάρτιν, δεν παίρνουμε μισό κιλό από εκείνα τα βερίκοκα; Μου αρέσουν πάρα πολύ και δεν είναι τόσο ακριβά ... Λοιπόν, τι χρωστάμε;

Ο μανάβης ζυγίζει τα φρούτα και τα λαχανικά, τα βάζει σε σακούλες και τους τις δίνει.

Μανάβης: Λοιπόν, όλα μαζί κάνουν δεκαεφτά ευρώ και τριάντα λεπτά.
Μάρτιν: Πόπο! Στη Γερμανία τα φρούτα και τα λαχανικά δεν είναι τόσο φτηνά!
Ελένη: Ακριβώς! Όμως το κρέας είναι πολύ ακριβό στην Ελλάδα. Γι' αυτό και δεν τρώω καθόλου κρέας: είμαι χορτοφάγος!

Λεξιλόγιο

Στη λαϊκή

η λαϊκή (αγορά) [lai'ci‿(aɣo'ra)]	*Wochenmarkt*
η αγορά [aɣo'ra]	*Markt*
φρέσκος, -ια /-η, -ο ['freskos]	*frisch*
τα λαχανικά *Pl* [laxani'ka]	*Gemüse*
νόστιμος, -η, -ο ['nostimos]	*lecker*
το φρούτο ['fruto]	*Obst*
αυτός ο, αυτή η, αυτό το [a'ftos‿o, a'fti, a'fto‿to]	*dieser, diese, dieses*
το πεπόνι [pe'poni]	*Honigmelone*
γλυκός, -ιά, -ό [ɣli'kos]	*süß*
σαν ['san]	*wie*
το μέλι ['meli]	*Honig*
η μελιτζάνα [meli'dzana]	*Aubergine*
ορίστε [o'riste]	*bitte sehr*
ζουμερός,- ή, -ό [zume'ros]	*saftig*
το ροδάκινο [ro'ðacino]	*Pfirsich*
το μήλο ['milo]	*Apfel*
το αχλάδι [a'xlaði]	*Birne*
το σύκο ['siko]	*Feige*
το σταφύλι [sta'fili]	*Weintraube*
το καρπούζι [kar'puzi]	*Wassermelone*
η μπανάνα [ba'nana]	*Banane*
το βερίκοκο [ve'rikoko]	*Aprikose*
το πορτοκάλι [porto'kali]	*Orange*
η φράουλα ['fraula]	*Erdbeere*
το μαρούλι [ma'ruli]	*Kopfsalat*
το λάχανο ['laxano]	*Kohl*
η ντομάτα [do'mata]	*Tomate*
το αγγούρι [aŋ'guri]	*Gurke*
η πιπεριά [piper'ja]	*Paprika*
το κρεμμύδι [kre'miði]	*Zwiebel*
το σκόρδο ['skorðo]	*Knoblauch*
το σπανάκι [spa'naci]	*Spinat*
το κολοκυθάκι [koloci'θaci]	*Zucchini*
το καρότο [ka'roto]	*Möhre*

Γι' αυτό είμαι χορτοφάγος!

γι' αυτό [ja'fto]	*deshalb*
ο, η χορτοφάγος [xorto'faɣos]	*Vegetarier(in)*
κάθε ['kaθe]	*jeden*
έχει *3. Pers. Sg* ['eçi]	*es gibt*
η γειτονιά [jito'ɲa]	*Nachbarschaft, Viertel*
το ψάρι ['psari]	*Fisch*
περιμένω [peri'meno]	*hier: erwarten*
η φορά [fo'ra]	*Mal*
για πρώτη φορά [ja‿'proti‿fo'ra]	*zum ersten Mal*
ο επισκέπτης [epi'sceptis]	*Besucher, Gast*
βοηθάω [voi'θao]	*helfen*
τα ψώνια *Pl* ['psoɲa]	*die Einkäufe*
ο κυρ ... [cir]	*Herr ... (volkstümlich)*
ο μανάβης [ma'navis]	*Obst- und Gemüsehändler*
τα παιδιά [pe'ðja]	*hier: junge Leute (nur im Pl)*
διάφορος, -η, -ο ['ðjaforos]	*verschieden*
η φρουτοσαλάτα [frutosa'lata]	*Obstsalat*
το κιλό [ci'lo]	*Kilo*
αμέσως [a'mesos]	*sofort*
μα ['ma]	*aber*
ακριβός, -ή, -ό [akri'vos]	*teuer*
μερικοί, -ές, -ά *Pl* [meri'ci]	*einige, welche*
το δίκιο ['ðico]	*Recht*
έχω δίκιο ['exo‿'ðico]	*Recht haben*

το αγόρι [a'ɣori]	*Junge*
φτηνός, -ή, -ό [fti'nos]	*billig*
μισός, -ή, -ό [mi'sos]	*halb*
τίποτα άλλο; ['tipot‿'alo]	*sonst noch was?*
η μελιτζανοσαλάτα [melidzanosa'lata]	*Auberginensalat*
μου αρέσει [mu a'resi]	*mir gefällt, ich mag*
το κάτι άλλο [to‿'kati‿'alo]	*was ganz Besonderes*
μήπως ['mipos]	*vielleicht (nur in Fragesätzen)*
εκείνος, -η, -ο [e'cinos]	*jener*
πάρα πολύ ['para‿po'li]	*sehr (viel)*
τόσο ['toso]	*so (Adv.)*
χρωστάω [xro'stao]	*schulden*
τι σας χρωστάμε; ['ti‿sas‿xro'stame]	*was bekommen Sie?*
ζυγίζω [zi'jizo]	*wiegen*
βάζω ['vazo]	*legen, stellen*
η σακούλα [sa'kula]	*Tüte*
όλα μαζί ['ola‿ma'zi]	*alles zusammen*
το λεπτό [le'pto]	*Cent*
ακριβώς [akri'vos]	*genau*
το κρέας ['kreas]	*Fleisch*

Γραμματική

1. Schwache und starke Personalpronomen

Im Griechischen unterscheidet man zwischen schwachen und starken Formen des Personalpronomens. Im Gegensatz zu den starken Personalpronomen sind die schwachen Personalpronomen immer einsilbig und stehen immer zusammen mit einem Verb. Die schwachen Personalpronomen sind häufiger als die starken Personalpronomen.

- Die schwachen Personalpronomen werden als direktes oder indirektes Objekt verwendet. Vorsicht! Wenn sie nach einem Substantiv stehen, entsprechen die schwachen Personalpronomen im Genitiv den Possessivpronomen (→ Lektion 4):
  το βιβλίο **μου** ***mein*** *Buch*, το βιβλίο **σου** ***dein*** *Buch.*

- Die starken Personalpronomen im Nominativ haben Sie bereits in Lektion 1 kennengelernt (εγώ, εσύ, αυτός αυτή αυτό, εμείς, εσείς, αυτοί αυτές αυτά). Man verwendet sie zur Verstärkung und besonders bei Gegensätzen.
  Εγώ έχω λεφτά, όμως **εσύ** δεν έχεις. *Ich habe Geld, aber* ***du*** *hast keines.*

In den folgenden Abschnitten lernen Sie weitere Funktionen der schwachen und starken Personalpronomen kennen.

Die schwachen Personalpronomen A 4, 5, 6

Als direktes Objekt verwendet man wie im Deutschen den Akkusativ des schwachen Personalpronomens:
Με βλέπει. *Er sieht **mich**.*
Με, σε ... λένε. *Ich, du ... heiße, heißt (wörtl.: Sie nennen **mich, dich** ...).*

Das indirekte Objekt entspricht im Deutschen dem Dativobjekt. Weil es im Griechischen keinen Dativ gibt, verwendet man dafür den Genitiv des schwachen Personalpronomens: **Μου** δίνει ένα βιβλίο. *Er gibt **mir** ein Buch.*

Einen Nominativ des schwachen Personalpronomens gibt es im Griechischen nicht, weil die Endung des Verbs schon eindeutig die grammatische Person bezeichnet (→ Lektion 1): Ψωνίζ**ουμε**. *Wir kaufen ein.*

Singular	1. Person		2. Person		3. Person	
Gen.	μου	*mir*	σου	*dir*	του, της, του	*ihm, ihr, ihm*
Akk.	με	*mich*	σε	*dich*	τον, τη(ν), το	*ihn, sie, es*

Plural	1. Person		2. Person		3. Person	
Gen.	μας	*uns*	σας	*euch / Ihnen*	τους, τους, τους	*ihnen*
Akk.	μας	*uns*	σας	*euch / Sie*	τους, τις, τα	*sie*

Achten Sie auf die Stellung der schwachen Personalpronomen: Sie stehen vor dem Verb. Die Genitivform (indirektes Objekt) steht vor der Akkusativform (direktes Objekt).

In den folgenden Sätzen sehen Sie, wie man die Substantive durch Pronomen ersetzt:
Ο κυρ Δημήτρης δίνει στην Ελένη τις μελιτζάνες .
Herr Dimitris gibt (der) Eleni die Auberginen.
Ο κυρ Δημήτρης **της τις** δίνει. *Herr Dimitris gibt **sie ihr**.*
Η Ελένη αγοράζει το πεπόνι για το Μάρτιν. *Eleni kauft die Honigmelone für Martin.*
Η Ελένη **του το** αγοράζει. *Eleni kauft **sie ihm**.*

Die Satzstellung ist also: indirektes Objekt – direktes Objekt – Verb.
Auch wenn Sie den Satz verneinen, stehen das indirekte und das direkte Objekt unmittelbar vor dem Verb. Die Satzstellung ist dann: Negationspartikel – indirektes Objekt – direktes Objekt – Verb.
Η Ελένη δεν **του το** αγοράζει. *Eleni kauft **sie ihm** nicht.*

Der Endvokal der Pronomen **μου, σου, με, σε** kann wegfallen:
μου αρέσει ► μ' αρέσει *es gefällt mir*
σε ενδιαφέρει ► σ' ενδιαφέρει *es interessiert dich*

Die starken Personalpronomen A 7

Die starken Personalpronomen haben im Deutschen keine genaue Entsprechung. Man kann sie lediglich mündlich durch eine stärkere Betonung bzw. schriftlich durch ein anderes Schriftbild kenntlich machen. Im Griechischen verwendet man die starken Formen zur Hervorhebung, in prädikatslosen Sätzen (das sind Sätze ohne Vollverb) und nach den Präpositionen (σε, από, για, με, χωρίς + Akkusativ → Lektion 3).

- **Hervorhebung:** Εγώ ψωνίζω. *Ich kaufe ein.*
- **Prädikatsloser Satz:** Ποιος ψωνίζει σήμερα; **Εμείς.** *Wer kauft heute ein? Wir.* Ποιον ζητάει; **Εσένα.** *Wen verlangt er? Dich.*
- **Nach Präpositionen:** Τα ροδάκινα είναι **για σας.** *Die Pfirsiche sind für euch.* Πάω στη λαϊκή **χωρίς αυτούς.** *Ich gehe auf den Markt ohne sie.* Τα αχλάδια είναι **από μένα.** *Die Birnen sind von mir.*

Singular	**1. Person**		**2. Person**		**3. Person**	
Nom.	εγώ	*ich*	εσύ	*du*	αυτός, -ή, -ό	*er, sie, es*
Gen.	(ε)μένα	*mir*	(ε)σένα	*dir*	αυτού, -ής, -ού	*ihm, ihr, ihm*
Akk.	(ε)μένα	*mich*	(ε)σένα	*dich*	αυτόν, -ή(ν), -ό	*ihn, sie, es*

Plural	**1. Person**		**2. Person**		**3. Person**	
Nom.	εμείς	*wir*	εσείς	*ihr*	αυτοί, -ές, -ά	*sie*
Gen.	(ε)μάς	*uns*	(ε)σάς	*euch / Ihnen*	αυτών, -ών, -ών	*ihnen*
Akk.	(ε)μάς	*uns*	(ε)σάς	*euch / Sie*	αυτούς, -ές, -ά	*sie*

Der Endvokal der Präpositionen **σε** *zu*, und **με** *mit* fällt immer weg, wenn ein starkes Personalpronomen folgt. Man spricht bzw. schreibt μ' εμένα *mit mir*, σ' εσένα *zu dir*, μ' εμάς *mit uns*, σ' εσάς *zu euch*, μ' αυτόν *mit ihm*, σ' αυτή *zu ihr* usw.
Auch bei den Präpositionen **για** *für* und **από** *von* fällt der Endvokal weg, wenn ein Pronomen in der 3. Person folgt: γι' αυτόν *für ihn*, απ' αυτές *von ihnen*.
Wenn hingegen ein Pronomen in der 1. und 2. Person diesen Präpositionen folgt, fällt der Anfangsvokal des Pronomens weg: για μένα *für mich*, από σένα *von dir*, για μας *für uns*, από σας *von euch*.

2. Weitere Demonstrativpronomen A 3

Das Demonstrativpronomen **αυτός, αυτή, αυτό** kennen Sie bereits.

- Dem deutschen Demonstrativpronomen *jener, jene, jenes* bzw. *der da, die da, das da* entspricht im Griechischen **εκείνος, εκείνη, εκείνο**. Auch hier darf der bestimmte Artikel vor einem Substantiv nicht fehlen.
  Θέλω **εκείνο το** καρπούζι. *Ich will jene Wassermelone.*
  Εκείνα τα σύκα είναι γλυκά. *Die Feigen da sind süß.*
  Ποια σταφύλια θέλεις; **Εκείνα**. *Welche Weintrauben möchtest du? Die da.*

- Die Demonstrativpronomen **τέτοιος, τέτοια, τέτοιο** *solcher, solche, solches* und **τόσος, τόση, τόσο** *so groß, so viel* (im Plural *so viele*) kommen oftmals zusammen mit Adjektiven vor:
  Τέτοια ωραία λαϊκή δεν υπάρχει στο Αμβούργο.
  Solch einen schönen Markt gibt es in Hamburg nicht.
  Τέτοιες νόστιμες πιπεριές δεν έχει στη Γερμανία.
  Solche leckeren Paprika gibt es in Deutschland nicht.
  Τόση ώρα είμαι εδώ! *Ich bin schon so lange hier! (wörtl.: So viel Zeit bin ich hier!)*
  Τόσες πολλές μελιτζάνες παίρνεις; *So viele Auberginen nimmst du?*

- Das Adverb zu **τόσος, τόση, τόσο** lautet **τόσο** *so*:
  Τα βερίκοκα δεν είναι **τόσο** ακριβά. *Die Aprikosen sind nicht so teuer.*

3. Die Vokalstammkonjugation A 2

Neben der Normal-, der άς- und der είς-Konjugation (→ Lektionen 1 und 2), gibt es wenige Verben, die der Vokalstammkonjugation folgen.
Diese Verben erkennen Sie daran, dass deren Stamm auf einen Vokal endet. An den Stamm werden folgende Endungen angehängt: **-ω, -ς, -ει, -με, -τε, -νε**.

	πάω	*gehen*	**ακούω**	*hören*
εγώ	πά-**ω**	*ich gehe*	ακού-**ω**	*ich höre*
εσύ	πα-**ς**	*du gehst*	ακού-**ς**	*du hörst*
αυτός, -ή, -ό	πά-**ει**	*er, sie, es geht*	ακού-**ει**	*er, sie, es hört*
εμείς	πά-**με**	*wir gehen*	ακού-**με**	*wir hören*
εσείς	πά-**τε**	*ihr geht*	ακού-**τε**	*ihr hört*
αυτοί, -ές, -ά	πά-**ν(ε)**	*sie gehen*	ακού-**ν(ε)**	*sie hören*

Die wichtigsten Verben der Vokalstammkonjugation sind: τρώω *essen*, λέω *sagen*, ακούω *hören*, καίω *(ver)brennen*, κλαίω *weinen*, πάω *gehen*, φταίω *schuld sein*.

Χρήση των ελληνικών

Einkaufen gehen

- Τι θέλετε παρακαλώ;
  Was wünschen Sie bitte?
- Έχετε ...; *Haben Sie ...?*
- Θέλετε βοήθεια; *Brauchen Sie Hilfe?*
- Θα ήθελα ... *Ich hätte gern ...*
- Θέλετε κάτι / τίποτα άλλο;
  Wünschen Sie etwas / noch etwas?
- Όχι, ευχαριστώ, τίποτα άλλο.
  Nein, danke, nichts mehr.
- Αυτά; *Ist das alles?*
- Αυτά! *Das wär's!*
- Πόσο κάνει / Πόσο κοστίζει;
  Wie viel macht es? / Was kostet es?
- Τι (σας) χρωστάμε; *Was bekommen Sie? (wörtl.: Wie viel schulden wir Ihnen?)*
- Κάνει / Η τιμή του είναι ... *Es kostet ... (wörtl.: Es macht) / Sein Preis ist ...*
- Τα ρέστα σας. *Ihr Restgeld.*

Άλλες χρήσιμες εκφράσεις

Lebensmittel und Lebensmittelhändler A 1

ο ψαράς	*der Fischhändler*	το ιχθυοπωλείο *oder* το ψαράδικο	*das Fischgeschäft*
ο μπακάλης	*der Lebensmittelhändler*	το παντοπωλείο *oder* το μπακάλικο	*das Lebensmittelgeschäft*
ο χασάπης	*der Metzger*	το κρεοπωλείο *oder* το χασάπικο	*die Metzgerei*
ο μανάβης	*der Obst- und Gemüsehändler*	το οπωροπωλείο *oder* το μανάβικο	*das Obst- und Gemüsegeschäft*
ο φούρναρης	*der Bäcker*	το αρτοποιείο *oder* ο φούρνος	*die Bäckerei*
ο ζαχαροπλάστης	*der Konditor*	το ζαχαροπλαστείο	*die Konditorei*

Was man beim μανάβης, *dem Obst- und Gemüsehändler*, bekommt, wissen Sie bereits. Doch was kann man bei den übrigen Händlern alles einkaufen?

Από τον μπακάλη ψωνίζουμε ...

τυρί	*Käse*
γάλα	*Milch*
βούτυρο	*Butter*
λάδι	*Öl*
ξύδι	*Essig*
ελιές	*Oliven*
ζυμαρικά	*Teigwaren*
ρύζι	*Reis*
αλάτι	*Salz*
πιπέρι	*Pfeffer*
αυγά	*Eier*

Από το χασάπη ψωνίζουμε ...

κρέας	*Fleisch*
κοτόπουλο	*Hühnchen*
κιμά	*Hackfleisch*
μπριζόλες	*Koteletts*
λουκάνικα	*Würstchen*

Από το φούρνο και το ζαχαροπλαστείο ψωνίζουμε ...

ψωμί	*Brot*
τυρόπιτα	*Blätterteigtasche mit Käse*
κουλουράκια	*Plätzchen*
σοκολατάκια	*Pralinen*
γλυκά	*Kuchen, Süßes*
παγωτό	*Eis*

Από τον ψαρά ψωνίζουμε ...

τσιπούρες	*Meerbrassen*
σαρδέλες	*Sardinen*
γαρίδες	*Garnelen*
μπαρμπούνια	*Barben*

Ασκήσεις

1 Ein Wort passt nicht in die Reihe. Streichen Sie es durch.

1.	μανάβης	ψαράς	~~φοιτητής~~	μπακάλης
2.	σύκα	αλάτι	αχλάδια	βερίκοκα
3.	κιμάς	κρεμμύδια	λάχανο	πιπεριές
4.	γάλα	βούτυρο	πιπέρι	τυρί
5.	λουκάνικα	αυγά	μπριζόλες	κοτόπουλο
6.	τράπεζα	ιχθυοπωλείο	παντοπωλείο	κρεοπωλείο

2 Ergänzen Sie die fehlenden Formen von **τρώω**.

εγώ	*τρώω*	εμείς	....
εσύ	....	εσείς	....
αυτός, -ή, -ό	....	αυτοί, -ές, -ά	....

3 Setzen Sie das passende Demonstrativpronomen ein.

1. Ποιος είναι *αυτός ο* .... (αυτός) άντρας;
2. Η Ελένη αγοράζει .... (εκείνος) ντομάτες.
3. .... (αυτός) μανάβης πουλάει φρέσκα λαχανικά.
4. Έχει στη Γερμανία .... (τέτοιος) μελιτζάνες;
5. Ο Μάρτιν δεν έχει .... (τόσος) φίλους στην Ελλάδα.
6. Θέλεις .... (αυτός) πιπεριές;
7. Πόσο κάνουν .... (εκείνος) σύκα;
8. Δεν τρώω .... (τέτοιος) μήλα.

4 Ersetzen Sie das direkte Objekt durch die schwache Form des Personalpronomens im Akkusativ.

1. Η Ελένη βοηθάει **το Μάρτιν**. *Η Ελένη τον βοηθάει.* ....
2. Ο μανάβης ζυγίζει **τα λαχανικά και τα φρούτα**. ....
3. Η κυρία αγοράζει **τις νόστιμες ντομάτες**. ....
4. Ο Μάρτιν τρώει **την μπανάνα**. ....
5. Ο μαθητής ακούει **τη δασκάλα**. ....
6. Δε βλέπω **τους κυρίους**. ....

5 Ersetzen Sie das indirekte Objekt durch die schwache Form des Personalpronomens im Genitiv.

1. Αγοράζω φρούτα για **τους φίλους μου**. *Τους αγοράζω φρούτα.* ....
2. Δίνω τα λεφτά **στο μανάβη**. ....
3. Η μητέρα παίρνει το μήλο **για το παιδί**. ....
4. Ο Κώστας στέλνει μήνυμα **στη Μαρία**. ....
5. Ο χασάπης δείχνει το κρέας **στον πελάτη***. ....
6. Ο Μάρτιν δεν αγοράζει το πεπόνι **για την Ελένη**. ....

* ο πελάτης: *Kunde*

6 Ersetzen Sie nun sowohl das direkte Objekt als auch das indirekte Objekt durch Pronomen.

1. Ο μανάβης δίνει **τις πιπεριές στην κυρία.** *Ο μανάβης της τις δίνει.*
2. Ο ψαράς ζυγίζει **τα ψάρια για τον Πέτρο.** ....
3. Ο Μάρτιν στέλνει **μηνύματα στους φίλους.** ....
4. Η Ελένη αγοράζει **σταφύλια για τη μητέρα της.** ....
5. Η κοπέλα λέει **την ιστορία* στις φίλες της.** ....
6. Ο χασάπης δε ζυγίζει **τον κιμά για τους πελάτες.** ....

* η ιστορία: *Geschichte*

7 Setzen Sie die starke Form des Pronomens ein.

1. Τα φρούτα είναι γι' *αυτούς* (αυτοί).
2. Πάει στο καφέ Αμάν χωρίς .... (εγώ).
3. Τα αγγούρια είναι για .... (εσύ).
4. Η μαμά μαγειρεύει για .... (εμείς).
5. Ο Παύλος τρώει μ' .... (εσείς).
6. Δίνω το καρπούζι σ' .... (αυτή).

8 Lesen oder hören Sie noch einmal den Dialog. Sind die folgenden Aussagen richtig oder falsch? Kreuzen Sie **σωστό** (*richtig*) oder **λάθος** (*falsch*) an.

		σωστό	λάθος
1.	Στη λαϊκή βρίσκεις μόνο φρούτα.	☐	☒
2.	Η Ελένη παίρνει ένα κιλό μήλα για τη φρουτοσαλάτα.	☐	☐
3.	Η Ελένη και ο Μάρτιν παίρνουν μόνο ένα αγγούρι.	☐	☐
4.	Η Ελένη αγοράζει δύο κιλά μπανάνες.	☐	☐
5.	Οι μπανάνες είναι πολύ ακριβές.	☐	☐
6.	Εκείνα τα σύκα είναι γλυκά σαν το μέλι.	☐	☐
7.	Ο Μάρτιν θέλει ένα καρπούζι.	☐	☐
8.	Η Ελένη είναι χορτοφάγος.	☐	☐

1 Lesen Sie die Kontaktanzeigen und beantworten Sie die Fragen.

Με λένε Βαγγέλη. Είμαι πενήντα έξι χρονών, δημοσιογράφος, όμορφος και ψηλός. Ζητάω γνωριμία με ξανθιά κυρία έως σαράντα εννιά χρονών.

Είμαι η Κατίνα, νοσοκόμα, σαράντα εφτά χρονών με μεγάλα μαύρα μάτια και επιθυμώ γνωριμία με γιατρό, με καλό χαρακτήρα, έως σαράντα χρονών.

Το όνομά μου είναι Κούλα. Είμαι φοιτήτρια, λεπτή, ξανθιά, με ωραία χείλια και μένω μόνη μου. Ψάχνω συνοδό για τον αποκριάτικο χορό αύριο το βράδυ.

1. Τι δουλειά κάνει ο Βαγγέλης; ....
2. Πώς λένε τη φοιτήτρια; ....
3. Πόσο χρονών είναι η νοσοκόμα; ....
4. Με ποιον επιθυμεί γνωριμία η Κατίνα; ....

Punkte ....../4

2 Ergänzen Sie das passende Verb im Präsens.

έχω	μιλάω	αγοράζω	τρώω	πίνω	πουλάω

1. Ο Μάρτιν και η Ελένη .... φρούτα από τη λαϊκή.
2. Εσείς .... ένα τραπέζι και δύο καρέκλες;
3. Είμαστε στο καφέ Αμάν και .... καφέ.
4. Η θεία Βούλα .... τρία παιδιά.
5. Άννα, γιατί δεν .... καθόλου κρέας;
6. Ο Χανς και η Ουλρίκε δε .... ελληνικά.

Punkte ....../6

3 Ein Wort passt nicht in die Reihe. Streichen Sie es durch.

1.	εμένα	εσένα	κρέας	εσάς
2.	τρώμε	αγαπάς	πατέρας	μαθαίνει
3.	δέντρο	γιαγιά	κόρη	ανιψιά
4.	σταφύλια	ροδάκινα	πιρούνια	πεπόνια
5.	μεγάλος	πλούσιος	καλός	φίλος
6.	γιατί	πότε	πώς	εγώ

Punkte ....../6

4 Finden Sie die passenden Fragen.

1. Η Βούλα έχει δύο κόρες.
   a. ☐ Πόσες κόρες έχει η Βούλα; b. ☐ Ποια είναι η Βούλα;
2. Είμαι καλά.
   a. ☐ Πού είσαι; b. ☐ Πώς είσαι;
3. Με λένε Δέσποινα.
   a. ☐ Πώς σε λένε; b. ☐ Πότε φεύγεις;
4. Αυτός είναι ο αδελφός μου.
   a. ☐ Ποιος είναι αυτός; b. ☐ Πόσο χρονών είναι αυτός;
5. Τα σιντί είναι του Τάκη.
   a. ☐ Γιατί αγοράζεις σιντί; b. ☐ Ποιανού είναι τα σιντί;
6. Θέλουμε τρία κιλά πορτοκάλια.
   a. ☐ Ποιον θέλετε παρακαλώ; b. ☐ Τι θέλετε παρακαλώ;

Punkte ....../6

5 Ergänzen Sie das passende Substantiv im richtigen Kasus.

γυναίκα	μύτη	παιδί	γιος	μαθητής	θεία

1. Τα .... παίζουν μπάλα.
2. Ο Σάκης είναι ο καλύτερος φίλος του .... μου.
3. Τα μαλλιά αυτών των .... είναι μαύρα.
4. Ο καθηγητής μιλάει με τους ....
5. Ο άντρας της .... μου είναι Γερμανός.
6. Ο Αλέξανδρος έχει μεγάλη ....

Punkte ....../6

6 Setzen Sie die Ausdrücke in den Plural. Kasus beachten!

1. η ασπρόμαυρη φωτογραφία ....
2. το φρέσκο μήλο ....
3. τον καλό πατέρα ....
4. του ψηλού δασκάλου ....
5. της ξανθιάς γυναίκας ....
6. την καινούρια κατσαρόλα ....

Punkte ....../6

Gesamt ....../34

In dieser Lektion lernen Sie:
- nach dem Weg zu fragen
- Ortsangaben mit **Lokaladverbien** zu machen
- die **Steigerung** des **Adjektivs** und des **Adverbs**
- die **Verben** auf **-άμαι** und **-ομαι**
- die **Adverbien** auf **-α** und **-ως**
- die **Feminina** auf **-ος**
- die **Zahlen** von 100 bis 1.000.000

Μάθημα 6

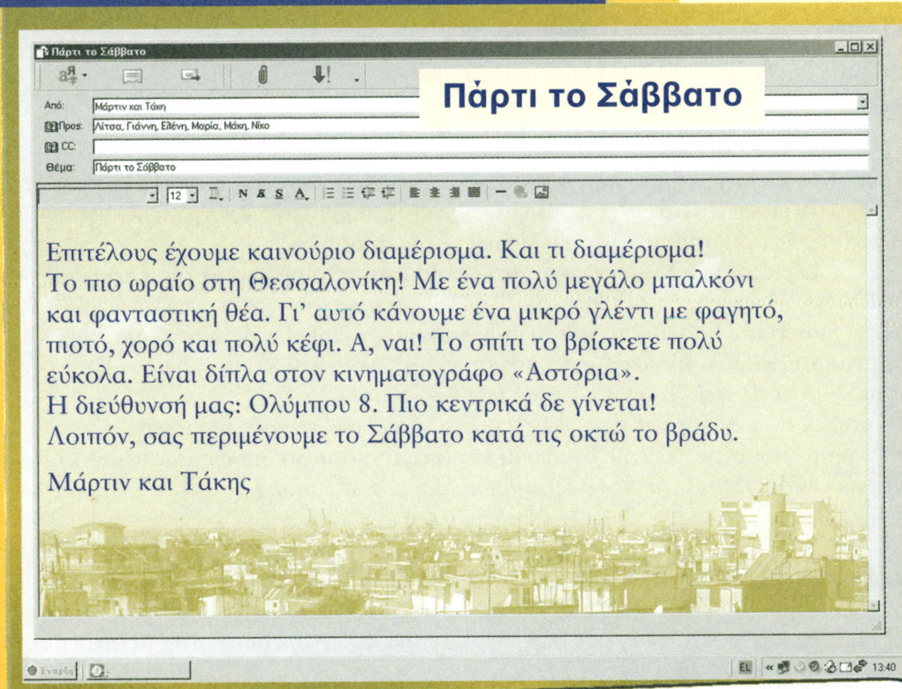

Πάρτι το Σάββατο

Πάρτι το Σάββατο

Από: Μάρτιν και Τάκη

Προς: Λίτσα, Γιάννη, Ελένη, Μαρία, Μάκη, Νίκο

CC:

Θέμα: Πάρτι το Σάββατο

Επιτέλους έχουμε καινούριο διαμέρισμα. Και τι διαμέρισμα! Το πιο ωραίο στη Θεσσαλονίκη! Με ένα πολύ μεγάλο μπαλκόνι και φανταστική θέα. Γι' αυτό κάνουμε ένα μικρό γλέντι με φαγητό, ποτό, χορό και πολύ κέφι. Α, ναι! Το σπίτι το βρίσκετε πολύ εύκολα. Είναι δίπλα στον κινηματογράφο «Αστόρια».
Η διεύθυνσή μας: Ολύμπου 8. Πιο κεντρικά δε γίνεται!
Λοιπόν, σας περιμένουμε το Σάββατο κατά τις οκτώ το βράδυ.

Μάρτιν και Τάκης

Von: Martin und Takis
An: Litsa, Jannis, Eleni, Maria, Makis, Nikos
Betreff: **Party am Samstag**

Endlich haben wir eine neue Wohnung. Und was für eine Wohnung! Die schönste in Thessaloniki! Mit einem sehr großen Balkon und fantastischem Ausblick. Deshalb machen wir ein kleines Fest mit Essen, Trinken, Tanzen und viel guter Laune. Übrigens! Das Haus findet ihr sehr leicht. Es ist neben dem Kino "Astoria". Unsere Adresse: Olympou 8. Zentraler geht's nicht! Also, wir erwarten euch am Samstag gegen acht Uhr abends.

Martin und Takis

Τι καινούριο έχουμε;

Die Steigerung des Adjektivs durch Umschreibung A 2

Martin und Takis beschreiben ihre neue Wohnung im Superlativ:
Το πιο ωραίο διαμέρισμα στη Θεσσαλονίκη. *Die schönste Wohnung in Thessaloniki.*
Im Griechischen gibt es wie im Deutschen die Steigerungsgrade **Positiv** (Grundform), **Komparativ** (Vergleichsform) und **Superlativ** (höchste Steigerungsform).
Für die Steigerung der Adjektive benötigen Sie das Adverb **πιο** *mehr*.

Positiv	Komparativ	Superlativ
ωραίος, -α, -ο *schön*	πιο ωραίος, -α, -ο *schöner*	ο, η, το πιο ωραίος, -α, -ο *der, die, das schönste*

- Den **Komparativ** bildet man mit dem Adverb **πιο** *mehr*, das unmittelbar vor das Adjektiv gesetzt wird. Wenn man zwei Sachen miteinander vergleicht, benutzt man die Präposition **από**, die für das deutsche *als* steht:
  Το διαμέρισμα του Μάρτιν είναι **πιο** ωραίο **από** το διαμέρισμα της Ελένης.
  Martins Wohnung ist schöner als Elenis Wohnung.
- Den **Superlativ** bildet man mit dem bestimmten Artikel + dem Komparativ:
  Ο Μάρτιν έχει **το πιο** ωραίο διαμέρισμα στη Θεσσαλονίκη.
  Martin hat die schönste Wohnung in Thessaloniki.
- **Τόσο ... όσο** entspricht dem deutschen *so ... wie* in Vergleichssätzen:
  Το διαμέρισμα της Ελένης δεν είναι **τόσο** ωραίο **όσο** το διαμέρισμα του Μάρτιν.
  Elenis Wohnung ist nicht so schön wie Martins Wohnung.

Συγνώμη, πού είναι ... ;

Ο Γιάννης και η Λίτσα σκέφτονται πώς να πάνε στο διαμέρισμα του Μάρτιν και του Τάκη. Με λεωφορείο ή με ταξί;

Λίτσα: Τι λες Γιάννη, πάμε με ταξί στο Μάρτιν και στον Τάκη;
Γιάννης: Μπα, καλύτερα με το λεωφορείο. Ένα εισιτήριο λεωφορείου είναι πιο φτηνό από ταξί και η στάση είναι εδώ κοντά.

Παίρνουν λοιπόν το λεωφορείο και κατεβαίνουν στην Πλατεία Αριστοτέλους.

Γιάννης: Πού είναι τώρα η οδός Ολύμπου;
Λίτσα: Δεν έχω ιδέα. Δε ρωτάς αυτή την κυρία;
Γιάννης: Συγνώμη, μου λέτε παρακαλώ πώς πάνε για την οδό Ολύμπου;
Κυρία: Λυπάμαι, δεν τη γνωρίζω. Δεν είμαι από 'δώ.
Λίτσα: Ίσως ξέρει αυτός ο νεαρός. Με συγχωρείς, μήπως ξέρεις πού είναι το σινεμά Αστόρια;

Νεαρός: Αστόρια; Αν θυμάμαι καλά είναι απέναντι από την τράπεζα στην οδό Ολύμπου.
Λίτσα: Ωραία. Και πού είναι η Ολύμπου; Είναι μακριά από 'δώ;
Νεαρός: Όχι. Πεντακόσια μέτρα περίπου. Ούτε πέντε λεπτά με τα πόδια! Λοιπόν, ανεβαίνετε την οδό Αντιγονιδών και στρίβετε στον τρίτο δρόμο δεξιά. Πάτε ευθεία μέχρι τη διασταύρωση και εκεί στρίβετε αριστερά στη λεωφόρο Πελοποννήσου. Ο δεύτερος δρόμος μετά το φανάρι είναι η Ολύμπου.
Λίτσα: Ευχαριστώ πολύ.

Η Λίτσα και ο Γιάννης ανεβαίνουν την Πελοποννήσου.

Γιάννης: Λίτσα, δεν έχω τσιγάρα. Δεν υπάρχει κανένα περίπτερο πουθενά;
Λίτσα: Δεν ξέρω, Γιάννη μου. Και δε μ' ενδιαφέρει. Εγώ δεν καπνίζω.
Γιάννης: Α, είμαι τυχερός. Βλέπω ένα περίπτερο μπροστά στο φαρμακείο.
Λίτσα: Εγώ δεν έρχομαι μαζί σου. Περιμένω εδώ.
Γιάννης: Όπως θέλεις, Λίτσα μου.
Λίτσα: Γιάννη, μου κάνεις μια χάρη; Μου φέρνεις ένα πακέτο τσίχλες από το περίπτερο;
Γιάννης: Ασφαλώς! Για σένα κάνω τα πάντα!

Λεξιλόγιο

Πάρτι το Σάββατο	
προς	*an*
το θέμα	*hier: Betreff*
το πάρτι *unv*	*Party*
επιτέλους	*endlich*
το μπαλκόνι	*Balkon*
φανταστικός, -ή, -ό	*fantastisch*
η θέα	*Aussicht*
το φαγητό	*Essen*
το ποτό [pço'to]	*Trinken*
δίπλα (σε)	*neben*
ο κινηματογράφος	*Kino*
η διεύθυνση [ði'efθinsi]	*Adresse*
κεντρικά [cendri'ka]	*zentral*
γίνομαι	*werden, geschehen*
δε γίνεται	*es geht nicht*
κατά	*gegen, um*
Συγνώμη, πού είναι ... ;	
σκέφτομαι	*(sich) überlegen, (nach)denken*
πώς να πάνε	*wie sie fahren sollen*
το λεωφορείο	*Bus*
το ταξί *unv*	*Taxi*
μπα	*nee*
καλύτερα	*besser*
το εισιτήριο	*Fahrkarte*
η στάση	*Haltestelle*
κοντά	*in der Nähe*
κατεβαίνω	*hinabgehen; hier: aussteigen*
η οδός	*Straße*
δεν έχω ιδέα	*keine Ahnung haben*
ρωτάω	*fragen*
η κυρία	*Dame*
λυπάμαι	*bedauern, etw. tut jdm. Leid*
γνωρίζω	*kennen*
από (ε)δώ	*von hier*

ο νεαρός	*junger Mann*
με συγχωρείς! [me‿siŋxo'ris]	*entschuldige!*
το σινεμά *unv*	*Kino*
θυμάμαι	*sich erinnern*
απέναντι (από)	*gegenüber (von)*
μακριά (από)	*weit (entfernt von)*
πεντακόσια	*fünfhundert*
το μέτρο	*Meter*
περίπου	*ungefähr*
ούτε	*nicht einmal*
το πόδι	*Fuß, Bein*
με τα πόδια	*zu Fuß*
ανεβαίνω	*hinaufgehen, hochsteigen*
στρίβω	*einbiegen, abbiegen*
δεξιά	*rechts*
ευθεία [ef'θia]	*geradeaus*
η διασταύρωση	*Kreuzung*
αριστερά	*links*
η λεωφόρος	*Boulevard*
το φανάρι	*Ampel*
το τσιγάρο	*Zigarette*
κανένα	*irgendein*
το περίπτερο	*Kiosk*
πουθενά	*hier: irgendwo*
ενδιαφέρω	*interessieren*
καπνίζω	*rauchen*
είμαι τυχερός, -ή, -ό	*Glück haben*
μπροστά (σε)	*vor*
το φαρμακείο	*Apotheke*
έρχομαι	*kommen*
όπως	*wie*
η χάρη	*Gefallen*
φέρνω	*(mit)bringen*
το πακέτο	*Schachtel, Paket*
η τσίχλα	*Kaugummi*
ασφαλώς	*sicher, selbstverständlich*
τα πάντα	*alles*

Γραμματική

1. Die Steigerung des Adjektivs durch Ableitung A 2, 3

Sie können im Griechischen die meisten Adjektive nicht nur durch Umschreibung, sondern auch durch Ableitung steigern. Dazu benötigen Sie die Endungen **-ότερος, -ότερη, -ότερο**, die Sie an den Stamm des Adjektivs hinzufügen:
ωραίος, -α, -ο *schön* ▶ ωραι**ότερος, -ότερη, -ότερο** *schöner* ▶ ο ωραι**ότερος**, η ωραι**ότερη**, το ωραι**ότερο** *der, die, das schönste*

Bei folgenden gängigen Adjektiven ist die Steigerung durch Ableitung üblicher.
Vorsicht! Diese Formen sind unregelmäßig:
καλός *gut* ▶ καλύτερος *besser* ▶ ο καλύτερος *der beste*
μεγάλος *groß* ▶ μεγαλύτερος *größer* ▶ ο μεγαλύτερος *der größte*
κακός *schlecht* ▶ χειρότερος *schlechter* ▶ ο χειρότερος *der schlechteste*
πολύς *viel* ▶ περισσότερος *mehr* ▶ ο περισσότερος *der meiste*

2. Die Verben auf *-άμαι* und *-ομαι* A 5, 6

Die meisten Verben im Griechischen haben sowohl eine aktive als auch eine nicht-aktive Form. Dazu werden Sie in der Lektion 14 einiges erfahren.
Sie haben bisher Verben mit aktiven Personalendungen im Präsens kennengelernt: In der 1. Person Singular enden sie auf **-ω**. Im Dialog kommen Verben mit nicht-aktiven Personalendungen vor: In der 1. Person Singular enden sie auf **-άμαι** oder **-ομαι**:
Λυπάμαι ... *Es tut mir Leid ...*
Εγώ δεν **έρχομαι** μαζί σου. *Ich komme nicht mit dir.*
Einige geläufige Verben haben nur eine **nicht-aktive Form**, aber eine **aktive** bzw. **reflexive Bedeutung**. Hierzu gehören folgende Verben:

Die Verben auf *-άμαι*

λυπάμαι *bedauern, etw. tut jdm. Leid*

Singular		Plural	
εγώ	λυπ-**άμαι**	εμείς	λυπ-**όμαστε**
εσύ	λυπ-**άσαι**	εσείς	λυπ-**όσαστε** *oder* λυπ-**άστε**
αυτός, -ή, -ό	λυπ-**άται**	αυτοί, -ές, -ά	λυπ-**ούνται**

Dieser Konjugation folgen außerdem die Verben: φοβάμαι *sich fürchten*, θυμάμαι *sich erinnern*, κοιμάμαι *schlafen*.

Verben auf *-ομαι*

έρχομαι *kommen* **Singular**		**Plural**	
εγώ	έρχ-**ομαι**	εμείς	ερχ-**όμαστε**
εσύ	έρχ-**εσαι**	εσείς	ερχ-**όσαστε** *oder* έρχ-**εστε**
αυτός, -ή, -ό	έρχ-**εται**	αυτοί, -ές, -ά	έρχ-**ονται**

Weitere Verben auf **-ομαι** mit ausschließlich nicht-aktiven Formen sind: κάθομαι *sitzen*, γίνομαι *werden*, σκέφτομαι *denken, überlegen*, αισθάνομαι *(sich) fühlen*, εργάζομαι *arbeiten*, χρειάζομαι *brauchen*, χαίρομαι *sich freuen*, ονειρεύομαι *träumen*.

3. Das Adverb *A 4, 8*

Sie haben bereits einige unregelmäßige Adverbien in den vorangegangenen Lektionen kennengelernt: **πολύ** *sehr*, **λίγο** *wenig*, **τόσο** *so*. Die regelmäßigen, von Adjektiven abgeleiteten Adverbien, enden auf **-α**. Ihre Form entspricht also dem Nominativ Neutrum Plural des Adjektivs:

καλός ▸ καλά *gut*
ωραίος ▸ ωραία *schön*
γρήγορος ▸ γρήγορα *schnell*
εύκολος ▸ εύκολα *leicht*
δύσκολος ▸ δύσκολα *schwer, schwierig*
αργός ▸ αργά *langsam*, aber auch *spät*
υπέροχος ▸ υπέροχα *ausgezeichnet*
Ο Μάρτιν μιλάει **καλά** ελληνικά. *Martin spricht gut Griechisch.*
Η Ελένη δεν τραγουδάει **ωραία**. *Eleni singt nicht schön.*

Die Adverbien auf **-α** steigert man, wie die Adjektive, entweder durch Umschreibung mit dem Adverb **πιο** *mehr* oder durch Ableitung:

Η Λίτσα τραγουδάει **πιο ωραία / ωραιότερα** από την Ελένη.
Litsa singt schöner als Eleni.

Neben den Adverbien auf **-α** gibt es einige "gelehrte" Adverbien auf **-ως**. Dazu zählen:

δυστυχώς *leider, bedauerlicherweise*
ευτυχώς *glücklicherweise*
συνήθως *gewöhnlich*
ασφαλώς *selbstverständlich*
ακριβώς *genau*
καλώς *gut*
βεβαίως *natürlich, freilich*

4. Die Feminina auf -ος A 7

Sie haben bisher gelernt, dass die Substantive auf **-ος** männlich sind. Einige Substantive und viele geographische Namen auf **-ος** sind jedoch weiblich. Dazu zählen z.B. sämtliche Inselnamen: η Μύκονος *Mykonos*, η Ρόδος *Rhodos*, η Λέσβος *Lesbos*, η Χίος *Chios* (einzige Ausnahme: ο Πόρος *Poros*) oder auch η Πελοπόννησος *Peloponnes*; einige Städtenamen: η Κόρινθος *Korinth*, η Επίδαυρος *Epidaurus*.
Die Feminina auf **-ος** dekliniert man genau so wie die Maskulina auf **-ος**.
Substantive, die im Nominativ den Akzent auf der drittletzten Silbe tragen, verschieben ihn im Genitiv Singular und Plural sowie im Akkusativ Plural um eine Silbe nach rechts:

η είσοδος *der Eingang*	**Singular**	**Plural**
Nom.	η είσοδ**ος**	οι είσοδ**οι**
Gen.	της εισόδ**ου**	των εισόδ**ων**
Akk.	την είσοδ**ο**	τις εισόδ**ους**
Vok.	είσοδ**ο**	είσοδ**οι**

Neben den geographischen Namen enden auch folgende Feminina auf **-ος**:
η οδός *Straße*, η περίοδος *Periode*, η πρόοδος *Fortschritt*, η έξοδος *Ausgang*, η λεωφόρος *Boulevard*, η μέθοδος *Methode*, η παράγραφος *Paragraph* u.a.

Χρήση των ελληνικών

Lokaladverbien A 8

εδώ	*hier*	μπροστά (σε / από)	*vorne / vor*
εκεί	*da, dort*	πίσω (σε / από)	*hinten / hinter*
κοντά (σε)	*nahe, in der Nähe (von)*	(ε)πάνω (σε / από)	*auf / über*
μακριά (από)	*fern, weit (von)*	κάτω (σε / από)	*unten / unter*
δίπλα (σε)	*neben*	δεξιά	*rechts*
μέσα (σε)	*drin, in*	αριστερά	*links*
έξω (σε / από)	*draußen / außerhalb (von)*	παντού	*überall*
απέναντι (σε / από)	*gegenüber (von)*	πουθενά	*nirgendwo; in Fragen: irgendwo*

Einige Lokaladverbien erfordern zusätzlich die Präposition **από** bzw. **σε**. Dabei betont **σε** die räumliche Nähe und **από** die räumliche Entfernung; in vielen Fällen können Sie wahlweise beides verwenden.

Το περίπτερο είναι **μπροστά από** το φαρμακείο. *Der Kiosk ist vor der Apotheke.*
Η τράπεζα είναι **πίσω από** την εκκλησία. *Die Bank ist hinter der Kirche.*
Το διαμέρισμα είναι **κοντά στο** κέντρο. *Die Wohnung ist in der Nähe vom Zentrum.*
Η ταβέρνα είναι **δίπλα στο** σταθμό. *Die Taverne ist neben dem Bahnhof.*

Die meisten Lokaladverbien können mit dem **Genitiv des schwachen Personalpronomens** verwendet werden (μου, σου, του της του, μας, σας, τους). In diesen Fällen ist keine zusätzliche Präposition nötig:
Η Ελένη είναι δίπλα **μου**. *Eleni ist neben mir.*
Η έξοδος είναι μπροστά **σας**. *Der Ausgang ist vor Ihnen.*

Nach dem Weg fragen **A 8**

- Συγνώμη, πού είναι το ταχυδρομείο; *Verzeihung, wo ist die Post?*
- Είναι απέναντι από το σταθμό. *Sie ist gegenüber vom Bahnhof.*
- Με συγχωρείτε, μήπως ξέρετε πού είναι η στάση λεωφορείου; *Entschuldigen Sie, wissen Sie vielleicht wo die Bushaltestelle ist?*
- Ναι, είναι στην οδό Κασσάνδρου. *Ja, sie ist in der Kassandrou-Strasse.*
- Συγνώμη, υπάρχει κανένα σουπερμάρκετ εδώ κοντά; *Verzeihung, gibt es irgendeinen Supermarkt hier in der Nähe?*
- Λυπάμαι, δεν ξέρω. *Es tut mir leid, ich weiß es nicht.*
- Συγνώμη, πόσο μακριά είναι το μουσείο; *Verzeihung, wie weit ist das Museum entfernt?*
- Μισή ώρα με τα πόδια. *Eine halbe Stunde zu Fuß.*

Άλλες χρήσιμες εκφράσεις

Die Zahlen von 100 bis 1.000.000 **A 1**

εκατό	100	οχτακόσιοι, -ες, -α (*oder* οκτακόσιοι, -ες, -α)	800
εκατόν ένας, μία, ένα	101	εννιακόσιοι, -ες, -α	900
εκατόν πενήντα	150	χίλιοι, -ες, -α	1000
εκατόν ενενήντα εννιά (*oder* εννέα)	199	χίλια εκατόν εξήντα εφτά	1167
διακόσιοι, -ες, -α	200	δύο χιλιάδες	2000
τριακόσιοι, -ες, -α	300	τρεις χιλιάδες	3000
τετρακόσιοι, -ες, -α	400	τέσσερις χιλιάδες	4000
πεντακόσιοι, -ες, -α	500	ένα εκατομμύριο	1.000.000
εξακόσιοι, -ες, -α	600		
εφτακόσιοι, -ες, -α (*oder* επτακόσιοι, -ες, -α)	700		

Beim Zählen verwendet man das Neutrum: ένα, δύο, τρία, τέσσερα, διακόσια, χίλια ...

i Der Bus ist – nach dem PKW – das wichtigste Verkehrsmittel in Griechenland. Jede Stadt verfügt über ein innerstädtisches Verkehrsnetz (αστική συγκοινωνία) und ist in ein überregionales Verkehrsnetz (υπεραστική συγκοινωνία) eingebunden. Vom zentralen Omnibusbahnhof (σταθμός Κ.Τ.Ε.Λ.) in Thessaloniki oder Athen bestehen Verbindungen zu jeder größeren Stadt in Griechenland. Athen hat inzwischen ein effizientes U-Bahn Netz (το μετρό) sowie eine moderne Straßenbahn (το τραμ), die das Stadtzentrum mit den Vororten am Saronischen Golf verbindet. In der Stadt benutzen die Griechen gerne das Taxi (το ταξί), weil es vergleichsweise günstig ist. Das Schienennetz ist in Griechenland nicht sehr gut ausgebaut. Allerdings bestehen Zugverbindungen mit dem Intercity von Alexandroupoli über Thesssaloniki nach Athen oder von Athen nach Patras; die Fahrt ist zwar etwas teurer, aber bequemer und schneller als mit dem Überlandbus.

Ασκήσεις

1 Schreiben Sie die folgenden Zahlen mit Wörtern.

a. 124 *εκατόν είκοσι τέσσερα* **d.** 2.837 ....

b. 9.375 .... **e.** 18.489 ....

c. 413.869 .... **f.** 777.777 ....

2 Steigern Sie die Adjektive, zuerst durch Umschreibung und dann durch Ableitung.

1. Το λεωφορείο είναι *πιο φτηνό* / *φτηνότερο* (φτηνός) από το ταξί.
2. Η Γερμανία είναι .... / .... (μεγάλος) από την Ελλάδα.
3. Ο Μάρτιν είναι .... / .... (ψηλός) από τον Τάκη.
4. Η Ελένη είναι .... / .... (όμορφος) από τη Λίτσα.
5. Τα γερμανικά είναι .... / .... (δύσκολος) από τα ελληνικά.
6. Οι μπανάνες είναι .... / .... (ακριβός) από τα πορτοκάλια.

3 Ordnen Sie die Wortgruppen zu korrekten Sätzen; es sind zwar mehrere Lösungen möglich, beginnen Sie aber mit dem Subjekt wie im Beispiel.

1. μαθητής / ο Σάκης / ο χειρότερος / είναι
   Ο Σάκης είναι ο χειρότερος μαθητής. / Ο χειρότερος μαθητής είναι ο Σάκης.
2. από την Ελένη / ξέρει / ξένες γλώσσες / περισσότερες / ο Μάρτιν
   ....
3. είναι / η Αθήνα / στην Ελλάδα / η μεγαλύτερη πόλη
   ....
4. το ωραιότερο διαμέρισμα / ο Μάρτιν και ο Τάκης / στη Θεσσαλονίκη / έχουν
   ....
5. από το φοιτητή / περισσότερα λεφτά / ο δικηγόρος / έχει
   ....

4 Setzen Sie das Adverb ein. Sie leiten es vom angegebenen Adjektiv ab.

1. Η Κάτριν μιλάει *καλά* (καλός) ελληνικά.
2. Το παιδί πίνει .... (γρήγορος) το γάλα.
3. Ο Αλέξανδρος μαθαίνει .... (εύκολος) ξένες γλώσσες.
4. Ο Μάρτιν παίζει .... (ωραίος) τάβλι.
5. Το κορίτσι τραγουδάει .... (όμορφος).
6. Το λεωφορείο έρχεται πάντα .... (αργός).
7. Η γιαγιά μαγειρεύει .... (υπέροχος).

5 Ergänzen Sie die fehlenden Formen von **φοβάμαι**.

εγώ	*φοβάμαι*	εμείς	....
εσύ	....	εσείς	....
αυτός, -ή, -ό	....	αυτοί, -ές, -ά	....

6 Setzen Sie die Verben in die richtige Form.

1. Αυτό το κορίτσι *φοβάται* .... (φοβάμαι) πολύ.
2. Τα παιδιά .... (κοιμάμαι) το μεσημέρι.
3. .... (λυπάμαι), δεν ξέρω πού είναι το ταχυδρομείο.
4. Νίκο, ... (θυμάμαι) πού είναι το καφέ Αμάν;
5. Ο κύριος Πολίτης .... (εργάζομαι) στην τράπεζα.
6. Κύριε Αργυρίου, ... (έρχομαι) σας παρακαλώ εδώ;
7. Εμείς .... (χρειάζομαι) δύο εισιτήρια για το λεωφορείο.

7 Vervollständigen Sie die Sätze mit den Wörtern aus dem Kasten.

δύο εισόδους	την Κόρινθο	η Μύκονος	στην οδό ✔
της Ρόδου	στην Πελοπόννησο	η οδός	

1. Η τράπεζα είναι *στην οδό* .... Ολύμπου.
2. Τα σπίτια .... είναι πολύ ωραία.
3. Το ταχυδρομείο έχει ....
4. Η Πάτρα είναι η μεγαλύτερη πόλη ....
5. Συγνώμη, μήπως ξέρετε πού είναι .... Τσιμισκή;
6. .... είναι πολύ όμορφη.
7. Ο Παύλος είναι από ....

8 Was passt zusammen? Verbinden Sie die Satzteile. Im Zweifelsfall orientieren Sie sich bitte am Dialog.

1. Η Λίτσα έρχεται	a. αριστερά στην οδό Πελοποννήσου.
2. Το σπίτι είναι	b. δεν ξέρω γερμανικά.
3. Ο Μάρτιν μιλάει ελληνικά	c. μπροστά στο φαρμακείο.
4. Στη διασταύρωση στρίβετε	d. δίπλα στον κινηματογράφο.
5. Το σουπερμάρκετ είναι	e. συνήθως κοιμούνται.
6. Δυστυχώς	f. μακριά από τη Θεσσαλονίκη.
7. Το μεσημέρι οι Έλληνες	g. πολύ καλά.
8. Βλέπω ένα περίπτερο	h. αμέσως.
9. Η Χίος είναι	i. εδώ κοντά.

Μάθημα 7

Was Sie in dieser Lektion lernen:
- in der Vergangenheit zu berichten
- Sehenswürdigkeiten zu beschreiben
- Anrede- und Abschiedsformeln in Briefen
- die Vergangenheit von **είμαι** und **έχω**
- den **aoristischen Aspekt**
- den **Aóristos** der **Normal-** und **Vokalstammkonjugation**
- die **Verkleinerungsformen**
- die **Temporaladverbien**

Κάρτα από την Ξάνθη

Αγαπητή Ελενίτσα,
Δε σου έγραψα αμέσως επειδή δεν είχα καιρό. Έφτασα προχθές στην Ξάνθη και έμεινα σ' ένα χαριτωμένο ξενοδοχείο. Το βράδυ έφαγα σ' ένα όμορφο ταβερνάκι και μετά πήγα για ύπνο, γιατί ήμουν πολύ κουρασμένος. Το Σάββατο το πρωί έκανα μια βόλτα στην Παλιά Πόλη και ήπια καφέ στην Πλατεία Αντίκα. Το απόγευμα αγόρασα μερικά δωράκια για τους φίλους μου και για σένα. Στο ξενοδοχείο γνώρισα δύο φοιτητές από την Αθήνα. Το βράδυ πήγαμε μαζί στα μπουζούκια και χορέψαμε μέχρι τις τρεις! Την άλλη μέρα κάναμε μια εκδρομή στον ποταμό Νέστο. Το τοπίο εκεί είναι πραγματικά θαυμάσιο! Τώρα είμαι στο γραφικό σταθμό της Ξάνθης, περιμένω το τρένο και σου γράφω αυτή την κάρτα.
Φιλάκια, Μάρτιν

Postkarte aus Xanthi

Liebe Elenitsa,
ich habe dir nicht sofort geschrieben, weil ich keine Zeit hatte. Ich bin vorgestern in Xanthi angekommen und habe in einem hübschen Hotel übernachtet. Am Abend habe ich in einer schönen kleinen Taverne gegessen und dann bin ich schlafen gegangen, weil ich sehr müde war. Am Samstag Morgen habe ich einen Spaziergang in der Altstadt gemacht und am Antika-Platz Kaffee getrunken. Am Nachmittag habe ich ein paar kleine Geschenke für meine Freunde und für dich gekauft. Im Hotel habe ich zwei Studenten aus Athen kennengelernt. Am Abend sind wir zusammen in ein Lokal mit griechischer Live-Musik gegangen und wir haben bis um drei Uhr getanzt! Am nächsten Tag haben wir einen Ausflug zum Fluss Nestos gemacht. Die Landschaft dort ist wirklich wunderbar! Jetzt bin ich am malerischen Bahnhof von Xanthi, warte auf den Zug und schreibe dir diese Karte.
Küsschen, Martin

Τι καινούριο έχουμε;

Die Vergangenheit von *είμαι* und *έχω* und der Aóristos

In seiner Postkarte benutzt Martin viele Verben in der Vergangenheit, um über seinen Urlaub zu berichten. In dieser Lektion werden Sie einiges über die Verbformen in der Vergangenheit lernen.
So lauten die Vergangenheitsformen der Hilfsverben **είμαι** und **έχω**:

	είμαι *sein*	**έχω** *haben*
εγώ	ήμουν(α)	είχα
εσύ	ήσουν(α)	είχες
αυτός, -ή, -ό	ήταν(ε)	είχε
εμείς	ήμασταν	είχαμε
εσείς	ήσασταν	είχατε
αυτοί, -ές, -ά	ήταν(ε)	είχαν(ε)

Die Formen mit **α** bzw. **ε** am Wortende sind in der gesprochenen Sprache üblich.

Weitere Verben im Text stehen im Vergangenheitstempus **Aóristos:**
Έφτασα προχθές στην Ξάνθη. *Ich bin vorgestern in Xanthi angekommen.*
Το απόγευμα **αγόρασα** μερικά δωράκια.
Am Nachmittag habe ich ein paar kleine Geschenke gekauft.
Der Aóristos ist die meistgebrauchte Vergangenheitsform im Griechischen.

Hier das Beispiel des Verbs **αγοράζω**, das den Aóristos regelmäßig bildet.

αγοράζω *kaufen*	**Präsens**	**Aóristos**
εγώ	αγοράζ-**ω**	αγόρασ-**α**
εσύ	αγοράζ-**εις**	αγόρασ-**ες**
αυτός, -ή, -ό	αγοράζ-**ει**	αγόρασ-**ε**
εμείς	αγοράζ-**ουμε**	αγοράσ-**αμε**
εσείς	αγοράζ-**ετε**	αγοράσ-**ατε**
αυτοί, -ές, -ά	αγοράζ-**ουν**(ε)	αγόρασ-**αν** *oder* αγοράσ-**ανε**

Das Verb verändert sich im **Aóristos** also in dreierlei Hinsicht:
1. Es hat einen neuen **Stamm** (αγοράζ- / αγορασ-);
2. Es hat neue **Personalendungen**: -α, -ες, -ε, -αμε, -ατε, -αν(ε);
3. Es wird auf der **drittletzten Silbe betont** (αγόρασα, αγοράσαμε).

7

Λιχουδιές από την Ξάνθη

Νίκος: Γεια σου Μάρτιν. Τι κάνεις; Άκουσα ότι ήσουν διακοπές την περασμένη βδομάδα. Πότε γύρισες;
Μάρτιν: Έφτασα χθες αργά το βράδυ. Το τρένο είχε δυστυχώς καθυστέρηση.
Νίκος: Καλά, από την Κρήτη με το τρένο γύρισες;
Μάρτιν: Μα δεν πήγα στην Κρήτη. Φέτος διάλεξα τη Θράκη για τις διακοπές μου.
Νίκος: Σοβαρά! Πήγες στη Θράκη; Εγώ δεν πήγα ποτέ εκεί. Ωραία ήταν;
Μάρτιν: Υπέροχα! Έκανα πολλά πράγματα. Είχα και καλή παρέα. Γνώρισα δύο συμπαθητικούς φοιτητές από την Αθήνα, νοικιάσαμε μαζί ένα αυτοκίνητο και είδαμε σχεδόν όλη τη Θράκη.
Νίκος: Αλήθεια; Και έχει αξιοθέατα;
Μάρτιν: Πολλά! Στο Πόρτο Λάγος θαύμασα το εκκλησάκι του Αϊ-Νικόλα. Όμως είδα και τα τζαμιά στα βουνά, στα Πομακοχώρια. Και η Ξάνθη είναι πραγματικά καταπληκτική. Στην Παλιά Πόλη υπάρχουν πολλά παραδοσιακά σπίτια. Και κάθε Σάββατο γίνεται παζάρι με μια μοναδική ανατολίτικη ατμόσφαιρα. Εκεί βρήκα ένα σωρό πράγματα και δεν ξόδεψα πολλά λεφτά.
Νίκος: Και τι πήρες από το παζάρι;
Μάρτιν: Για μένα αγόρασα ένα παντελόνι και ένα πουκάμισο. Και για την Ελενίτσα πήρα μια όμορφη μπλουζίτσα.
Νίκος: Τι; Μόνο μια μπλούζα της πήρες από το παζάρι;
Μάρτιν: Όχι δα! Της έφερα και μια σπεσιαλιτέ της Ξάνθης. Ένα μεγάλο κουτί με γλυκά.
Νίκος: Παναγία μου, γλυκά! Και είναι νόστιμα; Δε δοκίμασα ποτέ γλυκά από την Ξάνθη.
Μάρτιν: Α, έχασες! Είναι καταπληκτικά.
Νίκος: Και ξέρεις πόσο μου αρέσουν οι λιχουδιές ...
Μάρτιν: Νίκο, έχω μια καλή ιδέα. Δεν έδωσα ακόμα τα γλυκά στην Ελένη. Εξάλλου προσέχει τη σιλουέτα της, και αυτά τα γλυκά δεν είναι διαίτης. Τι λες, πάμε σπίτι μου και τα δοκιμάζουμε;

Λεξιλόγιο

Κάρτα από την Ξάνθη

η κάρτα	*Postkarte*
η Ξάνθη	*Xanthi, Stadt in Thrakien*
αγαπητός, -ή, -ό	*lieb*
γράφω	*schreiben*
ο καιρός [ce'ros]	*hier: Zeit*
προχθές, προχτές	*vorgestern*
μένω	*bleiben; hier: übernachten*
χαριτωμένος, -η, -ο	*hübsch, niedlich*
το ξενοδοχείο	*Hotel*
η ταβέρνα	*Taverne*
ο ύπνος	*Schlaf*
πάω για ύπνο	*schlafen gehen*
κουρασμένος, -η, -ο [kura'zmenos]	*müde, erschöpft*
η βόλτα	*Spaziergang*
η Παλιά Πόλη	*Altstadt*
το δώρο	*Geschenk*
γνωρίζω	*hier: kennen lernen*
η Αθήνα	*Athen*
τα μπουζούκια *Pl* [bu'zuca]	*Lokal mit griechischer Live-Musik*
χορεύω	*tanzen*
την άλλη μέρα	*am nächsten Tag*
η εκδρομή	*Ausflug*
ο ποταμός	*Fluss*
ο ποταμός Νέστος	*Nestos, Fluss in Thrakien*
το τοπίο	*Landschaft*
πραγματικά	*wirklich, echt*
θαυμάσιος, -α, -ο	*wunderbar*
γραφικός, -ή, -ό	*malerisch*
ο σταθμός	*Bahnhof*
το τρένο	*Zug*
το φιλί	*Kuss*

Λιχουδιές από την Ξάνθη

η λιχουδιά [lixu'ðja]	*Leckerei*
ακούω	*hören*
οι διακοπές *Pl*	*Ferien*
περασμένος, -η, -ο [pera'zmenos]	*vergangen*
γυρίζω	*zurückkommen, zurückkehren*
χθες, χτες	*gestern*
αργά	*spät*
η καθυστέρηση	*Verspätung*
η Κρήτη	*Kreta*
φέτος	*dieses Jahr*
διαλέγω	*aussuchen*
η Θράκη	*Thrakien, Region in Nordgriechenland*
σοβαρά	*ernsthaft*
ποτέ	*nie*
η παρέα	*Freundeskreis, Gesellschaft*
συμπαθητικός, -ή, -ό	*sympathisch*
νοικιάζω	*mieten, vermieten*
το αυτοκίνητο	*Auto*
σχεδόν	*fast*
αλήθεια;	*wirklich?*
τα αξιοθέατα *Pl*	*Sehenswürdigkeiten*
το Πόρτο Λάγος	*Porto Lagos, Fischerdorf bei Xanthi*
θαυμάζω	*bewundern*
η εκκλησία	*Kirche*
ο Αϊ-Νικόλας	*St. Nikolaus, Kirche in Porto Lagos*

το τζαμί [dza'mi]	*Moschee*
το βουνό	*Berg*
τα Πομακοχώρια [pomako'xorja]	*Dörfer, wo die Pomaken, eine muslimische Minderheit, wohnen*
καταπληκτικός, -ή, -ό	*fantastisch*
το παζάρι	*Bazar*
ανατολίτικος, -η, -ο	*orientalisch*
η ατμόσφαιρα	*Atmosphäre*
ένα σωρό	*eine Menge*
ξοδεύω	*ausgeben*
παίρνω	*hier: kaufen*
το πουκάμισο	*Hemd*

η μπλούζα	*T-Shirt*
όχι δα	*nicht doch*
η σπεσιαλιτέ *unv* [spesçali'te]	*Spezialität*
το κουτί	*Schachtel*
Παναγία μου!	*Heilige Maria!*
δοκιμάζω	*probieren*
χάνω	*hier: etw. verpassen*
προσέχω	*aufpassen, achten*
η σιλουέτα	*Figur*
η δίαιτα	*Diät*
διαίτης *Gen.*	*Diät-*

Γραμματική

1. Der Aóristos der Normal- und Vokalstammkonjugation

A 2, 3, 4, 5, 6

Der aoristische Aspekt

Der Aóristos bringt neben der Zeitstufe (Vergangenheit) auch den **Aspekt** einer Handlung zum Ausdruck. Der Aspekt ist eine Kategorie des Verbs, die sich nicht auf die Zeitstufe bezieht, sondern etwas über den Blickpunkt des Sprechers auf das Geschehen aussagt. Der aoristische Aspekt drückt **Einmaligkeit** (Δεν ξόδεψα πολλά λεφτά.) und **Abgeschlossenheit** (Έφτασα χθες αργά το βράδυ.) einer Handlung aus. Der Aóristos bezeichnet eine abgeschlossene und einmalige Handlung in der Vergangenheit. Sie können ihn im Deutschen mit dem Perfekt oder dem Präteritum wiedergeben.

Es ist allerdings nicht immer leicht, den Aóristos aus der Präsensform des Verbs abzuleiten. Der Stamm wechselt zwar nach bestimmten Regeln, es gibt aber leider viele Ausnahmen.
Diesen neuen Verbstamm nennt man **aoristischen Stamm**. Eine ausführliche Darstellung der Konjugationen finden Sie in der Verbtabelle im Anhang.

Die Normalkonjugation

Das Kennzeichen des Aoriststamms ist der **s**-Laut. Er wird an den Stammauslaut angefügt, so dass der Aoriststamm entweder auf [s] (σ), [ps] (ψ) oder [ks] (ξ) endet. In diesen Fällen sprechen wir vom **sigmatischen Aoriststamm** (s = Sigma).

- Die Verben der Normalkonjugation, deren Stamm auf **-σ**, **-ζ**, oder **-θ** endet, bilden den Aoriststamm auf **-σ**:

  αρέσω gefallen ▶ άρεσα
  νοικιάζω *(ver)mieten* ▶ νοίκιασα
  γυρίζω *zurückkommen* ▶ γύρισα
  πείθω *überzeugen* ▶ έπεισα
  γνωρίζω *kennen* ▶ γνώρισα
  θαυμάζω *bewundern* ▶ θαύμασα

  Es gibt allerdings einige Verben, deren Stamm zwar auf **-ζ** endet, die aber den Aoriststamm auf **-ξ** bilden:

  παίζω *spielen* ▶ έπαιξα
  κοιτάζω *schauen* ▶ κοίταξα

- Die Verben der Normalkonjugation, deren Stamm auf **-π**, **-β**, **-φ**, **-αυ**, oder **-ευ** endet, bilden den Aoriststamm auf **-ψ**:

  λείπω *fehlen* ▶ έλειψα
  γράφω *schreiben* ▶ έγραψα
  ξοδεύω *ausgeben* ▶ ξόδεψα
  παύω *aufhören* ▶ έπαψα
  κλέβω *klauen* ▶ έκλεψα
  χορεύω *tanzen* ▶ χόρεψα

  Die wichtigste Ausnahme bildet hier das Verb βλέπω:

  βλέπω *sehen* ▶ **είδα**

- Die Verben der Normalkonjugation, deren Stamm auf **-κ**, **-γ**, **-χ**, oder **-χν** endet, bilden den Aoriststamm auf **-ξ**:

  πλέκω *stricken* ▶ έπλεξα
  διαλέγω *aussuchen* ▶ διάλεξα
  τρέχω *laufen* ▶ έτρεξα
  ψάχνω *suchen* ▶ έψαξα

  Auch hier gibt es Ausnahmen:

  φεύγω *weggehen* ▶ **έφυγα**
  βρίσκω *finden* ▶ **βρήκα**

- Verben, deren Stamm auf **-ν** endet, bilden in der Regel einen **asigmatischen Aoriststamm**. Das typische Kennzeichen, der **s**-Laut, ist also im Stamm nicht vorhanden:

  μένω *bleiben* ▶ **έμεινα**
  κάνω *machen, tun* ▶ **έκανα**
  πίνω *trinken* ▶ **ήπια**
  μπαίνω *hineingehen* ▶ **μπήκα**
  παίρνω *nehmen* ▶ **πήρα**
  στέλνω *schicken* ▶ **έστειλα**
  φέρνω *bringen* ▶ **έφερα**
  βγαίνω *hinausgehen* ▶ **βγήκα**

  Manche Verben auf **-ν** sowie alle Verben auf **-ώνω** bilden aber den Aoriststamm auf **-σ**:

  φτάνω *ankommen* ▶ έφτασα
  δίνω *geben* ▶ έδωσα
  χάνω *verlieren* ▶ έχασα
  πληρώνω *zahlen* ▶ πλήρωσα
  τελειώνω *beenden* ▶ τελείωσα

Im Aóristos wird in der Regel die drittletzte Silbe betont. Bei zweisilbigen Verben stellt man als drittletzte Silbe ein έ voran: φτάνω ▶ **έ**φτασα. Dieses **έ** nennt man **Augment** (Zuwachs); es fungiert als Tonträger.

φτάνω *ankommen*			
εγώ	έφτασ-α	εμείς	φτάσ-αμε
εσύ	έφτασ-ες	εσείς	φτάσ-ατε
αυτός, -ή, -ό	έφτασ-ε	αυτοί, -ές, -ά	έφτασ-αν *oder* φτάσ-ανε

Ist Ihnen aufgefallen, dass die 1. und 2. Person Plural kein Augment haben? Wegen der mehrsilbigen Personalendungen **-αμε** und **-ατε** sind diese Verbformen bereits dreisilbig, so dass das **έ** als Tonträger nicht erforderlich ist.

Die Vokalstammkonjugation

Die Verben der Vokalstammkonjugation weisen viele Unregelmäßigkeiten auf.

τρώω *essen* ▶ **έφαγα**
ακούω *hören* ▶ **άκουσα**
πάω (und πηγαίνω) *gehen* ▶ **πήγα**
λέω *sagen* ▶ **είπα**
κλαίω *weinen* ▶ **έκλαψα**
φταίω *schuld sein* ▶ **έφταιξα**

2. Die Verkleinerungsformen *A 1, 7*

Im Griechischen sind Verkleinerungsformen sehr verbreitet. Besonders bei Vornamen sind die Verkleinerungsformen üblich, auch bei Erwachsenen. Dadurch signalisiert man Zärtlichkeit, aber auch leichte Ironie.

- Maskulina werden durch die Endungen **-άκης, -ούλης** und **-άκος** verkleinert:
  ο Κώστας ▶ ο Κωστ**άκης**
  ο αδελφός ▶ ο αδελφ**ούλης**
  ο δρόμος ▶ ο δρομ**άκος**

- Feminina durch die Endungen **-ίτσα** und **-ούλα**:
  η Ελένη ▶ η Ελεν**ίτσα**
  η αδελφή ▶ η αδελφ**ούλα**

- Neutra, aber auch Maskulina und Feminina können durch **-άκι** verkleinert werden. Es ist die häufigste Verkleinerungsendung. Beachten Sie, dass durch diese Endung die Maskulina und Feminina ihr Genus verändern und zum Neutrum werden (wie im Deutschen: *die Grete, das Gretchen*).
  το σπίτι ▶ το σπιτ**άκι**
  ο δρόμος ▶ το δρομ**άκι**
  η Ελένη ▶ το Ελεν**άκι**
  το αγόρι ▶ το αγορ**άκι**
  ο αδελφός ▶ το αδελφ**άκι**
  η Σοφία ▶ το Σοφ**άκι**

Χρήση των ελληνικών

Temporaladverbien A 1, 6, 8

τώρα	*jetzt*	μεθαύριο	*übermorgen*	ύστερα	*dann, nachher*
πριν	*vorher*	πρώτα	*zuerst*	νωρίς	*früh*
μετά	*dann, danach*	έπειτα	*dann, danach*	αργά	*spät*
σήμερα	*heute*	φέτος	*dieses Jahr*	αμέσως	*sofort*
αύριο	*morgen*	του χρόνου	*nächstes Jahr*	τότε	*dann, damals*
χθες / χτες	*gestern*	πέρ(υ)σι	*letztes Jahr*	πάντα	*immer*
προχθές / προχτές	*vorgestern*	πρόπερσι / προπέρ(υ)σι	*vorletztes Jahr*	ποτέ	*nie(mals); in Fragen: jemals*

Χτες έφαγα **αργά**. *Gestern habe ich spät gegessen.*
Έφτασα **νωρίς** στο σπίτι. *Ich bin früh zu Hause angekommen.*
Πρώτα αγόρασα λαχανικά και **μετά** μαγείρεψα.
Zuerst habe ich Gemüse eingekauft und dann habe ich gekocht.
Πέρσι έκανα διακοπές στην Κρήτη και **φέτος** πήγα στη Θράκη.
Letztes Jahr habe ich Urlaub auf Kreta gemacht und dieses Jahr bin ich nach Thrakien gefahren.
Ήσουν **ποτέ** στην Επίδαυρο; *Warst du jemals in Epidaurus?*
Όχι, **ποτέ**. *Nein, niemals.*

Άλλες χρήσιμες εκφράσεις

Anrede-, Gruß- und Abschiedsformeln in Briefen und Postkarten A 1, 6

το γράμμα	*Brief*	χαιρετίσματα στο Γιάννη	*Grüße an Jannis*
η κάρτα	*Postkarte*	φιλικά	*wörtl.: freundschaftlich*
αγαπητέ Νίκο	*lieber Nikos*	σε φιλάω	*ich küsse dich*
αγαπητή Σοφία	*liebe Sofia*	φιλάκια	*Küsschen*
αγαπημένη μου Ελένη	*meine liebe Eleni*	με φιλικούς χαιρετισμούς	*mit freundlichen Grüßen*
αξιότιμε κύριε ...	*sehr geehrter Herr ...*	με τιμή	*hochachtungsvoll*
αξιότιμη κυρία ...	*sehr geehrte Frau ...*	με εκτίμηση	*hochachtungsvoll*
πολλά χαιρετίσματα (από την Ξάνθη)	*viele Grüße (aus Xanthi)*		

Landschaften und Sehenswürdigkeiten A 1

το τοπίο	*Landschaft*	η λίμνη	*der See*	τα αρχαία	*Altertümer (Pl)*
η φύση	*Natur*	η γέφυρα	*Brücke*	ο ναός	*Tempel, Kirche*
το βουνό	*Berg*	η θάλασσα	*Meer*	το μνημείο	*Denkmal*
το (εθνικό) πάρκο	*(National) Park*	το ποτάμι / ο ποταμός	*Fluss*	τα αξιοθέατα	*Sehenswürdigkeiten (Pl)*
το δάσος	*Wald*	το νησί	*Insel*	η εκκλησία	*Kirche*
η πεδιάδα	*Ebene*	το χωριό	*Dorf*	το μοναστήρι	*Kloster*

Ασκήσεις

1 Ein Wort passt nicht in die Reihe. Streichen Sie es durch.

1.	το βουνό	~~το πιρούνι~~	ο ποταμός	η λίμνη
2.	Κωστάκης	Δημήτρης	Ελενίτσα	Σοφούλα
3.	αύριο	δίπλα	σήμερα	μεθαύριο
4.	αγόρι	σπιτάκι	δρομάκι	ταβερνάκι
5.	ο ναός	το μοναστήρι	το γλέντι	η εκκλησία
6.	φέτος	πέρσι	προχθές	μπροστά
7.	νωρίς	αργά	έφαγα	τώρα
8.	το αυτοκίνητο	το νησί	το χωριό	το τοπίο
9.	φιλικά	με τιμή	χαιρετίσματα	λαχανικά

2 Ordnen Sie folgende Verben nach Person und Numerus ein.

φάγαμε γύρισες είχατε έφτασε ήσουνα έκαναν είδα ✓
νοικιάσαμε πήρατε ήπιε θαύμασα γράψανε

1. εγώ *είδα*................ ....

2. εσύ ....

3. αυτός, -ή, -ό ....

4. εμείς ....

5. εσείς ....

6. αυτοί, -ές, -ά ....

3 Wie bildet man den Aóristos dieser Verben? Ordnen Sie zu.

1. λέω	**a.** ξόδεψα
2. τρώω	**b.** γύρισα
3. ξοδεύω	**c.** έκανα
4. κάνω	**d.** είπα
5. γυρίζω	**e.** έφτασα
6. πίνω	**f.** ήπια
7. φτάνω	**g.** έφαγα

4 Was hat Martin in Xanthi unternommen? Schauen Sie sich noch mal seine Karte an und setzen Sie die Verben ein.

έφαγε έκανε έμεινε έφτασε ✔ έγραψε αγόρασε
πήγαν γνώρισε είχε

1. Ο Μάρτιν *έφτασε* προχθές στην Ξάνθη και .... σε ένα χαριτωμένο ξενοδοχείο.
2. Δεν .... αμέσως στην Ελένη γιατί δεν .... καιρό.
3. .... σε μία ταβέρνα το βράδυ.
4. Το Σάββατο .... μια βόλτα στην Παλιά Πόλη.
5. Το απόγευμα .... μερικά δωράκια.
6. Στο ξενοδοχείο .... δύο φοιτητές.
7. Το βράδυ .... μαζί στα μπουζούκια.

5 Setzen Sie das angegebene Verb in den Aóristos.

1. Πέρσι *έκανα* (κάνω) διακοπές στην Κρήτη.
2. Χτες τα παιδιά .... (παίζω) μπάλα.
3. Εσείς .... (δοκιμάζω) από εκείνα τα γλυκά;
4. Ο Μάρτιν .... (γράφω) μια κάρτα από την Ξάνθη.
5. Ο Κώστας και η Λίτσα .... (ψάχνω) δωράκια στο παζάρι.
6. Η μητέρα .... (αγοράζω) λαχανικά από τη λαϊκή.
7. Γιώργο, ... (πηγαίνω) χτες στο καφέ Αμάν;

6 Vervollständigen Sie den Brief mit den Verben aus dem Kasten im Aòristos.

αγοράζω	τρώω	πίνω	είμαι ✔	πάω	κάνω

Αγαπητή Σοφούλα,

Η Θράκη είναι πραγματικά πολύ όμορφη. Προχθές το απόγευμα *ήμασταν* με τον Κώστα στον ποταμό Νέστο. Έπειτα .... σε ένα συμπαθητικό ταβερνάκι. Χτες το πρωί .... μια βόλτα στην Παλιά Πόλη της Ξάνθης και .... καφέ σε ένα ζαχαροπλαστείο. Το μεσημέρι .... στο παζάρι και ο Κωστάκης μου .... ένα μπλε πουκαμισάκι. Είναι τόσο γλυκός!

Χαιρετισμούς, Ελένη

7 Ergänzen Sie das fehlende Substantiv oder die möglichen Verkleinerungsformen.

1.	το σπίτι	*το σπιτάκι*	
2.	*ο*	το δρομάκι	*ο* ....
3.	η Ελένη	*η*	*το* ....
4.	ο αδελφός	*ο*	*το* ....
5.	*η*	η ταβερνούλα	*το* ....
6.	*η*	η μπλουζίτσα	*το* ....

8 Bringen Sie die Wörter in die richtige Reihenfolge. Es sind in einigen Sätzen mehrere Lösungen möglich.

- έκανες / διακοπές / Πού / πέρσι; *Πού έκανες διακοπές πέρσι;*
- στην / ήμουν / Πέρσι / Κρήτη. ....
- στη / Πήγατε / σήμερα / δουλειά; ....
- πήγαμε / στη / καφέ / Σοφούλα / Όχι, / και / ήπιαμε ....
- μετά / χτες / τη / έκανες / Τι / δουλειά; ....
- μετά / αγόρασα / Πρώτα / και / λαχανικά / από / στο / λαϊκή / μαγείρεψα / τη / σπίτι.

  ....

Im Mittelpunkt dieser Lektion stehen:
- über Erinnerungen sprechen
- Freizeitaktivitäten
- die Monatsnamen
- der **paratatische Aspekt**
- der **Paratatikòs**
- Ausdrücke, die auf den Paratatikòs hinweisen
- der **Aòristos** der **άς-** und **είς-Konjugation**
- der Gebrauch von **Paratatikòs** und **Aòristos**

Μάθημα 8

Όταν ήμουν μικρός ...

Als ich klein war ...

Όταν ήμουν μικρός πήγαινα κάθε μεσημέρι με τον παππού και τη γιαγιά στην παραλία. Ο παππούς διάβαζε την εφημερίδα του κάτω απ' την ομπρέλα, η γιαγιά έκανε ηλιοθεραπεία και εγώ έπαιζα στην αμμουδιά.

Als ich klein war, ging ich jeden Mittag mit Opa und Oma zum Strand. Opa las seine Zeitung unterm Schirm, Oma sonnte sich und ich spielte im Sand.

Στην παιδική μου ηλικία πείραζα συχνά τη μικρή μου αδελφή. Όταν της έλεγα ότι είναι ασχημούλα αυτή έκλαιγε, φώναζε τη μαμά κι εκείνη με μάλωνε.

In meiner Kindheit ärgerte ich oft meine kleine Schwester. Immer wenn ich ihr sagte, dass sie klein und hässlich ist, weinte sie, rief die Mama und die schimpfte mich aus.

Όταν ήμουν μαθητής δεν έμενα ποτέ στο σπίτι μετά το σχολείο. Κάθε απόγευμα παίζαμε στους δρόμους κρυφτό ή κυνηγητό. Σήμερα τα παιδιά περνάν τη μέρα τους μπροστά στο κομπιούτερ ή βλέπουν τηλεόραση.

Als ich Schüler war, bin ich nach der Schule nie zu Hause geblieben. Jeden Nachmittag spielten wir auf den Straßen Verstecken oder Fangen. Heutzutage verbringen die Kinder den Tag vor dem Computer oder sehen fern.

Όταν ήμασταν φοιτητές είχαμε τρέλα με τη μουσική. Ξοδεύαμε τα λεφτά μας σε κασέτες και δίσκους. Συνήθως τους αγοράζαμε από τους πάγκους στο πανεπιστήμιο και τους ακούγαμε από το πρωί μέχρι το βράδυ στα σπίτια μας.

Als wir Studenten waren, waren wir verrückt nach Musik. Wir gaben unser Geld für Kassetten und Schallplatten aus. Gewöhnlich kauften wir sie von den Ständen an der Uni und hörten sie von morgens bis abends in unseren Wohnungen.

Τι καινούριο έχουμε;

Der Paratatikós A 2, 3, 4

In den kurzen Erzählungen stehen die Verben im **Paratatikós.** Dieses Tempus drückt zwar die gleiche Zeitstufe wie der Aóristos aus (die Vergangenheit), aber einen anderen Aspekt. Man verwendet den Paratatikós, um **Regelmäßigkeit** und **Wiederholung** in der Vergangenheit zu betonen.
Sie können den Paratatikós wie den Aóristos im Deutschen mit dem Perfekt oder dem Präteritum wiedergeben.
Δεν έμενα ποτέ στο σπίτι. *Ich bin nie zu Hause geblieben.*
Όταν της έλεγα ότι είναι ασχημούλα έκλαιγε.
Immer wenn ich ihr sagte, dass sie klein und hässlich ist, weinte sie.

Der Stamm des Verbs im Paratatikós ist derselbe wie im Präsens. Man nennt ihn den **paratatischen Stamm** (αγοραζ-).
Um den Paratatikós zu bilden, fügt man an den Stamm dieselben Personalendungen wie im Aóristos (**-α, -ες, -ε, -αμε, -ατε, -αν(ε)**) hinzu und betont die **drittletzte Silbe** (αγόραζ-α). Zweisilbige Verben erfordern wie im Aóristos ein zusätzliches **έ** als Tonträger.

Die Normalkonjugation

	αγοράζω *kaufen*	**μένω** *bleiben, wohnen*
εγώ	αγόραζ-**α**	έμεν-**α**
εσύ	αγόραζ-**ες**	έμεν-**ες**
αυτός, -ή, -ό	αγόραζ-**ε**	έμεν-**ε**
εμείς	αγοράζ-**αμε**	μέν-**αμε**
εσείς	αγοράζ-**ατε**	μέν-**ατε**
αυτοί, -ές, -ά	αγόραζ-**αν** *oder* αγοράζ**ανε**	έμεν-**αν** *oder* μέν**ανε**

Die Vokalstammkonjugation

Die Verben der Vokalstammkonjugation erfordern (aus phonetischen Gründen) im Paratatikós ein zusätzliches **γ** vor der Personalendung:
τρώω ▶ έτρωγα, έτρωγες, έτρωγε, τρώγαμε, τρώγατε, έτρωγαν *oder* τρώγανε
λέω ▶ έλεγα, έλεγες, έλεγε, λέγαμε, λέγατε, έλεγαν *oder* λέγανε
ακούω ▶ άκουγα, άκουγες, άκουγε, ακούγαμε, ακούγατε, άκουγαν *oder* ακούγανε
καίω ▶ έκαιγα, έκαιγες, έκαιγε, καίγαμε, καίγατε, έκαιγαν *oder* καίγανε
κλαίω ▶ έκλαιγα, έκλαιγες, έκλαιγε, κλαίγαμε, κλαίγατε, έκλαιγαν *oder* κλαίγανε
πάω / πηγαίνω ▶ πήγαινα, πήγαινες, πήγαινε, πηγαίναμε, πηγαίνατε, πήγαιναν *oder* πηγαίνανε
φταίω ▶ έφταιγα, έφταιγες, έφταιγε, φταίγαμε, φταίγατε, έφταιγαν *oder* φταίγανε

Ο παλιός συμμαθητής

Λίτσα: Επιτέλους έφτασες. Σε περιμένω εδώ και μισή ώρα. Είχαμε ραντεβού στις πέντε! Γιατί άργησες;

Ελένη: Με συγχωρείς Λίτσα μου, αλλά συνάντησα στο δρόμο τον παλιό μας συμμαθητή, το Σπύρο.

Λίτσα: Ποιον Σπύρο εννοείς; Τον αδελφό της Ρούλας που έτρωγε κάθε πρωί πριν το μάθημα ένα σακουλάκι πατατάκια;

Ελένη: Όχι μωρέ εκείνον! Το Σπύρο Παπαδάκη. Ήμασταν στην ίδια τάξη. Έμενε κοντά στο σπίτι σου και έκανε παρέα με το Μάκη. Το καλοκαίρι φορούσε πάντα παρδαλά πουκάμισα και το χειμώνα δερμάτινες μπότες. Είχε μανία με τη μουσική. Από μικρός έπαιζε μπουζούκι. Δε θυμάσαι το πάρτι που έκανε όταν οι γονείς του έλειπαν διακοπές;

Λίτσα: Μάλιστα, τώρα κατάλαβα. Κάλεσε ένα σωρό συμμαθητές και φίλους. Το διαμέρισμα ήταν γεμάτο. Και καθώς ακούγαμε δυνατά μουσική και χορεύαμε, ξαφνικά άνοιξε η πόρτα και μπήκαν οι γονείς του.

Ελένη: Ναι, τρομάξαμε για τα καλά. Κι ενώ η μάνα του φώναζε και ούρλιαζε, ο πατέρας του γελούσε πονηρά. Είχε καλή καρδιά ο κύριος Παπαδάκης!

Λίτσα: Ναι, πραγματικά. Ήταν πολύ συμπαθητικός ο μπαμπάς του Σπύρου. Τον αγαπούσαν όλα τα παιδιά της γειτονιάς. Όταν ήμασταν στο δημοτικό μας έπαιρνε πού και πού από το σχολείο, μας πήγαινε στο λούνα παρκ και μας αγόραζε μαλλί της γριάς. Τι καλά περνούσαμε! Και ο Σπύρος λοιπόν, τι κάνει; Πέρασαν τουλάχιστον πέντε χρόνια από τότε που τον είδα τελευταία φορά.

Ελένη: Πέρσι το Σεπτέμβριο πήρε το πτυχίο της Νομικής και το Μάρτιο βρήκε δουλειά σ' ένα δικηγορικό γραφείο. Άλλαξε λιγάκι. Δε φοράει πια ούτε παρδαλά πουκάμισα ούτε δερμάτινες μπότες. Όμως κάθε Σάββατο παίζει μπουζουκάκι στην ταβέρνα «Η όμορφη νύχτα». Αν έχεις όρεξη, περνάμε αύριο μια βόλτα από 'κεί.

Λίτσα: Ασφαλώς και έχω όρεξη!

Λεξιλόγιο

Όταν ήμουν μικρός ...

όταν	*als, wenn*
η παραλία	*Strand*
η εφημερίδα	*Zeitung*
η ομπρέλα	*Schirm*
κάνω ηλιοθεραπεία [iλoθera'pia]	*sich sonnen*
η αμμουδιά [amu'ðja]	*Sandstrand*
παιδικός, -ή, -ό	*Kinder-*
η ηλικία	*Alter*
η παιδική ηλικία	*Kindheit*
πειράζω	*ärgern*
συχνά	*oft*
κλαίω	*weinen*
φωνάζω	*schreien; hier: rufen*
μαλώνω	*ausschimpfen*
το σχολείο	*Schule*
το κρυφτό	*Verstecken*
το κυνηγητό	*Fangen*
περνάω	*vorbeigehen; hier: verbringen*
το κομπιούτερ *unv*	*Computer*
η τηλεόραση	*Fernsehen*
η τρέλα	*Verrücktheit*
έχω τρέλα (με)	*verrückt sein (nach)*
η κασέτα	*Kassette*
ο πάγκος ['paŋgos]	*Bank; Theke; hier: Stand*
το πανεπιστήμιο	*Universität*

Ο παλιός συμμαθητής

ο συμμαθητής	*Klassenkamerad*
εδώ και	*seit*
αργώ	*sich verspäten*
συναντάω	*treffen*
εννοώ [eno'o]	*meinen*
που	*der, die, das (Relativpron.)*
το μάθημα	*hier: Unterricht*
τα πατατάκια *Pl*	*Chips*
μωρέ!	*Mensch!*
η τάξη	*(Schul)Klasse*
κάνω παρέα	*Umgang haben, befreundet sein*
το καλοκαίρι	*Sommer*
φοράω	*tragen, anziehen*
παρδαλός, -ή, -ό	*bunt (scheckig)*
ο χειμώνας	*Winter*
δερμάτινος, -η, -ο	*aus Leder*
η μπότα	*Stiefel*
έχω μανία (με)	*besessen sein (von etw.)*
από μικρός	*von klein auf*
το μπουζούκι [bu'zuci]	*Bouzouki (Musikinstrument)*
λείπω	*fehlen, abwesend sein*
καλώ	*einladen*
γεμάτος, -η, -ο	*voll*
καθώς	*während*
δυνατά	*stark; hier: laut*
ξαφνικά	*plötzlich*
ανοίγω	*öffnen*
μπαίνω	*hineingehen*
τρομάζω	*erschrecken*
για τα καλά	*richtig, gehörig*
ενώ	*während*
η μάνα	*Mutter*
ουρλιάζω [ur'ʎazo]	*kreischen*
πονηρά	*verschmitzt*
η καρδιά [kar'ðja]	*Herz*
το δημοτικό	*Grundschule*
παίρνω	*hier: abholen*
πού και πού	*ab und zu*
το λούνα παρκ *unv*	*Vergnügungspark*

το μαλλί της γριάς	*Zuckerwatte (wörtl.: Haar der alten Frau)*
περνάω καλά	*es gut haben*
περνάω	*hier: vergehen (Zeit)*
τουλάχιστον	*mindestens*
ο χρόνος	*hier: Jahr*
από τότε που	*seitdem*
τελευταίος, -α, -ο	*letzte(r, s)*
ο Σεπτέμβριος	*September*
παίρνω	*hier: erhalten*
το πτυχίο	*Diplom*
η Νομική	*Jura*
ο Μάρτιος	*März*
το γραφείο	*Büro*
το δικηγορικό γραφείο	*Rechtsanwaltskanzlei*
αλλάζω	*sich verändern*
λιγάκι	*ein wenig*
πια [pça]	*mehr*
η όρεξη	*Lust*
περνάω μια βόλτα	*vorbeischauen*
από (ε)κεί	*von dort*

Γραμματική

1. Der Aóristos der *άς*- und *είς*-Konjugation   *A 2, 3, 5, 6, 7*

Die Verben der άς- und είς-Konjugation bilden den Aóristos in der Regel auf **-ησα**, **-εσα** oder **-ασα**. Sie fügen also zwischen Verbstamm und Personalendung das Element **-ησ-**, **-ες-** oder **-ας-** ein:

	αργώ *sich verspäten*	**καλώ** *einladen*	**περνάω** *vorbeigehen*
εγώ	άργ-ησ-**α**	κάλ-εσ-**α**	πέρ-ασ-**α**
εσύ	άργ-ησ-**ες**	κάλ-εσ-**ες**	πέρ-ασ-**ες**
αυτός, -ή, -ό	άργ-ησ-**ε**	κάλ-εσ-**ε**	πέρ-ασ-**ε**
εμείς	αργ-ήσ-**αμε**	καλ-έσ-**αμε**	περ-άσ-**αμε**
εσείς	αργ-ήσ-**ατε**	καλ-έσ-**ατε**	περ-άσ-**ατε**
αυτοί, -ές, -ά	άργ-ησ-**αν** *oder* αργ-ήσ-**ανε**	κάλ-εσ-**αν** *oder* καλ-έσ-**ανε**	πέρ-ασ-**αν** *oder* περ-άσ-**ανε**

- Die meisten Verben der άς- und είς-Konjugation bilden den Aoriststamm auf **-ησ-**: αγαπάω *lieben* ▸ αγάπησα, τραγουδάω *singen* ▸ τραγούδησα, οδηγώ *fahren* ▸ οδήγησα, μιλάω *reden* ▸ μίλησα, πουλάω *verkaufen* ▸ πούλησα, ρωτάω *fragen* ▸ ρώτησα, απαντάω *antworten* ▸ απάντησα, συναντάω *treffen* ▸ συνάντησα u.a.
- Folgende Verben der άς- und είς-Konjugation bilden den Aoriststamm auf **-εσ-**: μπορώ *können* ▸ μπόρεσα, παρακαλώ *bitten* ▸ παρακάλεσα, πονάω *weh tun* ▸ πόνεσα, φοράω *anziehen* ▸ φόρεσα u.a.
- Folgende Verben der άς-Konjugation bilden den Aoriststamm auf **-ασ-**: γελάω *lachen* ▸ γέλασα, διψάω *Durst haben* ▸ δίψασα, πεινάω *Hunger haben* ▸ πείνασα, ξεχνάω *vergessen* ▸ ξέχασα u.a.

2. Der Paratatikós der *άς*- und *είς*-Konjugation **A 2, 3, 4, 5, 6, 7**

Sämtliche Verben der άς- und είς- Konjugation bilden den Paratatikós auf **-ούσ-**(α). Sie fügen also zwischen Verbstamm und Personalendung das Element **-ουσ-** ein. Diese Verben sind auch im Paratatikós **endungsbetont**:

	αγαπάω *lieben*	**μπορώ** *können*
εγώ	αγαπ-ούσ-**α**	μπορ-ούσ-**α**
εσύ	αγαπ-ούσ-**ες**	μπορ-ούσ-**ες**
αυτός, -ή, -ό	αγαπ-ούσ-**ε**	μπορ-ούσ-**ε**
εμείς	αγαπ-ούσ-**αμε**	μπορ-ούσ-**αμε**
εσείς	αγαπ-ούσ-**ατε**	μπορ-ούσ-**ατε**
αυτοί, -ές, -ά	αγαπ-ούσ-**αν(ε)**	μπορ-ούσ-**αν(ε)**

Dieser Konjugation folgen auch die Verben: γελάω *lachen* ▸ γελούσα, περνάω *vorbeigehen* ▸ περνούσα, φοράω *tragen* ▸ φορούσα u.a.

3. Die zwei Stämme des Verbs und die Verwendung von Paratatikós und Aóristos **A 2, 3, 5, 6, 7**

Der Paratatikós und der Aóristos drücken dieselbe **Zeitstufe** aus – die Vergangenheit –, aber zwei verschiedene **Aspekte**, die durch den Verbstamm signalisiert werden.

- Der **paratatische Stamm** entspricht dem Stamm der Grundform und drückt den paratatischen Aspekt aus. Dieser Aspekt betont den **Verlauf**, die **Dauer**, die **Wiederholung** einer Handlung und die **Gewohnheit**.
  Man verwendet den **Paratatikós**, um regelmäßige und dauerhafte Ereignisse, eine wiederholte, gewohnheitsmäßige Handlung in der Vergangenheit zu schildern:
  Φορούσε πάντα παρδαλά πουκάμισα. *Er trug immer bunte Hemden.*
  Από μικρός **έπαιζε** μπουζούκι. *Von klein auf spielte er Bouzouki.*
  Μας **έπαιρνε** πού και πού από το σχολείο. *Er holte uns ab und zu von der Schule ab.*

- Der **aoristische Stamm**, der sich vom Stamm der Grundform unterscheidet, drückt den aoristischen Aspekt aus. Dieser Aspekt betont die **Einmaligkeit**, die **Vollendung**, das **Ziel** und das **Resultat** einer Handlung als einen Punkt in einer Reihe von Ereignissen.
  Man verwendet den **Aóristos**, um über abgeschlossene, einmalige Geschehnisse in der Vergangenheit zu berichten:
  Συνάντησα έναν παλιό συμμαθητή. *Ich habe einen alten Schulfreund getroffen.*
  Το Μάρτιο **βρήκε** δουλειά. *Im März hat er einen Job gefunden.*
  Άλλαξε λιγάκι. *Er hat sich ein wenig verändert.*

Wechseln sich Paratatikós und Aóristos in einem Satz ab, dann schildert der Paratatikós den Hintergrund der Handlung, während der Aóristos das punktuelle, einmalige Ereignis wiedergibt:
Καθώς **χορεύαμε, άνοιξε** ξαφνικά η πόρτα.
Während wir tanzten, ging plötzlich die Tür auf.
Όταν **έφτασα** στο σπίτι, ο Νίκος **άκουγε** μουσική.
Als ich zu Hause ankam, hörte Nikos Musik (war Nikos dabei, Musik zu hören).

Folgende Verben haben nur eine Vergangenheitsform und unterscheiden nicht zwischen aoristischem und paratatischem Aspekt:
είμαι *sein* ▶ ήμουν
έχω *haben* ▶ είχα
κάνω *machen* ▶ έκανα
ξέρω *wissen* ▶ ήξερα

Χρήση των ελληνικών A 6

Es gibt eine Reihe von Wörtern und Wendungen, die Wiederholung bzw. Dauer signalisieren und deshalb den Paratatikós erfordern.

Wiederholung

- **πόσο συχνά;** *wie oft?*
  Πόσο συχνά έτρωγες φρούτα; *Wie oft hast du Obst gegessen?*

- **πάντα** *immer*
  Ο Νίκος έτρωγε πάντα φρούτα. *Nikos hat immer Obst gegessen.*

- **κάθε μέρα / μήνα / χρόνο** *jeden Tag / jeden Monat / jedes Jahr*
  Κάθε μέρα έπινα γάλα. *Jeden Tag habe ich Milch getrunken.*
  Διάβαζα κάθε μήνα ένα βιβλίο. *Ich las jeden Monat ein Buch.*

- **συχνά** *oft*
  Αγόραζα συχνά τσίχλες απ' το περίπτερο.
  Ich habe oft Kaugummi am Kiosk gekauft.

- **όταν ήμουν ...** *als ich ... war ...*
  Σε μάλωνε η μαμά σου όταν ήσουν μικρός;
  Schimpfte deine Mama mit dir, als du klein warst?

Dauer

- **ενώ, καθώς** *während*
  Ενώ η Λίτσα μιλούσε, ο Νίκος έπαιζε τάβλι.
  Während Litsa redete, spielte Nikos Backgammon.
  Καθώς μαγείρευε η μητέρα, το παιδί έκλαιγε.
  Während die Mutter kochte, weinte das Kind.

- **όλο το πρωί / το μεσημέρι / το απόγευμα / το βράδυ**
  den ganzen Morgen / Mittag / Nachmittag / Abend
  Όλο το βράδυ βλέπαμε τηλεόραση. *Den ganzen Abend sahen wir fern.*

Άλλες χρήσιμες εκφράσεις

Freizeitaktivitäten A 6

βγαίνω (έξω)	*ausgehen*	παίζω ...	*spielen ...*
πάω / πηγαίνω ...	*gehen ...*	... μουσική	*... Musik (machen)*
... (στο) σινεμά	*... ins Kino*	... κιθάρα	*... Gitarre*
... (στο) θέατρο	*... ins Theater*	... πιάνο	*... Klavier*
... σε μία συναυλία	*... zu einem Konzert*	... ένα παιχνίδι	*... ein Spiel*
... σε ένα πάρτι	*... auf eine Party*	... τάβλι	*... Backgammon*
... στην ντίσκο	*... in die Disko*	... σκάκι	*... Schach*
... στο μουσείο	*... ins Museum*	... χαρτιά	*... Karten*
... σε μία έκθεση	*... in eine Ausstellung*		
ακούω ...	*hören ...*	διαβάζω ...	*lesen ...*
... μουσική	*... Musik*	... εφημερίδα	*... Zeitung*
... ραδιόφωνο	*... Radio*	... ένα μυθιστόρημα	*... einen Roman*
βλέπω τηλεόραση	*fernsehen*	ταξιδεύω	*reisen*

Die Monatsnamen A 1

ο Ιανουάριος	*Januar*	ο Ιούλιος	*Juli*
ο Φεβρουάριος	*Februar*	ο Αύγουστος	*August*
ο Μάρτιος	*März*	ο Σεπτέμβριος	*September*
ο Απρίλιος	*April*	ο Οκτώβριος	*Oktober*
ο Μάιος	*Mai*	ο Νοέμβριος	*November*
ο Ιούνιος	*Juni*	ο Δεκέμβριος	*Dezember*

Ασκήσεις

1 Finden Sie neun Monate in dieser Buchstabensuppe.
Tipp: sechs horizontal und drei vertikal.

Κ Α Λ Π Ο *Ι Α Ν Ο Υ Α Ρ Ι Ο Σ* Ι Ο Π Κ Θ Κ Ο Κ
Α Π Ι Κ Π Ο Μ Α Ϊ Ο Σ Ο Θ Φ Ρ Α Τ Ι Δ Ε Π Μ Ο
Λ Ρ Α Ο Σ Χ Α Υ Σ Τ Σ Ο Τ Ε Λ Ι Ξ Ο Ρ Ε Ο Α Ξ
Θ Ι Κ Λ Ε Ν Ρ Ο Κ Τ Ω Β Ρ Ι Ο Σ Ε Υ Ο Χ Υ Ρ Ο
Α Λ Ε Κ Ο Ι Α Κ Λ Υ Σ Α Φ Ω Σ Ε Υ Λ Ο Γ Ι Τ Α
Ο Ι Ξ Φ Ε Β Ρ Ο Υ Α Ρ Ι Ο Σ Α Μ Α Ι Ο Σ Α Ι Τ
Δ Ο Σ Α Κ Σ Ε Π Τ Ε Μ Β Ρ Ι Ο Σ Ε Ο Ο Λ Ι Ο Δ
Φ Σ Α Δ Ε Κ Ε Μ Β Ρ Ι Ο Σ Ο Φ Γ Ψ Σ Κ Τ Ρ Σ Α

2 In welchem Tempus steht das Verb?

	Präsens	Paratatikós	Aóristos
1. Χτες αγόρασα ένα πουκάμισο.	☐	☐	☒
2. Ο Νίκος τρώει κάθε μέρα φρούτα.	☐	☐	☐
3. Οι φοιτητές άκουγαν μουσική.	☐	☐	☐
4. Τα παιδιά έπαιζαν όλο το απόγευμα.	☐	☐	☐
5. Πέρσι πήγαμε στη Ρόδο.	☐	☐	☐
6. Η μαμά με μάλωνε συχνά.	☐	☐	☐
7. Δε βλέπω ποτέ τηλεόραση.	☐	☐	☐
8. Είδα τη Λίτσα στην αγορά.	☐	☐	☐

3 Eine Verbform passt jeweils nicht in die Reihe. Streichen Sie sie durch!

1.	κάλεσα	μπόρεσα	φόρεσα	~~αγαπάω~~
2.	βλέπω	δίνω	ήμουν	λέω
3.	αγαπούσες	τραγουδούσαμε	είδαμε	μπορούσε
4.	ήπια	έμεινα	έφαγα	διάβαζα
5.	έλεγα	έκλαιγα	έτρωγα	πήγα
6.	δώσαμε	μιλάμε	αγαπάμε	τραγουδάμε
7.	πουλάτε	κάνετε	μπορείτε	είχατε
8.	τραγούδησε	μίλησε	έδινε	αγάπησε

4 Setzen Sie die Verben in den Paratatikós.

1. Ο Νίκος *έβλεπε* (βλέπω) τηλεόραση όλο το απόγευμα.
2. Όταν ήμουνα στο Μόναχο, ... (πίνω) κάθε μέρα μπίρα*.
3. Ενώ τα παιδιά .... (παίζω),
   η γιαγιά .... (μαγειρεύω).
4. Εσείς .... (τρώω) συχνά παγωτό, όταν ήσασταν μικροί;
5. Η Ελένη .... (μιλάω) όλη την ώρα με το Μάρτιν.
6. Όταν γύρισε στο σπίτι, εμείς .... (ακούω) μουσική.

5 Ergänzen Sie die Tabelle mit den folgenden Verben aus dem Kasten.

τραγούδησα ✔ βλέπατε μπορέσαμε φορούσαμε οδηγούσες έκλαιγα
αγάπησε μίλησες γελάσατε διψούσε έλεγαν πείνασαν

	Aóristos	**Paratatikós**
εγώ	*τραγούδησα*	....
εσύ	....	....
αυτός, -ή, -ό	....	....
εμείς	....	....
εσείς	....	....
αυτοί, -ές, -ά	....	....

6 Formen Sie die folgenden Sätze aus dem Aòristos in den Paratatikòs um.

1. Χτες έφαγα καρπούζι.	Κάθε μέρα *έτρωγα καρπούζι.*
2. Προχθές άκουσαν μουσική.	Πάντα ....
3. Το πρωί ήπιε καφέ.	Κάθε πρωί ....
4. Πέρσι πήγαμε στη Χίο.	Κάθε καλοκαίρι ....
5. Χτες είδα τη Μαρία.	Συχνά ....
6. Χτες το βράδυ πήγατε σινεμά.	Κάθε βράδυ ....
7. Το απόγευμα διάβασες εφημερίδα.	Όλο το απόγευμα ....
8. Το μεσημέρι μιλήσαμε για σένα.	Όλο το μεσημέρι ....

7 Setzten Sie das richtige Verb ein.

είδα ακούγαμε μέναμε ήπιαμε βλέπαμε ήμασταν πήγαινα
συνάντησα ✓ ήμασταν μιλήσαμε

Χτες το απόγευμα *συνάντησα* τον Κώστα στο καφέ Αμάν. Τελευταία φορά τον .... πέρσι το χειμώνα. .... έναν καφέ και .... για την παιδική μας ηλικία. Όταν .... μαθητές .... στην ίδια γειτονιά. .... συχνά στο σπίτι του και .... μαζί μουσική ή .... μπάλα στην τηλεόραση. .... πολύ καλοί φίλοι.

8 Lesen oder hören Sie noch einmal den Dialog. Sind die folgenden Aussagen richtig oder falsch? Kreuzen Sie **σωστό** (*richtig*) oder **λάθος** (*falsch*) an.

	σωστό	λάθος
1. Η Λίτσα και η Ελένη είχαν ραντεβού στις έξι.	☐	☒
2. Η Ελένη συνάντησε τη Ρούλα στο δρόμο.	☐	☐
3. Ο Σπύρος φορούσε το καλοκαίρι πάντα παρδαλά πουκάμισα.	☐	☐
4. Όταν έλειπαν οι γονείς του έκανε ένα πάρτι.	☐	☐
5. Καθώς χόρευαν μπήκε ξαφνικά η γιαγιά του.	☐	☐
6. Ο μπαμπάς του Σπύρου ήταν συμπαθητικός.	☐	☐
7. Ο Σπύρος βρήκε δουλειά το Σεπτέμβριο.	☐	☐
8. Κάθε Σάββατο παίζει μπουζούκι σε μια ταβέρνα.	☐	☐

Μάθημα

9

In dieser Lektion geht es um:
- Ernährung und sportliche Aktivitäten
- das Ausdrücken von Wünschen, Möglichkeiten oder Notwendigkeiten
- den **aoristischen** und **paratatischen Konjunktiv**
- die Funktionen des **Konjunktivs**
- Ausdrücke, die den Konjunktiv erfordern
- die **Feminina** auf **-η, -εις**
- die **Neutra το κρέας** und **το γάλα**

Συνήθειες διατροφής, τρόπος ζωής και υγεία

Έχουμε καλές ειδήσεις:
Μπορείτε εύκολα να μείνετε σε φόρμα!
Θέλετε να είστε γεμάτοι υγεία και να έχετε όμορφο σώμα;
Ξέρετε τι πρέπει να τρώτε και τι να πίνετε;
Τρεις ερωτήσεις για το πόσο υγιεινά ζείτε.

1. Πόσο περπατάτε;
α) Κάνω τζόκινγκ τακτικά ή πηγαίνω στο γυμναστήριο.
β) Πηγαίνω με τα πόδια στη δουλειά.
γ) Δεν περπατάω. Προτιμάω το αυτοκίνητο και για τις κοντινές αποστάσεις.

2. Τι τρώτε για πρωινό;
α) Τρώω γιαούρτι, φρούτα και δημητριακά.
β) Τρώω άσπρο ψωμί με βούτυρο και μαρμελάδα.
γ) Δεν τρώω τίποτε, πίνω μόνο ένα νες καφέ.

3. Τι και πόσο πίνετε κάθε μέρα;
α) Πίνω μέχρι και 7 ποτήρια νερό.
β) Πίνω ένα ποτήρι κόκκινο κρασί.
γ) Πίνω μέχρι και 5 φλιτζάνια καφέ.

Στην άσκηση 9 βλέπετε τι φανερώνουν οι απαντήσεις σας.

In Übung 9 sehen Sie, was Ihre Antworten aussagen.

Ernährungsgewohnheiten, Lebensweise und Gesundheit

Wir haben gute Nachrichten:
Sie können leicht in Form bleiben!
Wollen Sie bei bester Gesundheit sein und einen schönen Körper haben?
Wissen Sie, was Sie essen und trinken sollten?
Drei Fragen zum Thema, wie gesund Sie leben.

1. Wie häufig gehen Sie zu Fuß?
a) Ich jogge regelmäßig oder gehe ins Fitness-Studio.
b) Ich gehe zu Fuß zur Arbeit.
c) Ich gehe nicht zu Fuß. Ich bevorzuge das Auto, auch für kurze Entfernungen

2. Was essen Sie zum Frühstück?
a) Ich esse Joghurt, Obst und Cerealien.
b) Ich esse Weißbrot mit Butter und Marmelade.
c) Ich esse nichts, ich trinke nur einen Nescafé.

3. Was und wie viel trinken Sie jeden Tag?
a) Ich trinke bis zu sieben Gläser Wasser.
b) Ich trinke ein Glas roten Wein.
c) Ich trinke bis zu fünf Tassen Kaffee.

Τι καινούριο έχουμε;

Der Konjunktiv

In der Einführung des Tests zur gesunden Lebensweise sehen Sie den griechischen Konjunktiv. Er besteht aus der Kombination **να** (Konjunktivpartikel) + Verb.

Der Konjunktiv als Infinitiv-Ersatz

Um die deutsche Infinitiv-Konstruktion *"Ich will in Form* ***bleiben.****"* auf Griechisch wiederzugeben, braucht man den Konjunktiv: Θέλω **να μείνω** σε φόρμα.
Mit dem Konjunktiv drückt man einen **Wunsch**, eine **Möglichkeit**, eine **Notwendigkeit** oder auch eine **Erwartung** oder eine **Vorliebe** aus: Der Konjunktiv tritt also oft mit den Verben **θέλω** *wollen*, **μπορώ** *können*, **πρέπει** *müssen, sollen* auf (πρέπει: unpersönliches Verb → Lektion 13).
Θέλετε **να έχετε** ωραίο σώμα; *Wollen Sie einen schönen Körper* ***haben****?*
Μπορείτε **να μείνετε** σε φόρμα! *Sie können in Form* ***bleiben****!*
Πρέπει **να τρώτε** φρούτα! *Sie müssen Obst* ***essen****!*

Το φαγητό και η απόλαυση

Ελένη: Τι κάνεις εκεί, μπροστά στην ανοιχτή ντουλάπα;
Λίτσα: Τι να κάνω Ελένη μου, πάχυνα και δε βρίσκω ρούχα να φορέσω!
Ελένη: Και γιατί δεν αγοράζεις καινούρια ρούχα;
Λίτσα: Ε, όχι δα! Θέλω να αδυνατίσω. Ο Γιάννης με θέλει λεπτή και κομψή.
Ελένη: Ο Γιάννης, ο Γιάννης, αμάν αυτοί οι άντρες, δε βλέπουν τα δικά τους χάλια!
Λίτσα: Τι να σου πω! Θέλει να του μαγειρεύω ωραία φαγητά, παστίτσιο, μουσακά, αρνάκι λεμονάτο, να τρώμε μαζί τα βράδια όταν γυρίζει από τη δουλειά αλλά θέλει και να είμαι στιλάκι. Πώς να γίνει κάτι τέτοιο; Δε με χωράει τίποτα πια. Πρέπει να κάνω δίαιτα, να μην τρώω τίποτα τα βράδια!
Ελένη: Τι, εσύ να μαγειρεύεις, εκείνος να τρώει και εσύ να βλέπεις; Όχι, για να αδυνατίσεις, το μυστικό δεν είναι να μην τρως, αλλά να τρως το σωστό! Να μαγειρεύεις δηλαδή χωρίς βούτυρα, πολλά λάδια και σάλτσες και να μην πίνεις κόκα, μπίρες και ρετσίνα, αλλά νερό και τσάι χωρίς ζάχαρη.
Λίτσα: Εσύ έτσι κάνεις;
Ελένη: Ναι, τρώω πολύ υγιεινά και κάνω γυμναστική. Πηγαίνω τρεις φορές την εβδομάδα στο γυμναστήριο και προσπαθώ να περπατάω σε κάθε ευκαιρία!
Λίτσα: Και πόσα κιλά είσαι;
Ελένη: Τώρα τι να σου πω! Εμένα το πρόβλημά μου είναι τα γλυκά. Μ' αρέσει να τρώω σοκολάτες, μπισκοτάκια, κέικ, σιροπιαστά, πάστες, όλα τα γλυκά! Και όταν πάρω ένα, δεν μπορώ να σταματήσω. Γι' αυτό και εγώ έχω λίγα κιλάκια παραπάνω.
Λίτσα: Αχ, Ελένη μου, η ζωή είναι τόσο άδικη, όλα τα νόστιμα πράγματα έχουν και πολλές θερμίδες.

Ελένη: Ε, εντάξει, μην κάνεις έτσι! Δεν είναι και τόσο τραγικά τα πράγματα. Δεν είμαστε και χοντρές. Εμείς τουλάχιστον ξέρουμε να απολαμβάνουμε!

Λίτσα: Έχεις δίκιο. Ξέρεις κάτι; Χτες μαγείρεψα ένα καταπληκτικό ιμάμ μπαϊλντί, έχει ακόμα στο ψυγείο και ο Γιάννης έφερε από τη Χαλκιδική ένα ωραίο κόκκινο κρασί. Αν θέλεις, μπορούμε να φάμε μαζί.

Ελένη: Υπέροχα, ας φάμε λοιπόν μαζί απόψε! Μέχρι να ετοιμάσεις το τραπέζι εγώ πάω στο περίπτερο να πάρω ένα ωραίο παγωτό. Σαντιγί έχεις;

Λεξιλόγιο

Συνήθειες διατροφής, τρόπος ζωής και υγεία	
η συνήθεια	*Gewohnheit*
η διατροφή	*Ernährung*
ο τρόπος	*Art*
η ζωή	*Leben*
ο τρόπος ζωής	*Lebensweise*
η υγεία [i'jia]	*Gesundheit*
η είδηση	*Nachricht*
η φόρμα	*Form*
το σώμα	*Körper, Figur*
πρέπει *unv*	*müssen, sollen*
η ερώτηση	*Frage*
υγιεινός, -ή, -ό [ijii'nos]	*gesund*
περπατάω	*laufen, zu Fuß gehen*
το τζόκινγκ *unv* ['dzociŋg]	*Joggen*
τακτικά	*regelmäßig*
το γυμναστήριο	*Fitness-Studio*
κοντινός, -ή, -ό	*kurz, nah*
η απόσταση	*Entfernung*
το πρωινό	*Frühstück*
το γιαούρτι [ja'urti]	*Joghurt*
τα δημητριακά *Pl*	*Cerealien, Getreide*
άσπρος, -η, -ο	*weiß*
η μαρμελάδα	*Marmelade*
ο νες (καφές)	*Nescafé*
μέχρι και	*bis zu*
το ποτήρι	*Glas*
το νερό	*Wasser*
κόκκινος, -η, -ο	*rot*

το κρασί	*Wein*
το φλιτζάνι [fli'dzani]	*Tasse*
η άσκηση	*Übung*
φανερώνω	*sichtbar machen; hier: aussagen*
η απάντηση	*Antwort*

Το φαγητό και η απόλαυση

η απόλαυση	*Genuss*
ανοιχτός, -ή, -ό	*offen*
η ντουλάπα	*Schrank*
παχαίνω	*dick werden bzw. machen*
το ρούχο, τα ρούχα	*Kleidungsstück, Kleider*
αδυνατίζω	*dünn werden bzw. machen*
κομψός, -ή, -ό	*elegant*
αμάν!	*zum Kuckuck!*
το χάλι	*schlimmer Zustand*
το παστίτσιο [pa'stitsço]	*griech. Gericht: Nudeln mit Hackfleisch und Becha-melsauce*
ο μουσακάς	*Auberginen mit Hackfleisch und Bechamel-sauce*
το αρνάκι λεμονάτο	*Lamm mit Zitronensauce*
τα βράδια *Pl*	*abends*
το στιλάκι	*schlank und elegant*
πώς να γίνει κάτι τέτοιο;	*Wie soll das gehen?*
χωράω	*passen*
το μυστικό	*Geheimnis*
το σωστό	*das Richtige*
δηλαδή	*also, das heißt*
η σάλτσα	*Sauce*

η κόκα	*Colagetränk*
η μπίρα	*Bier*
η ρετσίνα	*Retsina (geharzter Wein)*
το τσάι	*Tee*
η γυμναστική	*Gymnastik, Sport*
προσπαθώ	*sich Mühe geben, versuchen*
η ευκαιρία [efce'ria]	*Gelegenheit*
το πρόβλημα	*Problem*
η σοκολάτα	*Schokolade*
το μπισκοτάκι	*Plätzchen*
το κέικ *unv* ['ceik]	*Kuchen*
τα σιροπιαστά *Pl* [siropça'sta]	*griech. Süßig-keit: in Sirup getränkte Kuchen*
η πάστα	*einzelnes Tortenstück*
σταματάω	*aufhören*
παραπάνω	*mehr, zuviel*
αχ!	*ach!*
άδικος, -η, -ο	*ungerecht*
η θερμίδα	*Kalorie*
τραγικός, -ή, -ό	*tragisch*
απολαμβάνω	*genießen*
το ιμάμ μπαϊλντί	*gebratene Auberginen mit Tomaten- und Zwiebel-füllung*
το ψυγείο	*Kühlschrank*
η Χαλκιδική [xalciði'ci]	*Chalkidiki, Halbinsel in Nordgriechen-land*
απόψε	*heute Abend*
ετοιμάζω	*vorbereiten*
η σαντιγί *unv* [sandi'ji]	*Sahne*

Γραμματική

1. Der Konjunktiv A 4, 5, 6, 9

Der Aspekt beim Konjunktiv

Die Aspektunterscheidung, die Sie in den vorangegangenen Lektionen (→ Lektionen 7, 8) kennengelernt haben, gibt es auch beim Konjunktiv.
Im Deutschen gibt es in den Sätzen *"Ich will (heute / jetzt) Fisch essen."* und *"Ich will (dauernd) Fisch essen."* keinen Unterschied in den Verbformen. Im Griechischen braucht man im ersten Satz den **aoristischen Konjunktiv** und im zweiten den **paratatischen Konjunktiv**: Θέλω **να φάω** ψάρι. Θέλω **να τρώω** ψάρι.
Wie Sie schon wissen, drückt der **aoristische** Aspekt **Einmaligkeit** (Μπορούμε να φάμε μαζί.), **Abgeschlossenheit** (Μέχρι να ετοιμάσεις το τραπέζι ...) und **Zielgerichtetheit** (Θέλω να αδυνατίσω.) aus.
Der **paratatische** Aspekt dagegen drückt **Verlauf** (Εκείνος να τρώει και εσύ να βλέπεις;), **Wiederholung, Gewohnheit** (Θέλει να του μαγειρεύω, να τρώμε μαζί τα βράδια.) und **Dauer** (Ξέρουμε να απολαμβάνουμε!) aus.

Die Bildung des Konjunktivs

Präsens und paratatischer Konjunktiv sind in der Form nicht zu unterscheiden:
μένω ► να μέν**ω**, να μέν**εις**, να μέν**ει**, να μέν**ουμε**, να μέν**ετε**, να μέν**ουν(ε)**.

Der aoristische Konjunktiv dagegen unterscheidet sich sowohl vom Präsens (hinsichtlich des Stamms) als auch vom Aóristos (hinsichtlich der Endung).

aoristischer Konjunktiv	Partikel	aoristischer Stamm	Verbendung des Präsens Aktiv
μένω *bleiben*	να, ας, μην ... +	μείν-	**-ω, -εις, -ει, -ουμε, ετε, -ουν(ε)**

Bei folgenden geläufigen Verben ist der aoristische Konjunktiv unregelmäßig:

βλέπω *sehen* ► να **δω**
λέω *sagen* ► να **πω**
παίρνω *nehmen* ► να **πάρω**
μπαίνω *hineingehen* ► να **μπω**
πάω / πηγαίνω *gehen* ► να **πάω**
τρώω *essen* ► να **φάω**
πίνω *trinken* ► να **πιω**
βρίσκω *finden* ► να **βρω**
βγαίνω *hinausgehen* ► να **βγω**

Der Konjunktiv ist unabhängig von der **Zeitstufe**. Er kann sich auf die Vergangenheit, die Gegenwart und die Zukunft beziehen:
Χτες είδα τη Λίτσα **να φεύγει**. *Gestern sah ich Litsa weggehen.*
Κάθε μέρα σε βλέπω **να κάνεις** τζόκινγκ. *Jeden Tag sehe ich dich beim Joggen.*
Αύριο πρέπει οπωσδήποτε **να δεις** ένα γιατρό!
Morgen musst du unbedingt einen Arzt aufsuchen (wörtl.: sehen)!

Die Konjunktivpartikeln und die Funktionen des Konjunktivs
Außer der Partikel **να** benutzt man auch die Partikeln **ας** oder **μην**, um den Konjunktiv zu bilden.

- Im Nebensatz benutzt man immer den Konjunktiv mit **να** nach Verben, die einen Wunsch, eine Erwartung, eine Aufforderung, eine Vorliebe oder Ähnliches ausdrücken:
  Θέλει **να φύγει.** *Er will gehen.*
  Μ' αρέσει **να διαβάζω.** *Ich lese gern (wörtl.: Es gefällt mir zu lesen).*
  Προτιμάω **να παίρνω** το αυτοκίνητό μου.
  Ich ziehe es vor, mein Auto zu benutzen (wörtl.: nehmen).
  Του είπα **να αγοράσει** ντομάτες.
  Ich habe ihm gesagt, er soll Tomaten kaufen (wörtl.: Tomaten zu kaufen).
  Τον παρακάλεσα **να πλύνει** τα πιάτα. *Ich habe ihn gebeten, die Teller zu waschen.*
  Σου απαγορεύω **να καπνίζεις** στο δωμάτιό μου!
  Ich verbiete dir, in meinem Zimmer zu rauchen!
  Δε σου επιτρέπω **να βγεις έξω!** *Ich erlaube dir nicht rauszugehen!*

  Να benutzt man auch in Fragen:
  Τι **να** σου **πω;** *(Tja,) was soll ich dir sagen?*
  Να σου **δείξω** το καινούριο μου παντελόνι; *Soll ich dir meine neue Hose zeigen?*

  Να wird außerdem in erstaunten Ausrufen oder entrüsteten Fragen verwendet:
  Εσύ **να μαγειρεύεις** κι εκείνος **να τρώει!**
  Du sollst kochen und er essen! (Sowas! Unmöglich!)
  Ο Γιάννης **να πει** τέτοιο πράγμα; *Jannis soll so etwas gesagt haben? (Unmöglich!)*

- **να** und **ας** kann man meist alternativ verwenden, um zum Beispiel eine Aufforderung auszudrücken, wobei **να** etwas intensiver ist und **ας** eher milder:
  Να πάμε στο Γιάννη! *Wir sollten zu Jannis gehen!*
  Ας πάμε στο Γιάννη! *Lass uns zu Jannis gehen!*

  Mit **ας** drückt man auch einen Wunsch oder eine Einräumung aus:
  Ας γυρίσει με το καλό! *Möge er heil wiederkommen!*
  Ας γκρινιάζει ο Γιάννης! *Soll Jannis (ruhig) meckern!*

- Um Sätze zu verneinen oder um etwas zu verbieten, verwendet man als Negationspartikel im Konjunktiv **μην** (statt δεν):
  Θέλω **να μην πας** στο Γιάννη! *Ich will, dass du nicht zu Jannis gehst!*
  Ας μη ρωτάει καλύτερα ο Γιάννης! *Jannis soll besser nicht fragen!*

  Handelt es sich nicht um einen Nebensatz, kann **μην** auch ohne **να** stehen:
  Μην πάμε στο Γιάννη! *Lass uns nicht zu Jannis gehen!*

- Die Konjunktionen **όταν** *wenn*, **αν** *wenn, falls* fungieren oft ähnlich wie Konjunktivpartikeln:
  Όταν πάρω ένα γλυκό ... *Wenn ich eine Süßigkeit nehme ...*
  Αν μαγειρεύεις κάθε μέρα ... *Wenn / Falls du jeden Tag kochst ...*

- Mit der Konjunktion **για να** *um zu* bildet man Finalsätze:
  Δεν τρώει **για να** αδυνατίσει. *Sie isst nicht um abzunehmen.*

2. Die Feminina auf *-η, -εις* A 8

Es gibt noch eine weitere Gruppe von weiblichen Substantiven, die Sie nicht mit der Deklination η φίλ-**η**, οι φίλ-**ες** (→ Lektion 1, 2, 4) verwechseln dürfen: Sie enden im Nominativ Plural auf **-εις**. Die Substantive, die den Akzent auf der drittletzten Silbe tragen, verschieben ihn im Plural um eine Silbe nach rechts.

η ερώτηση *die Frage*	**Singular**	**Plural**
Nom.	η ερώτηση	οι ερωτήσεις
Gen.	της ερώτησης (ερωτήσεως)	των ερωτήσεων
Akk.	την ερώτηση	τις ερωτήσεις
Vok.	ερώτηση	ερωτήσεις

Zu dieser Deklination gehören viele abstrakte Begriffe wie η είδηση *Nachricht*, η απάντηση *Antwort*, η διήγηση *Erzählung*, η εξέταση *Untersuchung, Prüfung*, η άρνηση *Verneinung*, η απόλαυση *Genuss*, η κατάκτηση *Eroberung*, η ανάλυση *Analyse*, η απόσταση *Abstand, Entfernung*, η άσκηση *Übung*, η λύση *Lösung*, η πόλη *Stadt*, η επανάληψη *Wiederholung* u.a.

3. Die Neutra *το κρέας, το γάλα* A 8

Was Sie über die Neutra auf **-μα** (→ Lektion 2, 4) gelernt haben, trifft auch auf **το κρέας** *Fleisch* und **το γάλα** *Milch* zu: Sie haben im Genitiv Singular und in allen Fällen im Plural eine Silbe mehr als im Nominativ, Akkusativ und Vokativ Singular.

	Singular			**Plural**		
Nom.	το	κρέας	γάλα	τα	κρέατα	γάλατα
Gen.	του	κρέατος	γάλα(κ)τος	των	κρεάτων	γαλάτων
Akk.	το	κρέας	γάλα	τα	κρέατα	γάλατα
Vok.		κρέας	γάλα		κρέατα	γάλατα

Viele Substantive, die im Deutschen unzählbar sind, haben im Griechischen einen Plural. Neben το κρέας, τα κρέατα, το γάλα, τα γάλατα gehören hierzu auch το βούτυρο, τα βούτυρα *Butter*, το νερό, τα νερά *Wasser*, το αίμα, τα αίματα *Blut*, το χώμα, τα χώματα *Erde*.
Meist wird der Plural verwendet, wenn es um große Mengen geht:
Πρέπει να μαγειρεύεις χωρίς πολλά βούτυρα. *Du solltest ohne viel Butter kochen.*
Oder es ist tatsächlich von Stückzahlen die Rede:
Αγόρασε σήμερα πέντε γάλατα. *Er hat heute fünf (Tüten) Milch gekauft.*

Χρήση των ελληνικών A 4, 7

Folgende Ausdrücke ziehen den **paratatischen Konjunktiv** nach sich:

- **αρχίζω / σταματάω να** *beginnen etw. zu tun / mit etwas aufhören*
  Άρχισε / Σταμάτησε να γράφει το γράμμα. *Er hat begonnen / aufgehört, den Brief zu schreiben.*
- **συνεχίζω να** *etwas fortsetzen, weiterhin tun*
  Συνεχίζεις να τρως πολύ κρέας. *Du isst weiterhin viel Fleisch.*
- **συνηθίζω να** *etwas regelmäßig, gewöhnlich tun*
  Συνηθίζει να περπατάει πολύ. *Gewöhnlich geht er / sie viel zu Fuß.*
- **μου αρέσει να** *etwas gerne tun*
  Μας αρέσει να τρώμε γλυκά. *Wir essen gerne Süßigkeiten.*
- **ξέρω να** *etwas wissen, können, beherrschen*
  Ξέρετε να τρώτε σωστά. *Ihr wisst, wie man richtig isst.*
- **μαθαίνω να** *etwas lernen*
  Μαθαίνουν να μιλάνε ελληνικά. *Sie lernen Griechisch zu sprechen.*
- **τον, την ακούω / βλέπω να** *jdn. etwas tun hören / etwas tun sehen*
  Τον ακούω / βλέπω να τραγουδάει. *Ich höre / sehe ihn singen.*

Den **aoristischen Konjunktiv** benutzt man mit folgenden Verben und Adverbien. Diese Wendungen haben immer etwas mit Zeit zu tun:

- **είναι ώρα** να *es ist Zeit zu*
  Είναι ώρα να φύγουμε.
  Es ist Zeit zu gehen.
- **ακόμα να** *immer noch nicht*
  Ακόμα να φας;
  Hast du immer noch nicht gegessen?

- **έχω να** *etwas lange nicht getan haben*
  Έχει να μου πάρει λουλούδια από πέρσι.
  Er hat mir seit letztem Jahr keine Blumen mehr gekauft.
- **παραλίγο να, παρά τρίχα να** *etwas ist beinahe passiert*
  Παραλίγο να χάσω το τρένο. *Beinahe hätte ich den Zug verpasst.*
  Παρά τρίχα να ρίξει την τούρτα. *Um ein Haar hätte er die Torte umgeworfen.*
- **άργησα να, είναι αργά να** *etwas ist zu spät passiert*
  Αργήσατε να την πάρετε τηλέφωνο, κι έφυγε.
  Ihr habt sie zu spät angerufen und sie ist gegangen.
  Είναι αργά να γυρίσει πίσω. *Es ist zu spät (für sie / ihn) (um) zurückzukehren.*
- **περιμένω να** *ein Ereignis erwarten*
  Περιμένει να γυρίσει ο Μάρτιν. *Sie wartet darauf, dass Martin zurückkommt.*
- **είμαι έτοιμος να** *im Begriff sein etwas zu tun*
  Ήταν έτοιμος να φύγει χωρίς τα πράγματά του.
  Er wäre fast ohne seine Sachen gefahren (wörtl.: Er war bereit, ohne seine Sachen zu fahren).
- **πριν** (να), **μέχρι να** *etwas tun, bevor etwas anderes eintritt*
  Έφυγε πριν (να) τελειώσει το έργο. *Er ging bevor der Film zu Ende war.*
  Μέχρι να γυρίσω, μπορείς να μείνεις. *Bis ich zurückkomme, kannst du bleiben.*

Άλλες χρήσιμες εκφράσεις

Essen A 3

το πρωινό	*Frühstück*	οι σαλάτες	*Salate*
το μεσημεριανό	*Mittagessen*	το κύριο πιάτο	*Hauptspeise*
το βραδινό	*Abendessen*	το επιδόρπιο	*Nachtisch*
το γεύμα	*Mahlzeit*	καλή όρεξη!	*guten Appetit!*
το δείπνο	*Dinner, Abendessen*	στην υγειά σας / σου!	*auf euer / Ihr / dein Wohl!*
οι μεζέδες	*Vorspeisen*		

Sport A 2

τα αθλήματα / σπορ	*Sport(arten)*	το σκι *(unv)* / κάνω σκι	*Skifahren*
το κολύμπι / κολυμπάω	*Schwimmen*	η ποδηλασία / κάνω ποδήλατο	*Fahrradfahren*
το ψάρεμα / ψαρεύω	*Fischen*	η ιππασία / κάνω ιππασία	*Reiten*
το κυνήγι / κυνηγάω	*Jagen*	η πεζοπορία / κάνω πεζοπορία	*Gehen, Wandern*
το μπάσκετ *(unv)*	*Basketball*		
το τένις *(unv)*	*Tennis*		
το ποδόσφαιρο	*Fußball*		

Ασκήσεις

1 Sagen die folgenden Sätze etwas über gesunde oder etwas über ungesunde Lebensweise aus? Kreuzen Sie an.

		Υγιεινή ζωή	**Όχι και πολύ υγιεινή ζωή**
1.	Δεν περπατάει, παίρνει πάντα το αυτοκίνητο.	☐	☒
2.	Πίνει πολύ νερό.	☐	☐
3.	Τρώει πολλά λαχανικά και φρούτα.	☐	☐
4.	Πίνει πολλά φλιτζάνια καφέ.	☐	☐
5.	Δεν τρώει τίποτε για πρωινό.	☐	☐
6.	Πάει τακτικά στο γυμναστήριο.	☐	☐
7.	Το πρωί τρώει γιαούρτι και δημητριακά.	☐	☐
8.	Τρώει πολλά γλυκά.	☐	☐

2 Sie finden das Lösungswort, wenn Sie wissen, wie die Sportarten heißen.

1.

2.

3.

4.

5.

6.

7.

8.

1.					σ	κ	ι					
2.			ι	....	π	....	....	....	....			
3.				κ	....	....	....	....	....	ι		
4.			....	υ	....	....	γ	....				
5.			....	....	δ	....	....	φ	....	....	....	....
6.				....	ά	....	....	μ	....			
7.	....	π	....	....	κ	....	....					
						ξ						
8.			....	....	δ	....	λ	....	....	....	....	

3 Ergänzen Sie die Sätze mit den neuen Wörtern über das Essen.

1. Στις 8 π.μ. τρώμε *πρωινό* .
2. Στις 2 μ.μ τρώμε .... ή ένα πλούσιο ....
3. Στις 8 μ.μ. τρώμε .... ή ένα ωραίο ....
4. Ένα καλό γεύμα έχει πρώτα .... και .... ,
   μετά .... και μετά ....

4 Alles Dinge, die regelmäßig gemacht werden: Sie brauchen hier den parataktischen Konjunktiv.

1. Θέλω *να βλέπω* (βλέπω) το φίλο μου κάθε μέρα.
2. Τους αρέσει .... (τρώω) άσπρο ψωμί με μέλι.
3. Την ακούμε .... (μιλάω) στο τηλέφωνο με την Ελένη κάθε μεσημέρι.
4. Μπορούμε .... (πίνω) λίγο κρασί με το φαγητό μας.
5. Είναι δύσκολο στην αρχή .... (δεν καπνίζω, 2. Pers. Pl) με τον καφέ.
6. Λίτσα, πρέπει .... (μαγειρεύω) χωρίς πολλά λάδια.

5 Ergänzen Sie gemäß der Vorlieben, die angegeben sind.

Martin isst gerne Fleisch, trinkt gerne Bier, sieht gerne Fußball und hört gerne griechische Musik.
Eleni isst gerne Obst, trinkt gerne roten Wein, schaut sich gerne alte Fotos an und hört gerne Radio.

Του αρέσει *να τρώει κρέας* , ... ,

.... και ....

Της αρέσει .... , ... ,

.... και ....

Und zu guter Letzt führen Sie auch Ihre Vorlieben auf:

Μου ....

....

6 Auf Litsas Merkzettel ist Einiges durcheinandergeraten. Helfen Sie ihr sich zu erinnern, was sie alles vorhatte.

παίρνω	γράμμα στη φίλη της
μαγειρεύω	εφημερίδα
πίνω	λαχανικά στη λαϊκή
γράφω	μήνυμα στην Αλίκη
ψωνίζω	τηλέφωνο τη μητέρα της
στέλνω	καφέ με την Ελένη
διαβάζω	φαγητό για το Γιάννη

Σήμερα θέλω ...

1. *να πάρω τηλέφωνο τη μητέρα μου*
2. ....
3. ....
4. ....
5. ....
6. ....
7. ....

7 Welches Verb passt zu welchem Konjunktiv? Achten Sie auf Person, Numerus und Tempus des Verbs.

άρχισα	είχε	άργησαν	συνέχισε ✔	ακούγαμε	σταματήσατε

1. *Συνέχισε* .... να διαβάζει Μπρεχτ όταν ήταν φοιτητής.
2. .... να παίζω μπουζούκι όταν ήμουν έξι χρονών.
3. Τον .... να τραγουδάει παλιά λαϊκά τραγούδια*.
4. .... επιτέλους να καπνίζετε τόσα πολλά τσιγάρα!
5. .... να φύγουν από το σπίτι και έχασαν το λεωφορείο.
6. .... να φάει νόστιμα ψάρια πάρα πολύ καιρό.

* το τραγούδι: *Lied*

8 Machen Sie aus dem Singular einen Plural und umgekehrt.

1. Αγόρασε το φρέσκο γάλα στο μπακάλικο. — *Αγόρασαν τα φρέσκα γάλατα στο μπακάλικο*
2. Η βόλτα στην πόλη σου αρέσει πολύ. — ....
3. Μπορώ να φάω αυτό το κρέας; — ....
4. Θέλω να απαντήσω* στην ερώτηση χωρίς τη βοήθειά σου. — ....
5. .... — Οι τιμές των κρεάτων είναι πολύ ακριβές.
6. .... — Μπορείτε να μας πείτε τις λύσεις των ασκήσεων;

* απαντάω: *antworten*

9 Übersetzen Sie den folgenden Text. Sie erfahren dabei, wie Sie im Gesundheitstest abgeschnitten haben!

1. Έχετε **πιο πολλά α:** Μπράβο, ζείτε υγιεινά, ξέρετε τι πρέπει να τρώτε και τι να πίνετε! Σίγουρα έχετε και όμορφο σώμα.
2. Έχετε **πιο πολλά β:** Ε, εντάξει, δεν είστε και χοντροί! Ξέρετε να απολαμβάνετε τη ζωή! Παν μέτρον άριστον!*
3. Έχετε **πιο πολλά γ:** Δεν τρώτε και τόσο υγιεινά, παίρνετε κάθε μέρα παραπάνω θερμίδες από όσο πρέπει και δεν τις καίτε! Αν θέλετε να είστε σε φόρμα, πρέπει να αλλάξετε μερικά πράγματα στον τρόπο ζωής σας.

1. ....
2. ....
3. ....

* παν μέτρον άριστον: *alles mit Maß (Sprichwort aus dem Altgriechischen)*

Μάθημα 10

Die Themen dieser Lektion:
- Urlaub und Reise
- übliche Redewendungen im gesellschaftlichen Miteinander
- das **paratatische** und **aoristische Futur**
- die **Relativpronomen**
- die **Konjunktionen ότι, πως, που**
- die **Substantive** auf **-δες** im Plural
- die Stellung des **Personalpronomens** im Konjunktiv und Futur

Πρόσκληση

Θα χαρούμε πολύ να σας έχουμε κοντά μας
στη βάφτιση του γιου μας,
που θα γίνει την Κυριακή του Θωμά στις 17 Μαΐου και ώρα 11:00
στην εκκλησία της Εκατονταπυλιανής στην Πάρο.

Οι γονείς
Νίκος Αντωνίου & Ειρήνη Μακρή

Η νονά
Δέσποινα Καραχάλια

Einladung

Wir freuen uns sehr, Sie bei uns zu haben
bei der Taufe unseres Sohnes,
die am Weißen Sonntag, den 17. Mai um 11:00 stattfinden wird
in der Kirche der Ekatondapyliani auf Paros.

Die Eltern
Nikos Antoniou & Irini Makri

Die Patentante
Despina Karachalia

Ξενοδοχείο «Η Κυρά της Πάρου»

Δε θα σας αρέσει μόνο, θα σας καταπλήξει!
Θα περάσετε υπέροχα!
Θα απολαύσετε τη θέα στο Αιγαίο, τον ήλιο και τη θάλασσα.
Θα δοκιμάσετε τους νόστιμους μεζέδες και το υπέροχο κρασί στο όμορφο ταβερνάκι μας.
Τις διακοπές σας εδώ δε θα τις ξεχάσετε ποτέ!

Hotel "Die Herrin von Paros"

Es wird Ihnen nicht nur gefallen, es wird Sie erstaunen!
Sie werden eine wunderbare Zeit haben!
Sie werden den Ausblick auf die Ägäis genießen, die Sonne und das Meer.
Sie werden die Leckerbissen und den herrlichen Wein in unserer schönen kleinen Taverne probieren.
Ihre Ferien hier werden Sie nie vergessen!

Τι καινούριο έχουμε;

Das Futur A 7, 8

Anders als im Deutschen ist es im Griechischen notwendig, das Futur zu verwenden, wenn man sich auf die Zukunft bezieht:
Την Τρίτη το βράδυ **θα πάμε** σινεμά.
Am Dienstag Abend gehen wir ins Kino / werden wir ins Kino gehen.
Η βάφτιση **θα γίνει** στις 17 Μαΐου.
Die Taufe findet am 17. Mai statt / wird am 17. Mai stattfinden.

Auch das Futur kennt die beiden Aspekte – den **paratatischen Aspekt** und den **aoristischen Aspekt** –, die Sie schon aus den Vergangenheitstempora und vom Konjunktiv her kennen.
Θα περάσετε υπέροχα. *Sie werden eine wunderbare Zeit haben.* (aoristischer Aspekt)
Θα περνάτε υπέροχα. *Sie werden (von Anfang bis Ende) eine wunderbare Zeit haben.* (paratatischer Aspekt)

Die Bildung des Futurs ist sehr leicht. Statt der Konjunktivpartikel benutzt man die Partikel **θα**; Stamm und Endungen sind dieselben wie im Konjunktiv:

aoristisches Futur	Partikel	aoristischer Stamm	Verbendung des Präsens aktiv
μένω *bleiben*	θα	μείν-	**-ω, -εις, -ει, -ουμε, -ετε, -ουν(ε)**

Präsens und paratatisches Futur sind in der Form nicht zu unterschieden:
μένω ▸ θα μένω, θα μένεις, θα μένει, θα μένουμε, θα μένετε, θα μένουν(ε).

Διακοπές στην Πάρο

Λίτσα: Ο Νίκος και η Ειρήνη θα βαφτίσουν την Κυριακή του Θωμά στην Πάρο το μωρό τους. Μας έστειλαν πρόσκληση.
Γιάννης: Και πώς θα το βγάλουν;
Λίτσα: Πού να ξέρω πώς θα το βγάλουν; Πάμε και θα μάθουμε.
Γιάννης: Πού να πάμε, στην Πάρο;
Λίτσα: Ναι, στην Πάρο, αφού εκεί θα γίνει η βάφτιση. Η Ειρήνη από 'κει είναι. Ο Νίκος είπε ότι ο παπάς που θα βαφτίσει το μωρό είναι αυτός που βάφτισε και την Ειρήνη. Θα πάμε να μείνουμε στου παππού της Ειρήνης. Το σπίτι είναι τεράστιο. Η Ελένη είπε πως όποιος θέλει είναι ευπρόσδεκτος.

Γιάννης: Πόπο, θα είναι όλοι εκεί με τα παιδιά τους και τα μωρά τους. Θα πρέπει να τους ακούω που θα τρέχουν και θα φωνάζουν όλη μέρα. Και ξέρεις, η φασαρία είναι κάτι που δεν αντέχω με τίποτα, δεν πάω!

Λίτσα: Ε, τότε πάμε να μείνουμε σε ένα ξενοδοχείο. Η Ιωάννα έφερε ένα φυλλάδιο στο γραφείο. Διαφημίζει ένα μικρό ξενοδοχείο που έχει όλα αυτά που μας αρέσουν. «Η Κυρά της Πάρου» είναι σε ένα ήσυχο χωριό. Θα κάνουμε υπέροχες διακοπές.

Γιάννης: Τι λες, ξενοδοχείο τη βδομάδα μετά το Πάσχα! Θα έχει πολύ κόσμο. Εξάλλου έχω τόσες δουλειές που προτιμάω να μείνουμε εδώ στο σπιτάκι μας. Θα βάψω επιτέλους τα δωμάτια, εσύ θα φυτέψεις τα λουλούδια ...

Λίτσα: Σε παρακαλώ αγάπη μου! Αν δε θέλεις να πάμε σε ξενοδοχείο, ας πάμε σε κάμπιγκ όπως παλιά, που μέναμε σε αντίσκηνο με τα σλίπιν μπαγκ μας. Θα πάρουμε και οικονομική θέση στο καράβι, θα περάσουμε τη νύχτα στο κατάστρωμα, κάτω από τα αστέρια. Θα είναι πολύ ρομαντικά. Στο νησί θα κάνουμε περιπάτους τα βράδια στη χώρα, θα είμαστε όλη μέρα στην αμμουδιά και θα χαζεύουμε τους ψαράδες με τις βάρκες τους.

Γιάννης: Όχι, να λείπει το κάμπιγκ και τα σλίπιν μπαγκ, έχω και τη μέση μου.

Λίτσα: Έλα καρδούλα μου, ας πάμε στην Πάρο, και το καλοκαίρι θα κάνουμε ό,τι θέλεις εσύ!

Γιάννης: Εντάξει. Θα πάμε στην «Κυρά της Πάρου». Θα κλείσουμε ένα πακέτο με ημιδιατροφή, θα ζητήσουμε ένα δίκλινο με θέα στη θάλασσα. Αλλά τον Αύγουστο θα αγοράσουμε κλιματιστικό και θα μείνουμε στη Θεσσαλονίκη. Εγώ θα βάψω το σπίτι και εσύ θα μου φτιάχνεις τις πίτες που μόνο εσύ ξέρεις να φτιάχνεις όπως μου αρέσουν!

Λεξιλόγιο

Πρόσκληση

η πρόσκληση	*Einladung*
θα χαρούμε	*wir werden uns freuen*
η βάφτιση	*Taufe*
θα γίνει	*es wird stattfinden*
η Κυριακή του Θωμά	*Sonntag nach Ostern (wörtl.: des Thomas)*
η Εκατονταπυλιανή [ekatondapiʎa'ni]	*Kirche auf Paros*
η Πάρος	*Paros, Insel der Kykladen*
η νονά	*Patentante*

Ξενοδοχείο «Η Κυρά της Πάρου»

η κυρά	*Frau, Herrin (volkstümlich)*
καταπλήσσω	*erstaunen*
περνάω	*Zeit verbringen*
το Αιγαίο [e'jeo]	*Ägäis*
ο ήλιος	*Sonne*
ο μεζές	*Vorspeise*
ξεχνάω	*vergessen*

Διακοπές στην Πάρο

βαφτίζω	*taufen*
το μωρό	*Baby*
βγάζω	*hier: nennen*
μαθαίνω	*hier: erfahren*
αφού	*da, weil*
ο παπάς	*Pope*
τεράστιος, -α, -ο	*riesengroß*
πως	*dass*
όποιος, -α, -ο	*wer*
ευπρόσδεκτος, -η, -ο [ef'prozðektos]	*willkommen*
τρέχω	*rennen*
η φασαρία	*Lärm*
αντέχω	*ertragen*
με τίποτα	*auf keinen Fall*
τότε	*hier: dann*
το φυλλάδιο	*Prospekt*
διαφημίζω	*Werbung machen*
ήσυχος, -η, -ο	*ruhig*
το **Πάσχα** ['pasxa]	*Ostern*
ο κόσμος ['kozmos]	*Welt; hier: Leute*
έχει πολύ κόσμο	*voll sein*
έχω δουλειές	*viel zu tun haben*
βάφω	*streichen*
το δωμάτιο	*Zimmer*
φυτεύω	*pflanzen*
το λουλούδι	*Blume*
η αγάπη	*Liebe*
αγάπη μου	*Liebling*
το κάμπιγκ *unv* ['kambiŋg]	*Campingplatz*
παλιά [pa'ʎa]	*früher*
το αντίσκηνο	*Zelt*
το σλίπιν μπαγκ *unv* ['slipin‿'bag]	*Schlafsack*
οικονομικός, -ή, -ό	*preiswert*
η θέση	*Platz, Stelle*
η οικονομική θέση	*Economy-Klasse*
το καράβι	*Schiff*
το κατάστρωμα	*Deck*
το αστέρι	*Stern*
ρομαντικά	*romantisch*
ο περίπατος	*Spaziergang*
η χώρα ['xora]	*Land; hier: Hauptort einer Insel*
χαζεύω [xa'zevo]	*(gemütlich) anschauen*
ο ψαράς	*hier: Fischer*
η βάρκα	*Boot*
να λείπει	*kann mir gestohlen bleiben (wörtl.: soll fehlen)*

η μέση	*Rücken, Kreuz*	**το πακέτο**	*hier: Pauschalangebot*
έλα καρδούλα μου!	*Bitte, mein Schatz! (wörtl.: komm mein Herzchen)*	η ημιδιατροφή	*Halbpension*
		το δίκλινο	*Zweibettzimmer*
		το κλιματιστικό	*Klimaanlage*
ό,τι	*alles, was*	**φτιάχνω** ['ftçaxno]	*machen*
κλείνω	*hier: buchen*	**η πίτα**	*Pastete*

Γραμματική

1. Die Relativpronomen *A 3, 4, 5*

- Das Relativpronomen **που** *der, die, das* bezieht sich auf Personen und Sachen und ist unveränderlich:
  Ο παπάς **που** θα βαφτίσει το μωρό ... *Der Pope, **der** das Baby taufen wird ...*
  ένα φυλλάδιο **που** διαφημίζε ... *ein Prospekt, der Werbung macht für ...*

  κάτι που *etwas, das / was* bezieht sich auf einen ganzen Satz oder Sachverhalt:
  Η φασαρία είναι **κάτι που** δεν αντέχω. *Lärm ist **etwas, was** ich nicht ertrage.*

  Verwechseln Sie nicht **πού** mit Akzent (Fragewort *wo* → Lektion 4) mit dem Relativpronomen **που** ohne Akzent!

- In den Wendungen **αυτός, αυτή, αυτό ... που** und **εκείνος, εκείνη, εκείνο ... που** *der, die, das ... was* können die Demonstrativpronomen αυτός und εκείνος nicht wie im Deutschen entfallen:
  Έχει όλα **αυτά που** μας αρέσουν. *Es hat alles **(das,) was** uns gefällt.*
  Μ' αρέσει **εκείνο που** έφερες. *Mir gefällt **(das,) was** du mitgebracht hast.*

- **ό,τι** *(alles,) was* ist unveränderlich und kann alternativ zu **αυτά που** gebraucht werden.
  Πήρε **ό,τι** ήθελε μαζί του. *Er nahm mit (alles), **was** er wollte.*

- **όποιος, όποια, όποιο** *wer, was* kann sich auf Personen oder Sachen beziehen; es wird wie das Adjektiv πλούσιος (→ Lektion 3) dekliniert:
  Όποιος θέλει είναι ευπρόσδεκτος. ***Wer** (kommen) möchte, ist willkommen.*
  Μπορείς να βάλεις **όποια** ρούχα θέλεις.
  *Du kannst anziehen, **was** (wörtl.: welche Kleider) du willst.*

- **όσος, όση, όσο** *so viel(e) wie, so groß wie, so lange wie ...* wird dekliniert wie das Adjektiv καλός.
  Ήρθαν **όσοι** μπόρεσαν. *Es kamen **alle, die*** (*wörtl.* so viele, wie) *(kommen) konnten.*

2. Die Konjunktionen *ότι, πως, που* A 5

Der deutschen Konjunktion *dass* entsprechen im Griechischen **ότι, πως** und **που**.

- **Ότι** und **πως** sind etwa gleichwertig:
  Είπε **πως** μπορούμε να πάμε εκεί. *Sie hat gesagt, dass wir dort hingehen können.*
  Είπε **ότι** ήθελε να φύγει. *Er sagte, dass er gehen wollte.*

  Achten Sie darauf, das Relativpronomen **ό,τι** nicht mit der Konjunktion **ότι** zu verwechseln. Den Unterschied sehen Sie an der verschiedenen Schreibweise: Relativpronomen mit Komma im Wort, Konjunktion ohne Komma.
  Auch **πώς** mit Akzent (Fragewort *wie*) und **πως** ohne Akzent (*dass*) dürfen nicht verwechselt werden!

- Die Konjunktion **που** verwendet man:
  – nach Verben, die ein Gefühl ausdrücken:
  Λυπάμαι **που** δεν μπορώ να μείνω. *Es tut mir Leid. dass ich nicht bleiben kann.*
  Σ' ευχαριστώ **που** μου μαγείρεψες! *Danke, dass du für mich gekocht hast!*
  – nach Verben, die eine Wahrnehmung ausdrücken, alternativ zum Konjunktiv:
  Τον είδα **που** έφευγε / **να φεύγει** από το σπίτι.
  Ich sah, wie er das Haus verließ / ihn das Haus verlassen.
  Την ακούω **που** παίζει / **να παίζει** κιθάρα.
  Ich höre, wie sie Gitarre spielt / sie Gitarre spielen.
  – in Konsekutivsätzen:
  Έχω τόση δουλειά **που** δεν μπορώ να φύγω διακοπές φέτος.
  Ich habe so viel Arbeit, dass ich dieses Jahr nicht in Urlaub fahren kann.

3. Die Substantive auf -δες im Plural A 6

Zu den Substantiven auf **-δες** im Plural gehören Maskulina und Feminina. Gemeinsames Kennzeichen ist, dass sie im Plural eine Silbe mehr haben als im Singular. Im Nominativ Plural enden sie auf **-άδες, -ούδες, -έδες** bzw. **-ηδες**.

	Singular			Plural		
Nom.	η	κυρ**ά**	αλεπ**ού**	οι	κυρ**άδες**	αλεπ**ούδες**
Gen.	της	κυρ**άς**	αλεπ**ούς**	των	κυρ**άδων**	αλεπ**ούδων**
Akk.	την	κυρ**ά**	αλεπ**ού**	τις	κυρ**άδες**	αλεπ**ούδες**
Vok.		κυρ**ά**	αλεπ**ού**		κυρ**άδες**	αλεπ**ούδες**

- Wie η κυρά *volkstümlich Frau, Herrin* werden η μαμά *Mama*, η γιαγιά *Oma* dekliniert;
- Wie η αλεπού *Fuchs* werden η μαϊμού *Affe*, η φωνακλού *weiblicher Schreihals*, η καβγατζού *streitsüchtige Frau*, u.a. dekliniert.

		Singular			Plural	
Nom.	ο	ψαράς	παππούς	οι	ψαράδες	παππούδες
Gen.	του	ψαρά	παππού	των	ψαράδων	παππούδων
Akk.	τον	ψαρά	παππού	τους	ψαράδες	παππούδες
Vok.		ψαρά	παππού		ψαράδες	παππούδες

		Singular			Plural	
Nom.	ο	καφές	μανάβης	οι	καφέδες	μανάβηδες
Gen.	του	καφέ	μανάβη	των	καφέδων	μανάβηδων
Akk.	τον	καφέ	μανάβη	τους	καφέδες	μανάβηδες
Vok.		καφέ	μανάβη		καφέδες	μανάβηδες

- Wie ο ψαράς *Fischer* werden ο παπάς *Pope*, ο μπαμπάς *Papa*, ο γαλατάς *Milchmann*, u.a. dekliniert;
- Wie ο καφές *Kaffee* dekliniert man auch ο μεζές *Vorspeise*, ο καναπές *Sofa*, u.a.
- Wie ο μανάβης *Obst- und Gemüsehändler* dekliniert man auch ο βαρκάρης *Bootsmann*, ο καφετζής *Kaffeehausbesitzer*, sowie einige männliche Vornamen wie ο Γιάννης, ο Βασίλης, ο Μανόλης u.a.

4. Die Stellung der Personalpronomen im Konjunktiv und Futur **A 9**

In Lektion 5 haben Sie die Stellung der schwachen und starken Personalpronomen im Präsens gelernt. Im Konjunktiv und Futur stehen die Pronomen zwischen der Partikel und dem Verb. Auch hier gilt: Die Genitivform (indirektes Objekt) steht vor der Akkusativform (direktes Objekt).

Θέλω να **μας** δώσετε ένα δίκλινο δωμάτιο.
*Ich möchte, dass Sie **uns** ein Zweibett-Zimmer geben.*
Θέλω να **μας το** δώσετε.
*Ich möchte, dass Sie **es uns** geben.*
Ας δώσουμε και στη Δέσποινα μία πρόσκληση.
Lass uns auch Despina eine Einladung geben.
Ας **της τη** δώσουμε. *Lass uns **sie ihr** geben.*
Να μην πεις στη Σοφία ότι είδες το Νίκο!
Sag Sophia nicht, dass du Nikos gesehen hast!
Μην **της το** πεις. *Sag **es ihr** nicht.*
Ο Γιώργος θα **σου** δείξει ένα όμορφο ξενοδοχείο.
*Jorgos wird **dir** ein schönes Hotel zeigen.*
Ο Γιώργος θα **σου το** δείξει.
*Jorgos wird **es dir** zeigen.*

Χρήση των ελληνικών A 1, 2

Floskeln haben im griechischen Alltag einen hohen Stellenwert, sie sind aus dem alltäglichen Leben nicht wegzudenken. Die guten Wünsche sind dabei so vielfältig wie die Anlässe. So ist es z.B. üblich, sich zum Ersten eines Monats einen "guten Monat" zu wünschen und jeden Montag "eine gute Woche".

Wunsch	Anlass
συγχαρητήρια!	*"Herzlichen Glückwunsch!"*
χρόνια πολλά!	*zu vielen Anlässen (Geburtstag, Namenstag, Ostern, Weihnachten, Neujahr)*
να τα εκατοστίσεις!	*zum Geburtstag*
να ζήσετε!	*zur Hochzeit*
να σας ζήσει!	*zur Geburt*
και του χρόνου!	*zu alljährlich wiederkehrenden Festen*
πάντα άξιος / άξια!	*dem Paten / der Patin nach der Taufe, dem Trauzeugen / der Trauzeugin nach der Hochzeit*
συλλυπητήρια	*im Trauerfall*
καλώς ήλθες / ήλθατε!	*"Willkommen!"*
στο καλό!	*zum Abschied*
καλή εβδομάδα / χρονιά!	*zum Wochenanfang / zum Jahresanfang*
καλό μήνα / χειμώνα!	*zum Monatsanfang / zum Sommerende*
με γεια!	*zum Kauf eines neuen Kleidungsstückes oder zum neuen Haarschnitt*
να 'σαι καλά!	*"Gott segne dich" oder "Gern geschehen" (wörtl.: es soll dir gut gehen)*

Άλλες χρήσιμες εκφράσεις A 1

Im Hotel

η ρεσεψιόν	*Rezeption (unv)*	το μονόκλινο	*Einbettzimmer*
το δωμάτιο	*Zimmer*	το δίκλινο	*Zweibettzimmer*
η ημιδιατροφή	*Halbpension*	το τρίκλινο	*Dreibettzimmer*
η πλήρης διατροφή	*Vollpension*	το κλειδί	*Schlüssel*

Reise mit dem Schiff, dem Auto, der Bahn oder dem Flugzeug

το ταξίδι	*Reise*	το τρένο	*Zug*
οι πληροφορίες	*Informationen*	οι γραμμές	*Schienen*
το πρακτορείο	*Busbahnhof*	το αεροδρόμιο	*Flughafen*
η βαλίτσα	*Koffer*	το αεροπλάνο	*Flugzeug*
η άφιξη	*Ankunft*	η πτήση	*Flug*
η αναχώρηση	*Abfahrt, -flug*	ο / η αεροσυνοδός	*Steward(ess)*
το λιμάνι	*Hafen*	η εθνική οδός	*Autobahn*
το φέρι μποτ	*Fähre (unv)*	η πινακίδα	*Schild*
η καμπίνα	*Kabine*	τα διόδια	*Maut (nur im Pl)*
ο σταθμός	*Bahnhof*	η κυκλοφορία	*Verkehr*

i **Orthodoxie, Hochzeit, Taufe**
Die Orthodoxie spielt in Griechenland nach wie vor eine wichtige Rolle. 97% der Griechen gehören der griechisch-orthodoxen Kirche an. Die Riten und Feste der Kirche sind fester Bestandteil des gesellschaftlichen Lebens, ohne dass Gläubigkeit eine Voraussetzung dafür wäre. Die Taufe ist dabei so selbstverständlich wie die kirchliche Trauung, durch die sich eine zusätzliche standesamliche Trauung sogar erübrigt.
Die meisten Griechen sind auf den Namen eines Heiligen getauft – und der Namenstag (η γιορτή) ist mindestens ebenso wichtig wie der Geburtstag (τα γενέθλια). Bei der Taufe ist die Patentante (νονά) bzw. der Patenonkel (νονός) die wichtigste Person nach dem Täufling. Sie ist vor der Taufe meist nicht mit den Eltern des Kindes verwandt, aber die Beziehung danach ist "verwandtschaftsähnlich". Man nennt sich gegenseitig κουμπάρος bzw. κουμπάρα.
Dasselbe Wort ist auch für den Trauzeugen bzw. die Trauzeugin vorgesehen. Auf der Hochzeit sind sie die wichtigsten Personen gleich nach dem Brautpaar und in der Regel werden sie später auch Paten des ersten Kindes.

Ασκήσεις

1 Ein Wort passt nicht in die Reihe. Streichen Sie es durch!

1. ρεσεψιόν	δίκλινο	~~πάτωμα~~	ημιδιατροφή
2. λεωφορείο	αυτοκίνητο	αεροσυνοδός	διόδια
3. να ζήσετε!	να σας ζήσει!	να τα εκατοστίσεις!	να φύγεις!
4. με γεια	βάφτιση	νονά	παπάς
5. κατάστρωμα	φέρι μποτ	λιμάνι	εθνική οδός
6. πτήση	άφιξη	αναχώρηση	ερώτηση

2 Was passst zusammen? Ordnen Sie zu.

1.	Ο Βασίλης έχει τη γιορτή του, του εύχομαι	**a.**	Καλό χειμώνα!
2.	Είναι Δευτέρα. Η Ιωάννα στο γραφείο μας λέει	**b.**	Να σας ζήσει!
3.	Η Δέσποινα βάφτισε το μωρό μου. Μπράβο και	**c.**	Με γεια!
4.	Έχουμε κοριτσάκι!	**d.**	Να τα εκατοστίσεις!
5.	Οι διακοπές τελείωσαν.	**e.**	χρόνια πολλά!
6.	Πήρες καινούριο πουκάμισο;	**f.**	πάντα άξια!
7.	Φίλιππε, έχεις σήμερα γενέθλια!	**g.**	καλή βδομάδα!

3 **ό,τι** oder **ότι**? Tragen Sie ein.

1. Είπε *ότι*........ η Δέσποινα θα βαφτίσει το μωρό τους.
2. .... και να κάνει η Λίτσα, ο Γιάννης θα την αγαπάει.
3. Λέει .... θα μείνουν στη Θεσσαλονίκη όλο το καλοκαίρι.
4. Αυτή έφυγε για διακοπές και αυτός έκανε .... ήθελε.
5. .... φας και .... πιεις θα το πληρώσω εγώ.
6. Νομίζει .... την είδε να φεύγει από το σπίτι με το Γιάννη.

4 In den Antworten auf die Fragen fehlen die Relativpronomen. Setzen Sie sie ein.

κάτι που	όποια	που ✔	όσοι	εκείνη που	αυτός που

1. Ποιος ήταν αυτός; Ο Μάρτιν *που*.................... έφτασε χτες από τη Γερμανία.
2. Ποιος παπάς βάφτισε την κόρη σου; .... βάφτισε και το γιο μου.
3. Ποια εφημερίδα να σου φέρω; .... διαβάζω κάθε Κυριακή.
4. Ποια θα χορέψει με τον Αλέξανδρο; Ας χορέψει .... θέλει.
5. Πόσοι θα φάνε κρέας; .... θέλουν να φάνε κρέας. Για τους άλλους έχει ψάρι.
6. Τα γεμάτα ξενοδοχεία είναι .... δε μ' αρέσει καθόλου.

5 Konjunktion, Fragewort oder Pronomen? Entscheiden Sie sich für die richtige Schreibweise und streichen Sie das falsche Wort durch.

1. *Πώς* / ~~*πως*~~ το γράφουν στα ελληνικά το όνομά σου;
2. Ήταν τόσο όμορφα στο νησί *πού* / *που* δεν ήθελα να φύγω.
3. *Πώς* / *πως* να της το πω, *ότι* / *ό,τι* θα φύγω μόνος διακοπές;
4. Συγνώμη *που* / *πού* δε σε ρώτησα ποιους να καλέσω.
5. Έλεγε *πώς* / *πως* ο Φίλιππος ήταν ο πιο όμορφος στην τάξη του.
6. Την έβλεπα *που* / *πού* έδινε το γράμμα στο Γιάννη.
7. *Που* / *πού* να έβαλε ο Μάκης το φυλλάδιο;
8. *Ότι* / *ό*,τι της είπε χτες, τα ξέχασε όλα.

6 Setzen Sie das Substantiv in der jeweils richtigen Form ein.

1. Η Ελένη έκανε πέντε *καφέδες* (καφές) αλλά οι επισκέπτες ήταν μόνο δύο.
2. Η γιορτή των .... (Βασίλης) είναι την 1η Ιανουαρίου.
3. Η μεγαλύτερη .... (φωνακλού) της γειτονιάς ήταν η .... (γιαγιά) της .... (μαμά) μου.
4. Οι .... (παπάς) στην Ελλάδα φοράνε μαύρα ρούχα.
5. Η Λίτσα χαζεύει τους .... (βαρκάρης) με τις βάρκες τους.
6. Οι .... (παππούς) και οι .... (γιαγιά) λένε όμορφα τραγούδια.

7 Litsa versucht Jannis zu überzeugen und beschreibt, wie der Urlaub sein wird. Jannis bleibt lieber zu Hause und hat andere Argumente:

περνάω	θαυμάζω	ξεχνάω	απολαμβάνω ✔	δοκιμάζω

μένω	βάφω	αγοράζω	κάνω	φυτεύω

1. *Θα απολαύσεις* τη θάλασσα.
2. .... τη θέα.
3. .... τους καταπληκτικούς μεζέδες.
4. .... για λίγο τη δουλειά σου.
5. .... υπέροχα!

a. .... στο σπίτι.
b. .... κλιματιστικό.
c. .... τα δωμάτια.
d. .... τα λουλούδια.
e. .... τις δουλειές μου.

8 Paratatisches oder aoristisches Futur? Entscheiden Sie:

1. πίνω

a. Η Βασιλική με το λεμονάτο αρνάκι *θα πιει* .... κόκκινο κρασί.

b. Στο ξενοδοχείο ο Παναγιώτης .... κάθε πρωί καφέ.

2. βαφτίζω

a. Η Λίνα και ο Γιώργος .... το μωρό τους στην Ύδρα.

b. Ο Παπά-Πέτρος .... τα μωρά του χωριού.

3. τρώω

a. Η Ιωάννα .... κάθε βράδυ στην ταβέρνα του κυρ Θωμά.

b. Ο Θόδωρος .... στη μαμά του που κάνει υπέροχο παστίτσιο.

4. φτιάχνω

a. Η Ελένη .... μια πίτα για τη γιορτή του Νίκου.

b. Η Μαρία .... πάντα τις πίτες με τη βοήθεια της μαμάς της.

9 Ersetzen Sie das direkte und indirekte Objekt. Beschränken Sie sich dabei auf die notwendigen Satzteile und achten Sie auf die richtige Stellung!

1. Ο Μάρτιν θα δείξει το καινούριο του διαμέρισμα στα παιδιά.

Θα τους το δείξει. ....

2. Ο Γιώργος θέλει να δώσει λουλούδια στη Λίνα που έχει γενέθλια.

....

3. Μη στείλεις αυτό το γράμμα στους γονείς σου.

....

4. Η Αγγελική θα πει την καλή είδηση στη γιαγιά της.

....

5. Ας δώσει η Λίνα τον καφέ στο Νίκο.

....

6. Μη λες όλη την ώρα στη Λίτσα ότι πρέπει να αδυνατίσει.

....

1 Lesen Sie den Urlaubsbericht von Maria und Alekos und entscheiden Sie dann, ob die Aussagen richtig oder falsch sind.

Την περασμένη βδομάδα πήγαμε με το καράβι στην Πάρο. Περάσαμε πραγματικά υπέροχα. Μείναμε στο σπίτι της Ειρήνης, που είναι τεράστιο. Μετά το πρωινό συνήθως πηγαίναμε στην παραλία. Ο Αλέκος έπινε τον καφέ του και διάβαζε την εφημερίδα του κάτω από την ομπρέλα, ενώ εγώ έκανα ηλιοθεραπεία, κολυμπούσα στη θάλασσα και χάζευα τους ψαράδες. Τα απογεύματα κάναμε εκδρομές στα γραφικά χωριά του νησιού. Προχθές γυρίσαμε στην Αθήνα και τη Δευτέρα θα αρχίσουμε να δουλεύουμε.

		σωστό	λάθος
1.	Η Μαρία και ο Αλέκος πήγανε την περασμένη βδομάδα στην Πάρο.	☐	☐
2.	Το σπίτι της Ειρήνης είναι πολύ μικρό.	☐	☐
3.	Μετά το πρωινό κάνανε εκδρομές.	☐	☐
4.	Τη Δευτέρα θα αρχίσουνε να δουλεύουνε.	☐	☐

Punkte ....../4

2 Setzen Sie das Verb ein. Aòristos oder Paratatikòs?

1. Όταν ήμουν φοιτητής .... (πίνω) πολύ καφέ.

2. Ο Μάρτιν .... (ξοδεύω) χτες πολλά λεφτά.

3. Εσείς .... (πηγαίνω) ποτέ στην Ξάνθη;

4. Η Λία το καλοκαίρι .... (τρώω) κάθε μέρα παγωτό.

5. Λίτσα, γιατί δε μου .... (στέλνω) μήνυμα χθες;

6. Η Ελένη .... (συναντάω) το Σπύρο στο δρόμο.

Punkte ....../6

3 Verwenden Sie bei Ihrer Antwort das passende Pronomen.

1. Διάβασες το βιβλίο; *Ναι,* ....

2. Αγόρασες τα φρούτα; *Όχι,* ....

3. Θα μου δώσεις τις μπλούζες; *Ναι,* ....

4. Θα μου φέρεις το ποτήρι; *Όχι,* ....

5. Να τους δώσουμε τις προσκλήσεις; *Ναι,* ....

6. Να του δείξουμε το ξενοδοχείο; *Όχι,* ....

Punkte ....../6

4 Setzen Sie das Substantiv ein. Achten Sie auf Numerus und Kasus.

1. Σ' εκείνο το χωριό έχει πολλούς .... (παπάς).
2. Οι παραλίες της .... (Πάρος) είναι πολύ ωραίες.
3. Η τράπεζα είναι στη .... (λεωφόρος) Αλεξάνδρας.
4. Έκανες τις .... (άσκηση);
5. Στην Ελλάδα οι .... (μανάβης) είναι φτηνοί;
6. Πόσα .... (γάλα) αγόρασες;

Punkte ....../6

5 Setzen Sie das Verb ein. Paratatischer oder aoristischer Konjunktiv?

1. Η Λίτσα σταμάτησε .... (καπνίζω).
2. Είναι ώρα τα παιδιά .... (πάω) για ύπνο.
3. Η Κάτριν αρχίζει .... (μαθαίνω) ελληνικά.
4. Βλέπω τα κορίτσια .... (χορεύω).
5. Μας αρέσει .... (κολυμπάω).
6. Περιμένω .... (πίνω) ο Τάκης τον καφέ του.

Punkte ....../6

6 Konjunktion, Fragewort oder Pronomen? Streichen Sie das falsche Wort durch.

1. Συγνώμη, μήπως ξέρετε που / πού είναι η οδός Βενιζέλου;
2. Μου είπε ότι / ό,τι δεν είδε την Ελένη.
3. Λυπάμαι που / πού πρέπει να φύγω.
4. Δεν ξέρω πως / πώς να της το πω.
5. Θυμάσαι που / πού έβαλα τα τσιγάρα μου.
6. Βρήκε ό,τι / ότι ήθελε στο παζάρι.

Punkte ....../6

Gesamt ....../34

Diese Lektion behandelt folgende Themen:
- Kleidung, Farben und Materialien
- das Ausdrücken von Aufforderungen und Verboten
- den **Imperativ** und den **verneinten Imperativ**
- die Stellung der **Personalpronomen** im Imperativ
- die **Adjektive** auf **-ύς**, **-ιά**, **-ύ**
- die **Neutra** auf **-ος**

Μάθημα 11

Bei uns finden Sie alles!

Damenkleidung, Herrenkleidung
und Kinderkleidung in allen Größen.
Schuhe für alle Anlässe und für
jeden Geschmack.
Schwangerschaftskleidung und
Artikel für die Ausstattung
Ihres Babys.
Schultaschen, Hefte, Bleistifte
für das neue Schuljahr.
Kinderwagen, Bettchen und eine
unglaubliche Vielfalt an Spielsachen.
Bei uns finden Sie alles!
Zögern Sie nicht! Kommen Sie
in unser neues Geschäft.
Kaufen Sie alles, was Sie brauchen!
Und bezahlen Sie in Raten!
Kommen Sie nicht zu spät,
verpassen Sie nicht unsere Angebote,
die bis Ende des Monats gültig sind.

Τι καινούριο έχουμε;

Der Imperativ A 4

Im Text haben Sie eine neue Verbform kennengelernt: den **Imperativ**, die Befehlsform. Der Imperativ wird verwendet, um Aufforderungen und Verbote auszudrücken, um Ratschläge und Empfehlungen zu geben.
Auch der Imperativ kennt beide Aspekte, den **aoristischen**: Πληρώστε σε δόσεις! *Bezahlen Sie in Raten!* und den **paratatischen**: Πληρώνετε τις δόσεις σας κάθε μήνα! *Bezahlen Sie Ihre Raten jeden Monat!*
Der aoristische Aspekt wird jedoch häufiger gebraucht.
Für die Bildung des paratatischen Imperativs verwenden Sie den paratatischen Stamm; für die Bildung des aoristischen Imperativs den aoristischen Stamm.

Grundform	Aóristos	paratatischer Imperativ		aoristischer Imperativ	
		2. Pers. Sg	2. Pers. Pl	2. Pers. Sg	2. Pers. Pl
πληρών-ω	πλήρωσ-α	πλήρων-**ε**	πληρών-**ετε**	πλήρωσ-**ε**	πληρώσ-**τε**

Bei den Singularformen verschiebt sich der Akzent um eine Silbe nach links.

Einige Verben bilden den Plural des aoristischen Imperativs mit der Endung **-ετε**: κατάλαβα ▸ καταλάβ-ετε *versteht / verstehen Sie*, έμαθα ▸ μάθ-ετε *lernt / lernen Sie*, έμεινα ▸ μείν-ετε *bleibt / bleiben Sie*, περίμενα ▸ περιμέν-ετε *wartet / warten Sie*, έφυγα ▸ φύγ-ετε *geht / gehen Sie*.

Die Verneinung beim Imperativ

Der Imperativ kann im Griechischen nicht verneint werden: dem deutschen verneinten Imperativ entspricht der **verneinte Konjunktiv** (→ Lektion 9):
Μην πληρώσετε αμέσως! *Bezahlen Sie nicht sofort!*
Verneinte Aufforderungen bzw. Verbote beabsichtigen oft, einer Handlung Einhalt zu bieten, die schon im Gange ist, oder sie sind allgemeiner Art. Deshalb wird in der Regel der paratatische Aspekt in diesen Fällen verwendet:
Μην καθυστερείτε! *Vergeuden Sie keine Zeit!*
Μην καπνίζετε! *Rauchen Sie nicht! bzw. Rauchen verboten!*

Der Konjunktiv als Alternative zum Imperativ

Auch anstelle des bejahten Imperativs kann alternativ der Konjunktiv verwendet werden. Der Imperativ ist etwas direkter, während der Konjunktiv etwas vorsichtiger und höflicher klingt:
Περάστε από το κατάστημά μας! Να περάσετε από το κατάστημά μας!
Schauen Sie in unserem Geschäft vorbei (wörtl.: Kommen Sie vorbei)!

Η ωραιότερη της βραδιάς

Στο νέο πολυκατάστημα ...

Ιωάννα: Τι ακριβώς χρειάζεσαι;

Λίτσα: Θα πάμε σε μια δεξίωση σε ένα ξενοδοχείο πέντε αστέρων και θέλω να είμαι πολύ όμορφη, θέλω κάτι εντυπωσιακό.

Ιωάννα: Κοίτα αυτή τη ροζ φούστα, είναι καταπληκτική και ο ταφτάς φέτος είναι πολύ της μόδας.

Λίτσα: Αλήθεια, είναι πολύ ωραία, αλλά δεν ξέρω αν μου πάει αυτό το μάκρος.

Ιωάννα: Μα για βραδινή έξοδο μακριά φούστα να πάρεις. Δοκίμασέ την και βλέπουμε!

Πωλήτρια: Μπορώ να σας βοηθήσω;

Λίτσα: Μπορώ να προβάρω αυτή τη φούστα;

Πωλήτρια: Βεβαίως, περάστε στο δοκιμαστήριο. Τι νούμερο φοράτε;

Λίτσα: Εξαρτάται, 40, 42.

Πωλήτρια: Ορίστε! Πώς είναι;

Λίτσα: Είναι πολύ στενή, φέρτε μου σας παρακαλώ το μεγαλύτερο νούμερο ... Πώς τη βλέπετε; Μου πάει;

Ιωάννα: Τέλεια είναι! Άκου δεν της πάνε οι μακριές φούστες!

Πωλήτρια: Πράγματι, έστρωσε επάνω σας πολύ ωραία. Την έχουμε και σε μαύρο.

Λίτσα: Το χρώμα μου αρέσει και το ύφασμα είναι πολύ ωραίο. Με τι μπλούζα θα τη βάλω;

Πωλήτρια: Συνδυάστε τη με αυτό το μοβ ζιβάγκο. Να το φέρω στο νούμερό σας;

Λίτσα: Αχ, όχι, μη μου το φέρετε, με τα ζιβάγκο με πιάνει φαγούρα, είναι και μάλλινο.

Ιωάννα: Δες αυτό το άσπρο πουκάμισο με τις πούλιες, ταιριάζει απόλυτα.

Λίτσα: Ο συνδυασμός είναι τέλειος και αυτό το ντεκολτέ νομίζω ότι μου πάει.

Ιωάννα: Να το πάρεις οπωσδήποτε, θα είσαι η ωραιότερη της βραδιάς!

Λίτσα: Έλα, πάμε τώρα να διαλέξουμε και παπούτσια και τσάντα.

Ιωάννα: Στη βιτρίνα είδα ένα ζευγάρι καφέ ψηλοτάκουνες γόβες και μια ταιριαστή δερμάτινη τσάντα.

Λίτσα: Πολύ ωραία, και μετά κερνάω καφέ!

Λεξιλόγιο

Σε μας θα βρείτε τα πάντα!	
γυναικείος, -α, -ο	*Frauen-, Damen-*
αντρικός, -ή, -ό	*Männer-, Herren-*
το μέγεθος	*Größe*
το παπούτσι	*Schuh*
η εγκυμοσύνη [eɲɟimo'sini]	*Schwangerschaft*
το είδος	*Artikel*
η προίκα	*Aussteuer, Ausstattung*
σχολικός, -ή, -ό	*Schul-*
η τσάντα	*Tasche*
το τετράδιο	*Heft*
το μολύβι	*Bleistift*
η χρονιά [xro'ɲa]	*Jahr*
το καρότσι	*(Kinder-)Wagen*
απίστευτος, -η, -ο	*unglaublich*
η ποικιλία [pici'lia]	*Vielfalt*
καθυστερώ	*zögern, (sich) verspäten*
το κατάστημα	*Geschäft, Laden*
χρειάζομαι	*brauchen*
η δόση	*Rate*
προλαβαίνω	*(noch rechtzeitig) erreichen, es schaffen*
η προσφορά	*Angebot*
ισχύω [i'sçio]	*gelten*
το τέλος	*Ende*
Η ωραιότερη της βραδιάς	
η βραδιά [vra'ðja]	*Abend*
το πολυκατάστημα	*Kaufhaus*
η δεξίωση	*Empfang*
πέντε αστέρων	*Fünf-Sterne-*
εντυπωσιακός, -ή, -ό	*beeindruckend*
ροζ *unv*	*rosa*
η φούστα	*Rock*
ο ταφτάς	*Taft*
η μόδα	*Mode*
της μόδας	*modern, in Mode*
μου πάει	*es steht mir*
το μάκρος	*Länge*
βραδινός, -ή, -ό	*abendlich*
η έξοδος	*hier: Ausgehen*
μακρύς, -ιά, -ύ	*lang*
προβάρω	*anprobieren*
το δοκιμαστήριο	*Umkleidekabine*
το νούμερο	*Nummer, Größe*
εξαρτάται *3. Pers. Sg*	*es hängt davon ab*
στενός, -ή, -ό	*eng*
τέλειος, -α, -ο	*perfekt*
πράγματι	*tatsächlich*
στρώνω	*sitzen (Kleidungsstück)*
το χρώμα	*Farbe*
το ύφασμα ['ifazma]	*Stoff*
βάζω	*hier: anziehen*
συνδυάζω	*kombinieren*
μοβ *unv*	*lila*
το ζιβάγκο *unv* [zi'vago] *oder* [zi'vaŋko]	*Rollkragenpullover*
με πιάνει [me‿'pçani]	*es überkommt mich*
η φαγούρα	*Juckreiz*
μάλλινος, -η, -ο	*aus Wolle*
η πούλια ['puʎa]	*Paillette*
ταιριάζω (με) [ter'jazo]	*passen*
απόλυτα	*absolut*
ο συνδυασμός [sinðia'zmos]	*Kombination*
το ντεκολτέ *unv*	*Dekolleté, Ausschnitt*
οπωσδήποτε	*auf jeden Fall*
η βιτρίνα	*Schaufenster*
το ζευγάρι [ze'vɣari]	*Paar*
καφέ *unv*	*braun*
ψηλοτάκουνος, -η, -ο	*hochhackig*
η γόβα	*Pumps*
ταιριαστός, -ή, -ό	*passend*
κερνάω	*zu etw. einladen, spendieren*

Γραμματική

1. Der Imperativ der Verben der άς- Konjugation A 4

Grundform	Aόristos	paratatischer Imperativ		aoristischer Imperativ	
		2. Pers. Sg	2. Pers. Pl	2. Pers. Sg	2. Pers. Pl
αγαπ-άω	αγάπησ-α	αγάπ-**α**	αγαπ-**άτε**	αγάπησ-**ε**	αγαπήσ-**τε**

Bei den Verben der άς-Konjugation benutzt man häufig den paratatischen anstelle des aoristischen Imperativs:
Ρώτα (statt ρώτησε) την πωλήτρια. *Frag die Verkäuferin.*

2. Unregelmäßige Imperativformen A 4, 5

Folgende Verben bilden den paratatischen Imperativ regelmäßig, den aoristischen jedoch unregelmäßig: Sie enden im Singular auf -ς und im Plural sind zwei Formen möglich.

Grundform	Aόristos	aoristischer Imperativ	
		2. Pers. Singular	2. Pers. Plural
βλέπω *sehen*	είδα	δες	δείτε / δέστε
πίνω *trinken*	ήπια	πιες	πιείτε / πιέστε
λέω *sagen*	είπα	πες	πείτε / πέστε
βγαίνω *hinausgehen*	βγήκα	βγες	βγείτε / βγέστε
μπαίνω *hineingehen*	μπήκα	μπες	μπείτε / μπέστε
βρίσκω *finden*	βρήκα	βρες	βρείτε / βρέστε

Weitere unregelmäßige Imperative

Grundform	Aόristos	aoristischer Imperativ	
		2. Pers. Singular	2. Pers. Plural
ανεβαίνω *hinaufgehen*	ανέβηκα	ανέβα	ανεβείτε
αφήνω *lassen*	άφησα	άφησε / άσε	αφήστε / άστε
έρχομαι *kommen*	ήρθα	έλα	ελάτε
κατεβαίνω *hinuntergehen*	κατέβηκα	κατέβα	κατεβείτε
πάω / πηγαίνω *gehen*	πήγα	πήγαινε	πηγαίνετε / πάτε
σωπαίνω *schweigen*	σώπασα	σώπασε / σώπα	σωπάστε
τρώω *essen*	έφαγα	φάε	φάτε

3. Die Stellung der Personalpronomen beim Imperativ A 6

In Lektion 5 haben Sie gelernt, dass das schwache Personalpronomen vor dem Verb steht:
Μου δίνεις μια φούστα. *Du gibst **mir** einen Rock.*
Μου τη δίνεις; *Gibst du **ihn mir**?*

Beim Imperativ steht das Personalpronomen nach dem Verb:
Φέρτε **μου** το μικρότερο νούμερο! *Bringen Sie **mir** die kleinere Größe!*
Im Regelfall steht die Genitivform (indirektes Objekt) vor der Akkusativform (direktes Objekt).
Φέρτε **μου το**! *Bringen Sie **es mir**!*

Beachten Sie, dass die Akkusativform des femininen Personalpronomens im Plural **τες** statt **τις** ist.
Να **τις** φέρεις. *Du sollst **sie** bringen.*
Φέρ' **τες**! *Bring **sie**!*

Der Schlussvokal des Verbs, also die Endung des Imperativs, kann im Singular entfallen, wenn das folgende Wort mit einem Konsonanten beginnt.
Γράψε το! ▸ Γράψ' το! *Schreibe es!*
Πάρε το! ▸ Πάρ' το! *Nimm es!*

Wird der Imperativ auf der drittletzten Silbe betont und folgt ein Personalpronomen, erhält das Verb einen zweiten Akzent auf der letzten Silbe:
Δοκίμασέ την! *Probiere sie an!*

4. Die Adjektive auf *-ύς, -ιά, -ύ* A 3

	Singular Maskulin	Feminin	Neutrum	Plural Maskulin	Feminin	Neutrum
Nom.	φαρδύς	φαρδ**ιά**	φαρδύ	φαρδ**ιοί**	φαρδ**ιές**	φαρδ**ιά**
Gen.	φαρδ**ιού**	φαρδιάς	φαρδ**ιού**	φαρδιών	φαρδιών	φαρδιών
Akk.	φαρδύ	φαρδιά	φαρδύ	φαρδιούς	φαρδιές	φαρδιά
Vok.	φαρδύ	φαρδιά	φαρδύ	φαρδιοί	φαρδιές	φαρδιά

Wie φαρδύς *breit* werden auch μακρύς *lang, weit*, βαθύς *tief*, βαρύς *schwer*, ελαφρύς *leicht*, πλατύς *breit, weit*, παχύς *fett* dekliniert.
Die entsprechenden Adverbien lauten: μακριά, βαθιά, βαριά, ελαφριά, πλατιά, παχιά.

5. Die Neutra auf -ος A 2, 3

Bisher haben Sie die Neutra auf **-ι**, auf **-ο** und auf **-μα** kennengelernt. Es gibt jedoch auch Neutra auf **-ος**, Plural **-η**:

το μέγεθος *die Größe*	**Singular**	**Plural**
Nom.	το μέγεθος	τα μεγέθη
Gen.	του μεγέθους	των μεγεθών
Akk.	το μέγεθος	τα μεγέθη
Vok.	μέγεθος	μεγέθη

- Die Substantive, die auf der drittletzten Silbe betont werden, verschieben den Akzent im Gen. Sg und im Nom., Akk. und Vok. Pl auf die vorletzte Silbe.
- Die Neutra auf **-ος** werden im Gen. Pl auf der letzten Silbe betont.

Wie μέγεθος werden auch το βάθος *Tiefe*, το βάρος *Gewicht*, το πλάτος *Breite*, το φάρδος *Weite*, το μάκρος *Länge*, το πάχος *Durchmesser*, *Fett*, το ύψος *Höhe*, *Größe*, sowie auch το λάθος *Fehler*, το είδος *Artikel*, *Sorte*, *Art*, το κράτος *Staat*, το τέλος *Ende*, το δάσος *Wald*, το έδαφος *Boden*, το έθνος *Nation* u.a. dekliniert.

Χρήση των ελληνικών

Die Farbadjektive A 7

άσπρος, -η, -ο	*weiß*	μπλε	*blau*
μαύρος, -η, -ο	*schwarz*	ροζ	*rosa*
κόκκινος, -η, -ο	*rot*	καφέ	*braun*
πράσινος, -η, -ο	*grün*	γκρι	*grau*
κίτρινος, -η, -ο	*gelb*	μοβ	*lila*
γαλάζιος, -α, -ο	*hellblau*	μπεζ	*beige*
ασπρόμαυρος, -η, -ο	*schwarzweiß*	πορτοκαλί	*orange*

Die Farbadjektive der linken Spalte werden dekliniert. Die Farbadjektive der rechten Spalte sind unveränderlich. Sie haben vielleicht an der Aussprache bemerkt, dass es sich bei letzteren um Fremdwörter handelt.

Άλλες χρήσιμες εκφράσεις

Materialien A 7

το μαλλί μάλλινος, -η, -ο	*Wolle* *aus Wolle*	το ξύλο ξύλινος, -η, -ο	*Holz* *aus Holz*
το βαμβάκι βαμβακερός, -ή, -ό	*Baumwolle, Watte* *aus Baumwolle*	η πέτρα πέτρινος, -η, -ο	*Stein* *aus Stein*
το μετάξι μεταξωτός, -ή, -ό	*Seide* *aus Seide*	το γυαλί γυάλινος, -η, -ο	*Glas* *aus Glas*
το βελούδο βελούδινος, -η, -ο	*Samt* *aus Samt*	το χαρτί χάρτινος, -η, -ο	*Papier* *aus Papier*
το δέρμα δερμάτινος, -η, -ο	*Leder* *aus Leder*	ο πηλός πήλινος, -η, -ο	*Ton* *aus Ton*
συνθετικός, -ή, -ό	*aus Synthetik, Kunststoff*	το πλαστικό πλαστικός, -ή, -ό	*Plastik* *aus Plastik*
λινός, -ή, -ό	*aus Leinen*	κεραμικός, -ή, -ό	*aus Keramik*

Kleidungsstücke A 1, 7

το φουστάνι / το φόρεμα	*Kleid*	η γραβάτα	*Krawatte*
		το κασκόλ	*Schal (unv)*
η φούστα	*Rock*	το καπέλο	*Hut*
το παντελόνι	*Hose*	τα γάντια	*Handschuhe*
η μπλούζα	*T-Shirt, leichter Pulli*	οι κάλτσες	*Socken, Strümpfe*
το πουκάμισο	*Hemd, Bluse*	το καλτσόν	*Strumpfhose (unv)*
το πουλόβερ	*Pullover (unv)*	τα παπούτσια	*Schuhe*
το παλτό	*Mantel*	οι μπότες	*Stiefel*
το μπουφάν	*Jacke, Blouson (unv)*	τα πέδιλα / τα σανδάλια	*Sandalen*
η ζακέτα	*Strickjacke, Jacke*		
το σακάκι	*Anzugjacke, Kostümjacke, Jackett*	η τσάντα	*Tasche*
		το μαγιό	*Badeanzug, Badehose (unv)*
το κουστούμι	*Anzug, Kostüm*		

Ασκήσεις

1 Sie finden das Lösungswort, wenn Sie wissen, wie die Kleidungsstücke heißen:
1. Hose; 2. Krawatte; 3. Blouson; 4. Rock; 5. Jackett; 6. Tasche; 7. Kleid

1.						π	α	ν	τ	ε	λ	ό	ν	ι
2.					γ	....	....	....	....	τ	....			
3.	....	π	....	....	....	....	ν							
4.			φ	....	....	....	τ	....						
5.	....	α	....	....	κ	....								
6.			τ	....	....	....	....	....						
7.					....	....	υ	....	....	....	ν	....		

2 Setzen Sie das Substantiv in der jeweils richtigen Form ein.

1. Ο Μάρτιν δεν κάνει πολλά *λάθη* (λάθος) όταν γράφει ελληνικά.
2. Όχι, δε βγαίνω στο μπαλκόνι, φοβάμαι τα .... (ύψος).
3. Αυτό το .... (έδαφος) δεν είναι και τόσο καλό για λουλούδια.
4. Ποιος ξέρει τα ονόματα αυτών των .... (κράτος);
5. Οι φούστες αυτού του .... (είδος) δε μου αρέσουν καθόλου.
6. Μ' αρέσει να περπατάω στα .... (δάσος) της Γερμανίας!

3 Ergänzen Sie die Lücken in den Fragen mit dem richtigen Adjektiv. Leiten Sie es vom angegebenen Substantiv ab.

1. Πόσο *μακρύ* (μάκρος) είναι αυτό το κρεβάτι;
2. Πόσο .... (βάθος) είναι αυτή η ντουλάπα;
3. Πόσο .... (φάρδος) είναι αυτά τα παντελόνια;
4. Πόσο .... (βάρος) είναι το μωρό;
5. Πόσο .... (πάχος) ήταν ο Γιάννης πριν αδυνατήσει;
6. Πόσο .... (βάρος) είναι αυτοί οι καναπέδες;
7. Πόσο .... (μάκρος) είναι αυτές οι κάλτσες;

4 In folgender Tabelle finden Sie alle Aufforderungen aus dem Dialog (S. 151). Bestimmen Sie, ob es sich um die 2. Person Singular oder Plural handelt, indem Sie in den entsprechenen Spalten ein Kreuz machen. Fügen Sie anschließend die Grundform des Verbs hinzu.

	Imperativ Singular	Imperativ Plural	Konjunktiv Singular	Konjunktiv Plural	Grundform
1. κοίτα	☒	☐	☐	☐	*κοιτάζω*
2. να πάρεις	☐	☐	☐	☐	....
3. δοκίμασε	☐	☐	☐	☐	....
4. περάστε	☐	☐	☐	☐	....
5. φέρτε	☐	☐	☐	☐	....
6. άκου	☐	☐	☐	☐	....
7. συνδυάστε	☐	☐	☐	☐	....
8. μη φέρετε	☐	☐	☐	☐	....
9. δες	☐	☐	☐	☐	....
10. έλα	☐	☐	☐	☐	....

5 Setzen Sie die passenden Verben im Imperativ ein.

σώπα ελάτε βρες πες ✔ δέστε πιες κατεβείτε

1. *Πες* .... μου σε παρακαλώ πού έβαλες την τσάντα μου.
2. .... την πορτοκαλάδα σου, έχει πολλές βιταμίνες*.
3. .... επιτέλους Γιάννη, να ακούσουμε τι λένε τα κορίτσια!
4. .... αργά τις σκάλες**.
5. .... τι ωραία που χορεύει το μικρό κοριτσάκι.
6. .... μου σε παρακαλώ μια πιο στενή φούστα.
7. .... εδώ να δείτε το ύφασμα από κοντά.

* η βιταμίνη: *Vitamin*
** η σκάλα: *Treppe*

6 Wandeln Sie den Indikativ in den Imperativ um und ersetzen Sie dabei das direkte und / oder indirekte Objekt durch das passende Personalpronomen. Achten Sie auf die richtige Stellung!

1. Ο Μάρτιν θα δείξει στα παιδιά το καινούριο του διαμέρισμα.

Μάρτιν, δειξ' τους το!

2. Ο Γιώργος θα δώσει τα λουλούδια στη Λίνα.

....

3. Τα κορίτσια δε θα στείλουν αυτό το γράμμα στους γονείς τους.

....

4. Η Αγγελική θα προβάρει και τις δύο φούστες.

....

5. Η Λίνα θα φέρει τον καφέ στο Νίκο.

....

6. Ο Γιάννης δε λέει στη Λίτσα ότι πρέπει να αδυνατίσει.

....

7 Der Dialog ist durcheinandergeraten. Bringen Sie die Sätze in die richtige Reihenfolge.

1. Έχω ένα πολύ ωραίο λινό.
2. Δεν ξέρω, αλλά έχει περίπου το ίδιο ύψος και βάρος με σας!
3. Τέλεια, θα τα πάρω!
4. Θέλω ένα πουκάμισο για τον άντρα μου σε γκρι.
5. Μ' αυτή τη ροζ, είναι πολύ της μόδας φέτος.
6. Μπορώ να σας βοηθήσω;
7. Αχ ναι, μ' αρέσει. Με τι γραβάτα να το συνδυάσουμε;
8. Τι νούμερο φοράει;

a. 6 **b.** ..... **c.** ..... **d.** ..... **e.** ..... **f.** ..... **g.** ..... **h.** .....

Μάθημα

12

Diese Lektion beschäftigt sich mit:
- dem Thema Gesundheit
- Ausdrücken, die das Befinden beschreiben
- dem **Perfekt**
- dem **Plusquamperfekt**
- dem **perfektischen Futur**
- den **Indefinitpronomen**

Οι «αγαπημένες» επιστήμες των Ευρωπαίων

Το νέο Ευρωβαρόμετρο που κυκλοφόρησε πρόσφατα σε όλες τις χώρες της Ευρωπαϊκής Ένωσης έχει τίτλο «Ευρωπαίοι, Επιστήμη και Τεχνολογία» και αποκαλύπτει τα «αγαπημένα» επιστημονικά θέματα των Ευρωπαίων.

Τα ιατρικά επιτεύγματα είναι εκείνα που ενδιαφέρουν περισσότερο τους πολίτες της Ευρώπης (61 %) και ακολουθούν τα θέματα που αφορούν το περιβάλλον (47%). Περίπου ένας στους τρεις Ευρωπαίους αναφέρει ότι ενδιαφέρεται για «κλασικές» επιστήμες όπως η ιστορία, η λογοτεχνία και η θεολογία. Μόλις το 15% δηλώνει ότι γνωρίζει καλά θέματα όπως η ατμοσφαιρική ρύπανση, ενώ για τις νέες τεχνολογίες το ποσοστό αυτό είναι ακόμη μικρότερο (11%).

Οι γυναίκες και τα άτομα μεγάλης ηλικίας είναι εκείνα που δείχνουν το μεγαλύτερο ενδιαφέρον για τις εξελίξεις στον τομέα της ιατρικής. Το 20% των γυναικών έχουν διαβάσει τουλάχιστον ένα επιστημονικό άρθρο σχετικά με κάποιο ιατρικό θέμα ενώ μόλις το 1,3% έχει ρωτήσει τουλάχιστον μία φορά σε φόρουμ στο διαδύκτιο για κάποιο ιατρικό θέμα.

Die “geliebten” Wissenschaften der Europäer

Das neue Eurobarometer, das kürzlich in allen Ländern der Europäischen Union erschienen ist, hat den Titel “Europäer, Wissenschaft und Technologie” und bringt die “geliebten” wissenschaftlichen Themen (Lieblingsthemen) der Europäer ans Licht.

Die Errungenschaften der Medizin sind jene, die die Bürger Europas am meisten interessieren (61%) und es folgen die Themen, die die Umwelt betreffen (47%). Ungefähr einer von drei Europäern führt an, dass er sich für “klassische” Wissenschaften wie Geschichte, Literatur und Theologie interessiert. Nur 15% erklären, dass sie sich gut in Themen wie Luftverschmutzung auskennen, während der Prozentsatz bei den neuen Technologien noch kleiner ist (11%).

Frauen und ältere Personen sind diejenigen, die das größte Interesse an den Entwicklungen im Bereich der Medizin zeigen. 20% der Frauen haben mindestens einen wissenschaftlichen Artikel, der mit (irgend)einem medizinischen Thema zu tun hat, gelesen, während nur 1,3% mindestens einmal in einem Forum im Internet zu einem medizinischen Thema eine Frage gestellt haben.

Τι καινούριο έχουμε;

Das Perfekt A 5, 6

In dieser Lektion lernen Sie das **Perfekt** im Griechischen kennen. Gebildet wird es mit dem Präsens des Hilfsverbs **έχω** *haben* und dem **Aparémfato** (entspricht dem deutschen Partizip Perfekt) des Hauptverbs. Das Aparémfato ist identisch mit der 3. Person Singular des aoristischen Konjunktivs ohne **να**: διαβάζω *lesen* ▸ **διαβάσει** *gelesen*, ρωτάω *fragen* ▸ **ρωτήσει** *gefragt*.
Im Griechischen wird das Perfekt also immer mit dem Hilfsverb **έχω** gebildet, das der Person und Zahl des Subjekts entsprechend konjugiert wird. Das Aparémfato ist unveränderlich:
Έχουν διαβάσει τουλάχιστον ένα επιστημονικό άρθρο.
Sie haben mindestens einen wissenschaftlichen Artikel (schon) gelesen.
Το 1,3% των γυναικών **έχει ρωτήσει** τουλάχιστον μία φορά σε φόρουμ.
1,3% der Frauen hat mindestens einmal in einem Forum gefragt.

διαβάζω *lesen*			
εγώ	έχω διαβάσει	εμείς	έχουμε διαβάσει
εσύ	έχεις διαβάσει	εσείς	έχετε διαβάσει
αυτός, -ή, -ό	έχει διαβάσει	αυτοί, -ές, -ά	έχουν διαβάσει

Der Gebrauch des Perfekts

Das griechische Perfekt ist im Gegensatz zum deutschen Perfekt kein erzählendes Tempus. Im Griechischen rückt das Perfekt die Folgen oder das Ergebnis einer Handlung bzw. eines Geschehens der Vergangenheit in den Blickpunkt, wenn diese in der Gegenwart relevant sind.
Auf die Frage: Θέλεις να φάμε μαζί; *Willst du mit mir essen?* drückt man durch die Antwort: Έχω φάει. *Ich habe (schon) gegessen.* aus, dass man satt ist. Das Ergebnis der Handlung *essen*, die in der Vergangenheit stattgefunden hat, ist für den jetzigen Zeitpunkt relevant.

Das griechische Perfekt kann in den meisten Fällen durch Aóristos ersetzt werden; bei genauen Zeitangaben kann jedoch nur der Aóristos verwendet werden:
Έχουν διαβάσει *oder* **Διάβασαν** ένα επιστημονικό άρθρο. *Sie haben einen wissenschaftlichen Artikel gelesen.*
Aber: **Χτες διάβασαν** ένα επιστημονικό άρθρο.
***Gestern** haben sie einen wissenschaftlichen Artikel gelesen.*

Λες να είναι τίποτα σοβαρό;

Γιάννης: Γεια σας παιδιά, για πού το βάλατε;
Ελένη: Πάμε στο γιατρό, ο Μάρτιν είχε κάτι ενοχλήσεις και είχαμε πάει χθες στο κέντρο υγείας. Εκεί ο γιατρός του είπε να κάνει κάποιες εξετάσεις.
Γιάννης: Γιατί, τι έχεις;
Μάρτιν: Ξέρω 'γω; Προχθές ξαφνικά με έπιασε δυνατός κοιλόπονος, μετά κεφαλόπονος, μετά ναυτία, έπεσα στο κρεβάτι και ακολούθησαν ρίγη και πυρετός.
Γιάννης: Μήπως είχες φάει κάτι και σε πείραξε;
Μάρτιν: Μπα, τίποτα βαρύ. Μια μακαρονάδα με τυρί.
Γιάννης: Λες να είναι τίποτα σοβαρό;
Μάρτιν: Μπορεί να έχω έλκος ή να είναι κάτι πιο σοβαρό, μπορεί να 'ναι η καρδιά μου.
Λίτσα: Τι λες, η καρδιά τι σχέση έχει με τον κοιλόπονο!
Μάρτιν: Μπορεί να είναι κάποιος σπάνιος ιός, μπορεί ο γιατρός να με στείλει στο νοσοκομείο.
Γιάννης: Θα πας εδώ στο νοσοκομείο ή θα προτιμήσεις να πας στη Γερμανία;
Μάρτιν: Αυτό δεν το έχουμε συζητήσει ακόμα. Ίσως πρέπει να κάνω κάποια εγχείρηση, ίσως όντως είναι καλύτερα να με πάνε στη Γερμανία.
Γιάννης: Μπορεί να σε πάνε με ελικόπτερο!
Λίτσα: Τι λες, μωρέ Γιάννη! Ελικόπτερο ... Κανένα ατύχημα έπαθε και είναι θέμα ζωής ή θανάτου; Άκου ελικόπτερο!
Ελένη: Καλά λέει η Λίτσα. Αφήστε τα «μπορεί» και πάμε επιτέλους στο γιατρό!
Γιατρός: Καλώς τον κύριο Ρότκεγκελ από τη Γερμανία. Τι κάνουμε σήμερα; Φέρατε τα αποτελέσματα των εξετάσεων;
Ελένη: Ναι, γιατρέ μου, εδώ είναι, ορίστε!
Γιατρός: Χμ, μάλιστα. Ανοίξτε το πουκάμισό σας και ξαπλώστε εδώ λίγο να σας εξετάσω.
Μάρτιν: Είναι κάτι σοβαρό γιατρέ, πρέπει να ανησυχώ; Πρέπει να πάρω φάρμακα; Να κάνω ίσως πιο αναλυτικές εξετάσεις;
Γιατρός: Μπα, μάλλον πρέπει να πάτε σπίτι σας και να ξαπλώσετε μερικές μέρες. Πιέστε πολλά υγρά, κατά προτίμηση τσάι. Κανένα φάρμακο δε χρειάζεστε, έχετε απλά ένα γερό κρυολόγημα. Την άλλη εβδομάδα θα έχει περάσει.

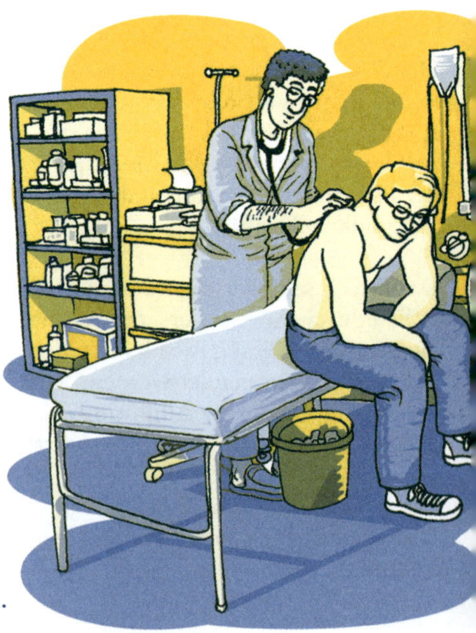

Λεξιλόγιο

Οι «αγαπημένες» επιστήμες των Ευρωπαίων

αγαπημένος, -η, -ο	*Lieblings-*
η επιστήμη	*Wissenschaft*
ο Ευρωπαίος, η Ευρωπαία	*Europäer(in)*
το ευρωβαρόμετρο	*Eurobarometer*
κυκλοφορώ	*in Umlauf sein, erscheinen*
πρόσφατα	*kürzlich*
η Ευρωπαϊκή Ένωση [evropai'ci‿'enosi]	*Europäische Union*
ο τίτλος	*Titel*
η τεχνολογία [texnolo'jia]	*Technologie*
αποκαλύπτω	*ans Licht bringen*
επιστημονικός, -ή, -ό	*wissenschaftlich*
ιατρικός, -ή, -ό	*medizinisch*
το επίτευγμα [e'pitevɣma]	*Errungenschaft*
ο πολίτης	*Bürger*
η Ευρώπη	*Europa*
ακολουθώ	*folgen*
αφορώ	*betreffen*
το περιβάλλον	*Umwelt*
αναφέρω	*anführen*
ενδιαφέρομαι	*sich interessieren*
κλασικός, -ή, -ό	*klassisch*
η ιστορία	*Geschichte*
η λογοτεχνία	*Literatur*
η θεολογία	*Theologie*
μόλις	*nur, fast, gerade*
δηλώνω	*erklären*
γνωρίζω	*hier: sich auskennen*
η ατμοσφαιρική ρύπανση	*Luftverschmutzung*
το ποσοστό	*Prozentsatz*
το άτομο	*Person*
το ενδιαφέρον	*Interesse*
η εξέλιξη	*Entwicklung*
ο τομέας	*Bereich*
το άρθρο	*Artikel*
σχετικά (με)	*bezüglich*
κάποιος, -α, -ο	*irgendein*
το φόρουμ *unv*	*Forum*
το διαδύκτιο [ðia'ðiktio]	*Internet*
τοις εκατό *unv*	*Prozent*

Λες να είναι τίποτα σοβαρό;

τίποτα	*hier: (irgend) etwas*
σοβαρός, -ή, -ό	*ernst*
για πού το έβαλες;	*Wo willst du hin?*
κάτι	*hier: irgendwelche*
η ενόχληση [e'noxlisi]	*Beschwerde*
το κέντρο υγείας ['cendro‿i'jias]	*Gesundheitszentrum*
κάποιος, -α, -ο	*hier: ein paar*
η εξέταση	*Untersuchung*
ξέρω 'γω;	*Was weiß ich?*
δυνατός, -ή, -ό	*stark*
ο κοιλόπονος	*Bauchschmerzen*
ο κεφαλόπονος	*Kopfschmerzen*
η ναυτία [na'ftia]	*Übelkeit*
πέφτω	*fallen; hier: sich hinlegen*
το ρίγος	*Schüttelfrost*
ο πυρετός	*Fieber*
πειράζω	*hier: schlecht bekommen*
η μακαρονάδα	*Nudeln, Pasta*
μπορεί	*vielleicht*
το έλκος	*Magengeschwür*
μπορεί να 'ναι	*vielleicht ist es*
σπάνιος, -α, -ο	*selten*
ο ιός	*Virus*
το νοσοκομείο	*Krankenhaus*
συζητάω	*diskutieren*
η εγχείρηση [en'çirisi]	*Operation*

όντως ['ondos]	*tatsächlich*	**εξετάζω**	*untersuchen*
το ελικόπτερο	*Hubschrauber*	**ανησυχώ**	*sich Sorgen machen*
κανένας, καμία, κανένα	*hier: (irgend)ein*		
το ατύχημα	*Unfall*	**το φάρμακο**	*Medikament*
παθαίνω	*jdm passiert etw.*	αναλυτικός, -ή, -ό	*detailliert*
ο θάνατος	*Tod*	**μάλλον**	*eher*
αφήνω	*lassen*	το υγρό	*Flüssigkeit*
καλώς τον, την, το	*(er, sie, es sei) willkommen*	κατά προτίμηση	*vorzugsweise*
		κανένας, καμία, κανένα	*hier: kein*
το αποτέλεσμα	*Ergebnis*	γερός, -ή, -ό	*heftig*
χμ ...	*hm ...*	το κρυολόγημα	*Erkältung*
ξαπλώνω	*(sich) hinlegen; liegen*	περνάω	*hier: vorbei sein*

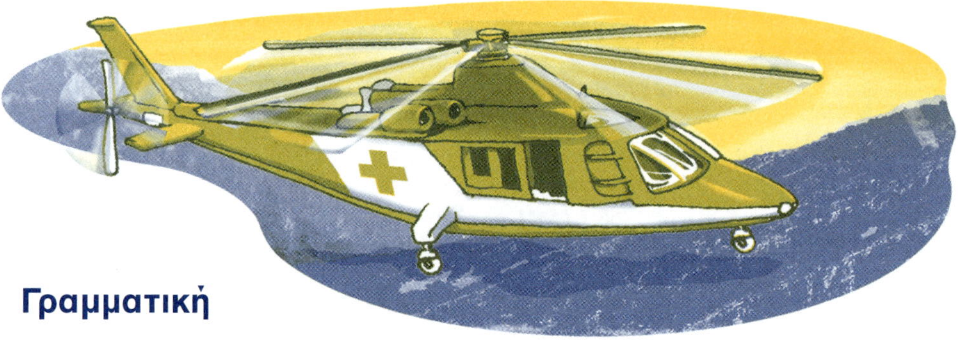

Γραμματική

1. Das Plusquamperfekt A 7

Das **Plusquamperfekt** wird mit der Vergangenheit des Hilfsverbs έχω, **είχα** und dem Aparémfato gebildet. Das Hilfsverb wird entsprechend dem Subjekt konjugiert und das Aparémfato ist unveränderlich.

αγοράζω *kaufen*			
εγώ	είχα αγοράσει	εμείς	είχαμε αγοράσει
εσύ	είχες αγοράσει	εσείς	είχατε αγοράσει
αυτός, -ή, -ό	είχε αγοράσει	αυτοί, -ές, -ά	είχαν αγοράσει

Das Plusquamperfekt ist die sogenannte Vorvergangenheit: Für einen Zeitpunkt in der Vergangenheit ist das Ergebnis einer weiter zurückliegenden Handlung oder eines Geschehens relevant. Daher fragt Jannis im Dialog Martin, ob er, bevor es ihm vorgestern schlecht geworden war, etwas Bestimmtes gegessen hatte:
Μήπως **είχες φάει** κάτι και σε πείραξε;
Hattest du vielleicht etwas gegessen, was dir schlecht bekommen ist?

2. Das perfektische Futur A 6

Das **perfektische Futur** (Futur II) wird mit dem Futur des Hilfsverbs έχω, **θα έχω** und dem Aparémfato gebildet. Auch hier wird nur das Hilfsverb konjugiert.

περνάω *vorbeigehen, vorbei sein*			
εγώ	θα έχω περάσει	εμείς	θα έχουμε περάσει
εσύ	θα έχεις περάσει	εσείς	θα έχετε περάσει
αυτός, -ή, -ό	θα έχει περάσει	αυτοί, -ές, -ά	θα έχουν περάσει

Das perfektische Futur beschreibt eine in der Zukunft als abgeschlossen betrachtete Handlung. Im Dialog sagt der Arzt, dass die Krankheit in einer Woche überstanden sein wird:
Την άλλη εβδομάδα **θα έχει περάσει.** *Nächste Woche wird es vorbei sein.*
Oft steht im Satz eine Zeitbestimmung, die den Zeitpunkt angibt, vor dem die Handlung abgeschlossen sein soll:
Την Κυριακή θα έχουμε γυρίσει από τις διακοπές.
Am Sonntag werden wir zurück sein aus den Ferien.

3. Die Indefinitpronomen A 3, 4

- **κάποιος, κάποια, κάποιο** *irgendein, jemand, manche, irgendwelche, ein paar, ein gewisser*
  Dieses Indefinitpronomen wird sowohl substantivisch wie adjektivisch gebraucht, im Singular und im Plural. Es wird dekliniert wie das Adjektiv πλούσιος, -α, -ο (→ Lektion 3).
  Κάποιος χτύπησε την πόρτα. ***Jemand** klopfte an die Tür.*
  κάποιος σπάνιος ιός ***irgendein** seltenes Virus*
  Ο γιατρός του είχε πει να κάνει **κάποιες** εξετάσεις.
  *Der Arzt hatte ihm gesagt, er solle **ein paar** Untersuchungen machen.*

- **κανένας (κανείς), καμία (καμιά), κανένα** *(irgend)jemand, (irgend)ein, man*
  kann sowohl substantivisch wie adjektivisch gebraucht werden, aber nur im Singular. Es wird dekliniert wie ένας, μία, ένα (→ Lektion 1).
  Im Vergleich zu κάποιος bezieht es sich eher auf etwas Gedachtes, nicht Konkretes und wird daher vorzugsweise in fragenden Sätzen verwendet.
  Κανένα ατύχημα έπαθε;
  Hat er etwa einen Unfall gehabt?
  Το φαρμακείο το βρίσκει **κανείς** πολύ εύκολα.
  *Die Apotheke findet **man** sehr leicht.*

In verneinten Sätzen und prädikatslosen Sätzen bedeutet es *kein, niemand.*
Κανένα φάρμακο δεν πρέπει να πάρετε. *Sie müssen **gar kein** Medikament nehmen.*
Κανέναν μην ακούσεις! *Hör auf **niemanden**!*
Ποιος με ζήτησε; **Κανείς**. *Wer hat nach mir gefragt? **Niemand**.*

- **μερικοί, μερικές, μερικά** *einige, manche, ein paar*
kann sowohl substantivisch wie adjektivisch gebraucht werden, aber nur im Plural.
Ξαπλώστε στο κρεβάτι για **μερικές** μέρες. *Legen Sie sich für **ein paar** Tage ins Bett.*
Μερικοί πιστεύουν τα πάντα. ***Manche** glauben alles.*

- **καθένας, καθεμία (καθεμιά), καθένα** *jeder, jede, jedes*
wird substantivisch verwendet. Es wird dekliniert wie ένας, μία, ένα.
Ο **καθένας** να κάνει τη δουλειά του. ***Jeder** soll seine Arbeit tun.*
Θέλω να δω την **καθεμία** ξεχωριστά. *Ich will **jede** einzeln sehen.*

- **κάθε** *jeder, jede, jedes*
wird adjektivisch gebraucht und wird nicht dekliniert.
Κάθε μέρα βλέπει τηλεόραση. ***Jeden** Tag sieht er fern.*
Κάθε άνθρωπος παίρνει μερικές φορές φάρμακα.
***Jeder** Mensch nimmt manchmal Medikamente.*

- **κάτι** *etwas, ein paar*
kann substantivisch oder adjektivisch verwendet werden. Es wird nicht dekliniert.
Είναι **κάτι** σοβαρό; *Ist es **etwas** Ernstes?*
Μήπως είχες φάει **κάτι**; *Hattest du vielleicht **etwas** gegessen?*
Ψάχνω **κάτι** φωτογραφίες. *Ich suche so **ein paar** (bestimmte) Fotos.*

- **τίποτα (τίποτε)** *(irgend)etwas, (irgend)welche, (irgend)was*
wird sowohl substantivisch wie adjektivisch gebraucht. Im Vergleich zu κάτι bezieht es sich eher auf etwas Gedachtes und wird daher vorzugsweise in fragenden Satzen verwendet.
Λες να είναι **τίποτα** σοβαρό; *Meinst du, es ist etwas Ernstes?*
Άκουσες **τίποτα**; *Hast du irgendwas gehört?*

In verneinten Sätzen und prädikatslosen Sätzen bedeutet **τίποτα** *nichts.*
Τίποτα δεν ήθελα να σου πω. ***Nichts** wollte ich dir sagen.*
Μην πεις **τίποτα**! *Sag **nichts**!*
Μήπως είχες φάει κάτι και σε πείραξε; Μπα, **τίποτα** βαρύ.
*Hattest du vielleicht etwas gegessen? Nee, **nichts** Schweres.*

Achten Sie in den verneinten Sätzen auf die sogenannte doppelte Verneinung, die es im Deutschen nicht gibt:
Μην πεις **τίποτα**! *wörtl.: Sag **nicht nichts**!*
Κανέναν μην ακούσεις! *wörtl.: **Niemanden** sollst du **nicht** hören!*

Χρήση των ελληνικών

Wenn Sie krank sind A 8

Πονάει το κεφάλι, το δόντι, ο λαιμός μου. *Mein Kopf, mein Zahn, mein Hals tut weh.*
Έχω πυρετό, βήχα, συνάχι. *Ich habe Fieber, Husten, Schnupfen.*
Είμαι άρρωστος. *Ich bin krank.* Κρύωσα. *Ich habe mich erkältet.*
Είμαι αλλεργικός στο(ν) / στη(ν) / στο / στους / στις / στα ... *Ich bin allergisch gegen ...*
Ποιο φαρμακείο διανυκτερεύει; *Welche Apotheke hat Nachtdienst?*
Θέλω να πάω στα εξωτερικά ιατρεία. *Ich möchte in die Ambulanz.*
Πού είναι τα επείγοντα περιστατικά; *Wo ist die Notaufnahme?*
Η αρρώστεια πέρασε. Τώρα είμαι καλά. *Die Krankheit ist vorbei. Ich bin wieder gesund.*
Περαστικά! *Gute Besserung!*

Άλλες χρήσιμες εκφράσεις

Der menschliche Körper A 2

το σώμα	*Körper*	η μύτη	*Nase*	η πλάτη	*Rücken*	η κοιλιά	*Bauch*
το κεφάλι	*Kopf*	το στόμα	*Mund*	το στήθος	*Brust*	το στομάχι	*Magen*
το μέτωπο	*Stirn*	το δόντι	*Zahn*	ο λαιμός	*Hals*	η μέση	*Kreuz, Taille*
το αυτί	*Ohr*	ο ώμος	*Schulter*	το δάχτυλο	*Finger*	το γόνατο	*Knie*
το μάτι	*Auge*	το χέρι	*Hand, Arm*	το νύχι	*Nagel*	το πόδι	*Fuß, Bein*

Ασκήσεις

1 Lesen sie noch einmal den Zeitungsartikel und verbinden Sie dann die zusammengehörigen Sätze.

1. Το νέο Ευρωβαρόμετρο
2. Οι γυναίκες δείχνουν το μεγαλύτερο ενδιαφέρον
3. Περισσότερο ενδιαφέρουν τους Ευρωπαίους
4. Μόλις το 15%
5. Το 1,3% έχει ρωτήσει
6. 30% των Ευρωπαίων

a. για τις εξελίξεις στον τομέα της ιατρικής.
b. ενδιαφέρεται για τις κλασικές επιστήμες.
c. αποκαλύπτει τα αγαπημένα επιστημονικά θέματα των Ευρωπαίων.
d. σε φόρουμ για κάποιο ιατρικό θέμα.
e. τα ιατρικά επιτεύγματα.
f. γνωρίζει πολλά για την ατμοσφαιρική ρύπανση.

2 Wie heißen die einzelnen Körperteile?

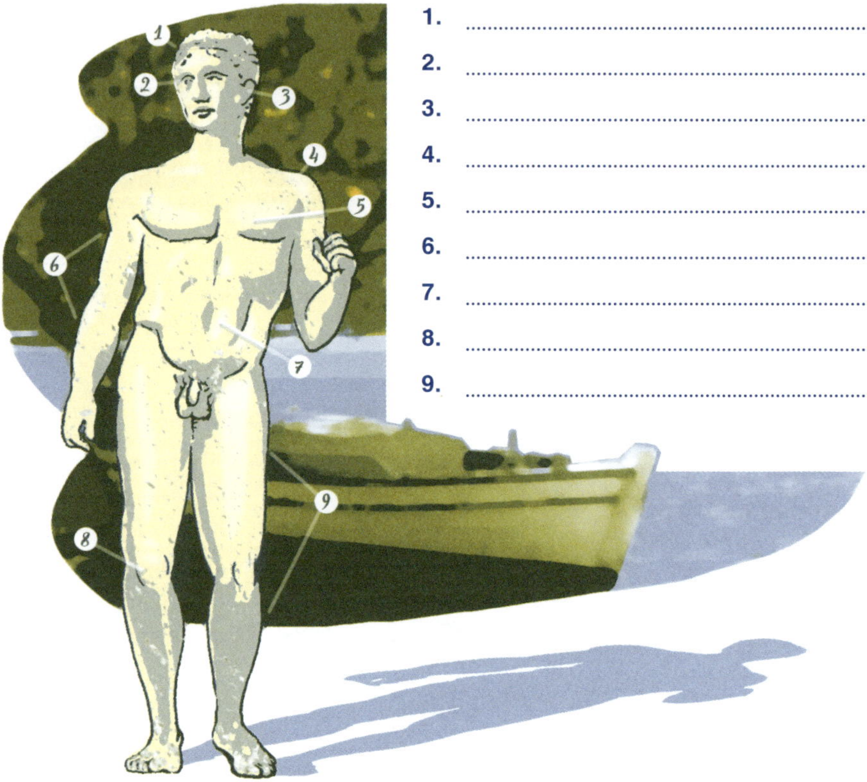

1. ....
2. ....
3. ....
4. ....
5. ....
6. ....
7. ....
8. ....
9. ....

3 Ergänzen Sie die passenden Indefinitpronomen in der richtigen Form.

κανένας ✔	τίποτα	κάθε	κάποιος	κάτι	μερικοί	κανένας

1. Μήπως έχεις *κανένα* ...... καλό βιβλίο να μου δώσεις;
2. .... έκανε ο μικρός και η γιαγιά του τον μάλωσε.
3. .... άφησε ανοιχτό το παράθυρο.
4. .... φορές νομίζω ότι δε μ' ακούς όταν μιλάω.
5. .... κοπέλα δε μου άρεσε τόσο όσο η Χριστίνα.
6. Μπορεί να έψαξα πολλές ώρες αλλά δε βρήκα .... στην αγορά.
7. .... μέρα πίνω ένα ποτηράκι κρασί.

4 Verwenden Sie die Indefinitpronomen **κανένας**, **καμία**, **κανένα** und **τίποτα** und beantworten Sie die Fragen, indem Sie verneinen.

1. Κυκλοφόρησε κάποιο καλό βιβλίο τον περασμένο μήνα;
   Όχι, δεν κυκλοφόρησε κανένα καλό βιβλίο τον περασμένο μήνα.
2. Είδες κάποια από τις κοπέλες;
   Όχι, ...
3. Έφαγες κάτι βαρύ το μεσημέρι;
   Όχι, ...
4. Είδες κάποιον να φεύγει πριν από μισή ώρα;
   Όχι, ...
5. Δοκίμασες μερικά από τα φαγητά;
   Όχι, ...
6. Βρήκες κάτι που να σ' ενδιαφέρει;
   Όχι, ...

5 Wandeln Sie den Aòristos in Perfekt um.

1. Η Σοφία δε με ρώτησε ποτέ κάτι τέτοιο.
   Η Σοφία δε με έχει ρωτήσει ποτέ κάτι τέτοιο.
2. Ο Αλέξανδρος σπούδασε Νομική στο Πανεπιστήμιο του Αμβούργου.
   ....
3. Η Κατερίνα και η παρέα της ήπιαν καφέ στην Πλατεία Αριστοτέλους.
   ....
4. Εσύ έμαθες να γράφεις το όνομά σου στα ελληνικά;
   ....
5. Εσείς τραγουδήσατε ποτέ μπροστά σε πολύ κόσμο;
   ....
6. Εμείς μείναμε σε διαμέρισμα στο κέντρο της πόλης.
   ....

6 Die Statistik gibt nicht nur Aufschluss über Gewesenes, sondern trifft auch Vorhersagen.

a. Suchen Sie das richtige Verb und bilden Sie das Perfekt.

μαθαίνω	πάω	δοκιμάζω	αγοράζω	παίρνω	διαβάζω ✔	τρώω

Τι έχουν κάνει ή δεν έχουν κάνει οι Έλληνες τον περασμένο χρόνο;

1. Το 42% δεν *έχει διαβάσει* ούτε ένα βιβλίο.
2. Το 58% .... φάρμακα για κάποιον πόνο (κεφαλόπονο, κοιλόπονο ...).
3. Το 28% δεν .... ούτε μία φορά ψάρι.
4. Το 35% .... να ψάχνει διάφορα θέματα στο ίντερνετ.
5. Το 73% .... τουλάχιστον μία φορά στο γιατρό.
6. Το 12% .... καινούριο αυτοκίνητο.
7. Το 8% .... να κάνει σκι.

b. Bilden Sie das perfektische Futur.

κάνω	παθαίνω ✔	πάω	τελειώνω	μετακομίζω	ταξιδεύω	αρχίζω

Τι θα έχουν κάνει οι Έλληνες μέχρι το τέλος του χρόνου;

1. Το 12% *θα έχει πάθει* τουλάχιστον ένα ατύχημα.
2. Το 8% .... μία εγχείρηση.
3. Το 9% .... σε καινούριο σπίτι.
4. Το 65% .... τουλάχιστον ένα ταξίδι.
5. Το 11% .... μία δίαιτα.
6. Το 35% των φοιτητών .... τις σπουδές* του.
7. Το 28% .... στην Ευρώπη.

* οι σπουδές: *Studium*

7 Lesen Sie Litsas Geschichte und setzen Sie die Verben im Plusquamperfekt ein.

Χθες πήγαμε στο νοσοκομείο να δούμε την Ιωάννα που *είχε κάνει* (κάνω) εγχείρηση. Της .... (παίρνω, 1. Pers. Pl) και λουλούδια. Στο ίδιο δωμάτιο ήταν και μία κοπέλα που .... (παθαίνω) ένα ατύχημα. Όταν είδα την κοπέλα από κοντά δεν πίστευα* στα μάτια μου. Ήταν η Κατερίνα, η συμμαθήτριά μου από το σχολείο. Τα τελευταία δέκα χρόνια .... (μιλάω, 1. Pers. Pl) μόνο μία φορά στο τηλέφωνο, αλλά δεν την .... (βλέπω) ούτε μία φορά γιατί .... (πηγαίνω, 3. Pers. Sg) για σπουδές στην Αμερική. Και τώρα ήταν στο δωμάτιο της Ιωάννας. Τι μικρός που είναι ο κόσμος!

* πιστεύω: *glauben*

8 Lesen oder hören Sie noch einmal den Dialog und entscheiden Sie, ob die Aussagen richtig oder falsch sind.

	σωστό	λάθος
1. Ο Μάρτιν είχε πάει την προηγούμενη μέρα στο κέντρο υγείας.	☒	☐
2. Ο Μάρτιν είχε φάει κάτι βαρύ που τον πείραξε.	☐	☐
3. Ο Μάρτιν προτιμάει να πάει σε γερμανικό νοσοκομείο.	☐	☐
4. Ο Μάρτιν έπαθε ατύχημα.	☐	☐
5. Ο γιατρός δε θέλει να εξετάσει το Μάρτιν.	☐	☐
6. Ο Μάρτιν έχει κάτι σοβαρό και πρέπει να πάρει φάρμακα.	☐	☐
7. Την άλλη εβδομάδα η αρρώστεια του Μάρτιν θα έχει περάσει.	☐	☐

Ihre Lernziele in dieser Lektion sind:
- über das Wetter reden
- die Jahreszeiten
- die Tiere
- das **Gerundium**
- der **Konditional**
- die **unpersönlichen Verben**
- die **Adjektive** auf **-ης, -α, -ικο**

Μάθημα 13

Το ελληνικό Πάσχα

Τη Μεγάλη Εβδομάδα όλοι πηγαίνουμε στην εκκλησία. Το πρωί της Μεγάλης Πέμπτης βάφουμε αυγά με κόκκινο χρώμα, συμβολίζοντας το αίμα του Χριστού. Το βράδυ της Μεγάλης Παρασκευής μικροί και μεγάλοι ακολουθούν την περιφορά του Επιτάφιου κρατώντας αναμμένα κεράκια. Το Μεγάλο Σάββατο στις 12, ο παπάς δίνει στους πιστούς το Άγιο Φως ψάλλοντας το «Χριστός Ανέστη». Εμείς, κρατώντας τη στολισμένη λαμπάδα, δίνουμε το φιλί της αγάπης ακούγοντας τις ψαλμωδίες, τα πυροτεχνήματα και τις καμπάνες. Τσουγκρίζουμε τα κόκκινα αυγά μας λέγοντας «Χριστός Ανέστη» κι απαντώντας «Αληθώς Ανέστη». Έτσι τελειώνει η νηστεία των σαράντα ημερών. Μετά τη λειτουργία ξεκινάμε για τα σπίτια μας με τις λαμπάδες αναμμένες. Το πασχαλινό τραπέζι μας περιμένει με τη μαγειρίτσα και τις κουλούρες που είναι στολισμένες με κόκκινα αυγά. Το αποκορύφωμα όμως είναι την άλλη μέρα το πασχαλινό αρνί ή κατσικάκι στη σούβλα που θα απολαύσουν όλοι στα γιορτινά τραπέζια στην εξοχή, στις αυλές, ακόμα και στα μπαλκόνια των πολυκατοικιών.

Κωστάκης, Δ' τάξη του 11ου Δημοτικού Καβάλας

Das griechische Osterfest

In der Karwoche gehen wir alle in die Kirche. Am Morgen des Gründonnerstags färben wir Eier mit roter Farbe und symbolisieren damit das Blut Christi. Am Abend des Karfreitags nehmen Groß und Klein an der Karfreitagsprozession teil und halten dabei kleine brennende Kerzen. Am Ostersamstag um Mitternacht gibt der Pope den Gläubigen das Heilige Licht, während er "Christus ist auferstanden" singt. Wir geben den Kuss der Liebe, halten dabei die geschmückte Osterkerze und hören die Gesänge, das Feuerwerk und die Glocken. Wir titschen unsere roten Eier, sagen dabei "Christus ist auferstanden" und antworten "Wahrlich ist er auferstanden".

Damit ist die vierzigtägige Fastenzeit zu Ende. Nach der Messe machen wir uns auf den Weg nach Hause mit den angezündeten Osterkerzen. Der Ostertisch wartet auf uns mit der Ostersuppe und den Osterkuchen, die mit roten Eiern geschmückt sind. Der Höhepunkt ist aber am nächsten Tag das Osterlamm oder -zicklein am Spieß, das alle an den festlichen Tischen im Freien, in den Höfen und sogar auf den Balkonen der Mehrfamilienhäuser genießen werden.

Kostakis, 4. Klasse der 11. Grundschule Kavala

Τι καινούριο έχουμε;

Das Gerundium A 6

Das Gerundium (Verlaufsform) wird vom paratatischen Stamm durch Anfügung der Endung -οντας gebildet; bei endungsbetonten Verben -ώντας:
δίνω ▸ δίνοντας *gebend*, κρατάω ▸ κρατώντας *haltend*.
Die Verben der Vokalstammkonjugation erfordern (aus phonetischen Gründen) ein zusätzliches -γ- vor der Endung:
τρώγοντας, λέγοντας, ακούγοντας, κλαίγοντας, καίγοντας.

Das Gerundium ist – anders als das deutsche Partizip Präsens – unveränderlich und wird nicht attributiv verwendet:
Πέρασε τη μέρα διαβάζοντας. *Er verbrachte den Tag **lesend**.*
aber: *der **lesende** Mann* ο άντρας που διαβάζει *(wörtl.: der Mann, der liest)*

Das Gerundium hat adverbialen Charakter, bezieht sich auf das Subjekt und gibt die Umstände einer Handlung an:

- die Art und Weise:
  Ακολουθούν την περιφορά του Επιτάφιου κρατώντας αναμμένα κεράκια.
  *Sie folgen dem Epitaphios und halten dabei (wörtl.: **haltend**) angezündete kleine Kerzen.*
- den Zeitpunkt:
  Ο παπάς δίνει το Άγιο Φως ψάλλοντας το «Χριστός Ανέστη».
  *Der Pope gibt das "Heilige Licht", während er "Christus ist auferstanden" singt (wörtl.: **singend** "Christus ist auferstanden").*
- den Grund:
  Νομίζοντας ότι είχε αργήσει, έτρεξε να προλάβει το τρένο.
  *Weil er glaubte (wörtl.: **glaubend**), dass er sich verspätet hatte, ist er gelaufen, um den Zug zu erreichen.*
- die Bedingung:
  Διαβάζοντας πολύ, θα γράψεις καλά στις εξετάσεις.
  *Wenn du viel lernst (wörtl.: **viel lernend**), wirst du eine gute Prüfung ablegen (wörtl.: bei den Prüfungen gut schreiben).*

Die Verneinung erfolgt mit der Partikel μην:
Μην ξέροντας τι να κάνει, έφυγε.
*Weil er nicht wusste (wörtl.: **nicht wissend**), was er tun sollte, ging er weg.*

Das schwache Personalpronomen als Objekt steht unmittelbar nach dem Gerundium:
Βλέποντας τη Σοφία, σώπασα. Βλέποντάς την σώπασα. *Als ich **sie** sah, schwieg ich.*

13

Πάσχα στο χωριό

Μάρτιν: Η Ελένη προσπαθεί να με πείσει να περάσουμε το Πάσχα μαζί στο χωριό της.

Τάκης: Πάσχα στο χωριό; Θα ήταν καταπληκτικά! Πρέπει να πας οπωσδήποτε!

Ελένη: Θα γνωρίσεις όλα τα έθιμα της Μεγάλης Εβδομάδας.

Τάκης: Ναι, η ατμόσφαιρα θα είναι μαγευτική. Το βράδυ έξω θα μυρίζει άνοιξη.

Ελένη: Το Μεγάλο Σάββατο θα πάμε όλοι μαζί στην Ανάσταση. Η λειτουργία και οι ψαλμωδίες είναι θαυμάσιες, θα έχει και πυροτεχνήματα. Μετά θα πάμε σπίτι και θα φάμε μαγειρίτσα.

Τάκης: Και το καλύτερο βέβαια ακολουθεί την Κυριακή του Πάσχα. Το ψήσιμο του αρνιού. Έχεις φάει αρνάκι στη σούβλα; Θα γλείφεις τα δάχτυλά σου! Και όλα αυτά βλέποντας τα πράσινα λιβάδια με τις αμέτρητες παπαρούνες και τον καταγάλανο ουρανό.

Ελένη: Όχι όπως στη Γερμανία που όλο βρέχει. Άσε που τον Απρίλιο κάνει κρύο και ίσως να χιονίσει κιόλας!

Μάρτιν: Μπορεί όλα αυτά να είναι πολύ δελεαστικά, αλλά στη Γερμανία θα έβλεπα και τη γάτα μου. Μου έλειψε πολύ η πεισματάρα, χαδιάρα γάτα μου. Βλέπεις, με το μικρούλικό μου γατάκι, που είναι και ζηλιάρικο, δεν μπορώ να μιλήσω στο τηλέφωνο ούτε να ανταλλάξουμε μέιλ.

Τάκης: Δεν το ήξερα ότι έχεις γάτα! Και τι θα έκανες το Πάσχα;

Μάρτιν: Θα πηγαίναμε με τους γονείς μου στη γιαγιά μου και στον παππού μου και θα ψάχναμε αυγά στον κήπο.

Τάκης: Αυγά στον κήπο; Γιατί, έχουν κότες;

Μάρτιν: Όχι! Είναι ένα γερμανικό έθιμο. Οι μεγάλοι κρύβουν βαμμένα αυγά και σοκολατένιους λαγούς και τα παιδιά τα ψάχνουν. Και μιας κι εγώ είμαι ο μοναδικός τους εγγονός, δε θα ήθελα να τους χαλάσω το χατίρι.

Τάκης: Καταλαβαίνω, πάντως αν ρωτάς τη γνώμη μου, πήγαινε με την Ελένη στο χωριό να κάνεις ελληνικό Πάσχα, και καθόλου απίθανο να βρείτε και κανένα αυγό στον κήπο, γιατί εκεί έχουν κότες.

Λεξιλόγιο

Το ελληνικό Πάσχα	
η Μεγάλη Εβδομάδα	*Karwoche*
η Μεγάλη Πέμπτη	*Gründonnerstag*
βάφω	*hier: färben*
συμβολίζω	*symbolisieren*
το αίμα	*Blut*
ο Χριστός	*Christus*
η Μεγάλη Παρασκευή	*Karfreitag*
ο Επιτάφιος	*Epitaphios (Grab Christi)*
η περιφορά του Επιτάφιου	*Karfreitags-prozession*
κρατάω	*halten*
αναμμένος, -η, -ο	*angezündet*
το κερί	*Kerze*
το Μεγάλο Σάββατο	*Ostersamstag*
ψάλλω	*singen (in der Kirche)*
«Χριστός Ανέστη»	*"Christus ist auferstanden"*
ο πιστός	*Gläubiger*
το Άγιο Φως	*Osterlicht (wörtl.: Heiliges Licht)*
στολισμένος, -η, -ο	*geschmückt*
η λαμπάδα	*Osterkerze*
η ψαλμωδία	*Psalmodie*
τα πυροτεχνήματα *Pl*	*Feuerwerk*
η καμπάνα	*Glocke*
τσουγκρίζω [tsuŋ'grizo]	*titschen, anstoßen*
απαντάω	*antworten*
«Αληθώς Ανέστη»	*"Wahrlich ist er auferstanden"*
τελειώνω [te'ʎono]	*(be)enden*
η νηστεία	*Fastenzeit*
η λειτουργία	*Messe*
ξεκινάω	*losgehen, aufbrechen*
πασχαλινός, -ή, -ό	*Oster-*
η μαγειρίτσα	*Ostersuppe*
η κουλούρα	*Osterkuchen*
το αποκορύφωμα	*Höhepunkt*
το αρνί	*Lamm*
το κατσίκι	*Ziege*
η σούβλα	*Spieß*
γιορτινός, -ή, -ό	*festlich*
στην εξοχή	*im Freien, auf dem Land*
η αυλή	*Hof*
ακόμα και	*sogar*
η πολυκατοικία	*Hochhaus, Mehrfamilien-haus*
η Καβάλα	*Kavala, Stadt in Nordgriechen-land*

Πάσχα στο χωριό	
πείθω	*überzeugen*
μαγευτικός, -ή, -ό	*magisch*
μυρίζω	*riechen*
η άνοιξη	*Frühling*
η Ανάσταση	*Auferstehung(s-messe)*
η Κυριακή του Πάσχα	*Ostersonntag*
το ψήσιμο	*das Grillen, Braten*
γλείφω	*lecken*
το λιβάδι	*Wiese*
αμέτρητος, -η, -ο	*unzählig*
η παπαρούνα	*Mohnblume*
καταγάλανος, -η, -ο	*strahlend blau*
ο ουρανός	*Himmel*
όλο	*dauernd*
βρέχει	*es regnet*
άσε που	*abgesehen davon, dass*
το κρύο	*Kälte*
κάνει κρύο	*es ist kalt*
χιονίζει [ço'nizi]	*es schneit*
κιόλας ['colas]	*schon; hier: sogar*
δελεαστικός, -ή, -ό	*verlockend*

η γάτα	*Katze*	βαμμένος, -η, -ο	*gefärbt*
μου λείπει	*etwas fehlt mir*	σοκολατένιος, -α, -ο	*aus Schokolade*
πεισματάρης, -α, -ικο	*trotzig*	ο λαγός	*Hase*
χαδιάρης, -α, -ικο [xa'ðjaris]	*verschmust*	μιας κι	*da*
μικρούλης, -α, -ικο	*klein (Kosewort)*	χαλάω	*kaputt machen, kaputt gehen*
ζηλιάρης, -α, -ικο	*eifersüchtig*	το χατίρι	*Gefallen*
ανταλλάσσω	*austauschen*	χαλάω χατίρι	*einen Gefallen nicht tun*
το μέιλ *unv*	*E-Mail*	πάντως	*jedenfalls*
ο κήπος	*Garten*	η γνώμη	*Meinung*
η κότα	*Huhn*	απίθανος, -η, -ο	*unwahrscheinlich*
κρύβω	*verstecken*		

Γραμματική

1. Der Konditional **A 3, 7, 8**

Der Konditional wird mit der Partikel θα + Paratatikós gebildet.
Θα ήταν καταπληκτικό!
*Das **wäre** toll!*
Θα έβλεπα και τη γάτα μου.
*Ich **würde** auch meine Katze **sehen**.*

Verwechseln Sie nicht das paratatische Futur (θα παίζω) oder das aoristische Futur (θα παίξω) mit dem Konditional (θα έπαιζα)!

Mit dem Konditional kann man:

- Wünsche ausdrücken
  Θα προτιμούσα να πάω στη Γερμανία.
  Ich würde lieber / es vorziehen nach Deutschland zu fahren.
- eine Bitte höflich formulieren oder einen Vorwurf machen
  Θα μπορούσατε να με βοηθήσετε; *Könnten Sie mir (bitte) helfen?*
  Θα μπορούσες να ήσουν λίγο πιο ευγενικός. *Du könntest etwas höflicher sein.*
- die eigene Meinung höflich formulieren
  Εγώ θα πήγαινα με την Ελένη στο χωριό. *Ich würde mit Eleni ins Dorf gehen.*
- einen Ratschlag geben
  Θα ήταν καλύτερα να ρωτήσεις πρώτα τον πατέρα σου.
  Es wäre besser, vorher deinen Vater zu fragen.

2. Die unpersönlichen Verben A 4

Sie haben schon das unpersönliche Verb **πρέπει** *müssen, sollen* (→ Lektion 9) kennengelernt: ihm folgt immer der Konjunktiv. Im Deutschen verwendet man hier eine persönliche Konstruktion:
Πρέπει να πας οπωσδήποτε! *Du musst unbedingt hingehen!*
Και εγώ πρέπει να πάω στο χωριό. *Ich muss auch ins Dorf gehen.*
Die Vergangenheitsform lautet **έπρεπε**.
Η Ελένη και οι γονείς της έπρεπε να πάνε στην εκκλησία.
Eleni und ihre Eltern mussten in die Kirche gehen.

Zu den unpersönlichen Verben gehören auch solche, die Naturerscheinungen bezeichnen:
βρέχει *es regnet*, ψιχαλίζει *es nieselt*, χιονίζει *es schneit*, φυσάει *es ist windig*, αστράφτει *es blitzt*, βροντάει *es donnert*, ξημερώνει *der Tag bricht an, es dämmert*, βραδιάζει *es wird Abend, es dämmert*, νυχτώνει *es wird Nacht, es wird dunkel*, χειμωνιάζει *es wird Winter*, καλοκαιριάζει *es wird Sommer*.

Folgende Verben können sowohl persönlich als auch unpersönlich konstruiert werden:
- κάνω *machen* ▸ **κάνει** κρύο, ζέστη *es ist kalt, warm*
  Στη Γερμανία κάνει πολύ κρύο. *In Deutschland ist es sehr kalt.*
- έχω *haben* ▸ **έχει** *es gibt*
  Την Άνοιξη έχει παντού παπαρούνες. *Im Frühling gibt es überall Klatschmohn.*
- μπορώ *können* ▸ **μπορεί** (+ Konjunktiv) *vielleicht, es kann sein*
  Μπορεί όλα αυτά να είναι πολύ δελεαστικά. *Vielleicht ist das alles sehr verlockend.*

3. Die Adjektive auf *-ης, -α, -ικο* A 5

	Singular Maskulin	Feminin	Neutrum	Plural Maskulin	Feminin	Neutrum
Nom.	ζηλιάρης	ζηλιάρα	ζηλιάρικο	ζηλιάρηδες	ζηλιάρες	ζηλιάρικα
Gen.	ζηλιάρη	ζηλιάρας	ζηλιάρικου	ζηλιάρηδων	(ζηλιάρικων)	ζηλιάρικων
Akk.	ζηλιάρη	ζηλιάρα	ζηλιάρικο	ζηλιάρηδες	ζηλιάρες	ζηλιάρικα
Vok.	ζηλιάρη	ζηλιάρα	ζηλιάρικο	ζηλιάρηδες	ζηλιάρες	ζηλιάρικα

Der Genitiv Plural Feminin ist ungebräuchlich.
Wie ζηλιάρης *eifersüchtig* werden auch folgende Akjektive dekliniert, die allesamt Eigenschaften von Menschen bzw. Lebewesen bezeichnen. Da sie häufig substantiviert verwendet werden, wird als Übersetzung – je nach Entsprechung im Deutschen – manchmal zusätzlich zum Adjektiv ein Substantiv oder nur ein Substantiv aufgeführt: χαδιάρης *verspielt, Schmuser*, πεισματάρης *trotzig, Trotzkopf*, τεμπέλης *faul,*

Faulpelz, αρρωστιάρης *kränklich*, γκρινιάρης *Nörgler*, φοβητσιάρης *ängstlich, Angsthase*, ψηλομύτης *hochnäsig*, σγουρομάλλης *Lockenkopf* u.a.
Zu dieser Deklination zählen auch Diminutiva von Adjektiven, die als Kosewort verwendet werden: μικρούλης *klein*, ομορφούλης *hübsch*, γλυκούλης *süß* u.a.

Χρήση των ελληνικών

Das Wetter A 1, 2

Πώς είναι ο καιρός; / Τι καιρό κάνει; *Wie ist das Wetter?*
Έχει 30 βαθμούς. *Es sind 30 Grad.*
Έχει καλό καιρό. *Es ist schönes Wetter.*
Έχει άσχημο καιρό. *Es ist schlechtes Wetter.*
Έχει λιακάδα. *Die Sonne scheint.*
Έχει συννεφιά. *Es ist bewölkt.*
Έχει αέρα. *Es ist windig.*
Κάνει / έχει ζέστη. *Es ist warm / heiß.*
Κάνει / έχει κρύο. *Es ist kalt.*
Κάνει / έχει παγωνιά. *Es ist sehr kalt. / Es gibt Frost.*
Κάνει / έχει ψύχρα. *Es ist kühl.*

η θερμοκρασία	*Temperatur*	το χαλάζι	*Hagel*
ο ήλιος	*Sonne*	η καταιγίδα	*Gewitter*
ο καύσωνας	*Hitzewelle*	η ομίχλη	*Nebel*
η βροχή	*Regen*	ο άνεμος / ο αέρας	*Wind, Luft*
το χιόνι	*Schnee*	η φουρτούνα / η θύελλα	*Sturm*

Άλλες χρήσιμες εκφράσεις

Die Jahreszeiten A 2

οι εποχές	*die Jahreszeiten*
η άνοιξη	*Frühling*
το καλοκαίρι	*Sommer*
το φθινόπωρο	*Herbst*
ο χειμώνας	*Winter*

Die Tiere A 2

το ζώο	*Tier*	ο λύκος	*Wolf*	η αλεπού	*Fuchs*
η γάτα	*Katze*	το κατσίκι	*Ziege*	ο λαγός	*Hase*
ο σκύλος	*Hund*	το γουρούνι	*Schwein*	το πουλί	*Vogel*
το άλογο	*Pferd*	το γαϊδούρι	*Esel*	η μύγα	*Fliege*
η αγελάδα	*Kuh*	η κότα	*Huhn*	το κουνούπι	*Mücke*
το αρνί	*Lamm*	η πάπια	*Ente*	η μέλισσα	*Biene*

i Ostern (το Πάσχα) ist das wichtigste religiöse Fest in Griechenland. Als beweglicher Feiertag fällt es nur alle drei Jahre mit dem katholischen und protestantischen Osterfest zusammen. Es wird nach wie vor sehr traditionell und mit zahlreichen Bräuchen gefeiert. Beim Weihnachtsfest (τα Χριστούγεννα) hingegen, das genau wie in Deutschland am 24., 25. und 26. Dezember gefeiert wird, kann man beobachten, wie sehr die westlich orientierten Bräuche auch in Griechenland Einzug gehalten haben. Früher schmückte man ein Schiff, heute ist es allerorts der Weihnachtsbaum. Eine Bescherung gab es an Neujahr (η Πρωτοχρονιά), am Tag des Heiligen Vassilis (του Αγίου Βασιλείου, entspricht dem deutschen Weihnachtsmann oder Nikolaus): er brachte das Neue Jahr und die Geschenke; jetzt gibt es sie auch an Weihnachten. Weitere religiöse Feiertage: die Epiphanie (τα Θεοφάνεια) am 6. Januar; das Ende des Karnevals und gleichzeitig der Beginn der Fastenzeit (η Καθαρή Δευτέρα, beweglicher Feiertag); Mariä Verkündigung am 25. März (ο Ευαγγελισμός); Pfingsten (του Αγίου Πνεύματος, beweglicher Feiertag) und Mariä Himmelfahrt (το Δεκαπενταύγουστο) am 15. August.
Neben den religiösen Feiertagen gibt es natürlich auch nationale Feiertage: Am 25. März (η 25η Μαρτίου) wird ferner die «Ελληνική Επανάσταση» gefeiert, der Beginn des Befreiungskampfes der Griechen gegen die Osmanen 1821, der die Gründung des modernen griechischen Staates zur Folge hatte (1830). Man feiert in jeder Stadt mit Militär- und Schülerparaden. Am 1. Mai (η Πρωτομαγιά) feiert man den Tag der Arbeit und den Beginn des Frühlings. Am 28. Oktober (η 28η Οκτωβρίου), Tag des «Όχι», gedenkt man der Weigerung der Griechen 1940, den italienischen Truppen Einzug zu gewähren.

Ασκήσεις

1 Wie ist das Wetter? Ordnen Sie den Symbolen die passende Bedeutung zu.

έχει λιακάδα	έχει συννεφιά	χιονίζει	βρέχει	έχει ομίχλη	αστράφτει

1. ....

2. ....

3. ....

4. ....

5. ....

6. ....

2 Ein Wort passt nicht in die Reihe, streichen Sie es durch.

1.	Πρωτομαγιά	Δεκαπενταύγουστο	~~Παρασκευή~~	Θεοφάνεια
2.	βροχή	καταιγίδα	ομίχλη	πολυκατοικία
3.	καλοκαίρι	εκδρομή	χειμώνας	φθινόπωρο
4.	αυγό	κότα	πάπια	πουλί
5.	άλογο	γαϊδούρι	αγελάδα	πεταλούδα
6.	άνοιξη	ήλιος	καύσωνας	άνεμος
7.	Πάσχα	Χριστός Ανέστη	λαμπάδα	παπαρούνα

3 Entscheiden Sie, ob es sich bei folgenden Verbformen aus dem Dialog um Futur handelt oder Konditional.

		aorist. Futur	**parat. Futur**	**Konditional**
1.	Θα ήταν καταπληκτικά!	☐	☐	☒
2.	Θα γνωρίσεις όλα τα έθιμα της Μεγάλης Εβδομάδας.	☐	☐	☐
3.	Το βράδυ έξω θα μυρίζει άνοιξη.	☐	☐	☐
4.	Μετά θα πάμε σπίτι και θα φάμε μαγειρίτσα.	☐	☐	☐
5.	Θα γλείφεις τα δάχτυλά σου!	☐	☐	☐
6.	Θα έβλεπα και τη γάτα μου.	☐	☐	☐
7.	Και τι θα έκανες το Πάσχα;	☐	☐	☐
8.	Θα πηγαίναμε στη γιαγιά μου και στον παππού μου.	☐	☐	☐
9.	Θα ψάχναμε αυγά στον κήπο.	☐	☐	☐

4 Setzen Sie ein: **έχει**, **πρέπει** oder **μπορεί**.

1. Σε πονάει ο λαιμός σου γιατί *μπορεί* να κρύωσες.

2. Για να αδυνατίσεις .... να τρως λιγότερο.

3. Δε σου μίλησε γιατί .... να μη σε είδε!

4. Τον Αύγουστο στην Ελλάδα .... πολλή ζέστη.

5. .... να διαβάζεις πολύ για να περάσεις τις εξετάσεις.

6. Το καλοκαίρι τα βράδια .... έξω κουνούπια.

7. Εσύ .... να θέλεις να πας αλλά εμείς δε θέλουμε.

5 Ergänzen Sie die Lücken mit dem Adjektiv in der jeweils richtigen Form.

1. Ο Κώστας και ο Παναγιώτης είναι *τεμπέληδες* (τεμπέλης), όλο θέλουν να ξαπλώνουν.
2. Η Λίτσα δε θέλει να βγαίνει ο Γιάννης μόνος και μας λέει συνέχεια πόσο δύσκολη είναι η ζωή για τις .... (ζηλιάρης) γυναίκες.
3. Λένε ότι το γαϊδούρι είναι .... (πεισματάρης) ζώο.
4. Η Αγγελική είναι ...., ο Δημήτρης είναι .... και φυσικά και τα παιδιά τους είναι .... (σγουρομάλλης x 3).
5. Η .... (μικρούλης) κόρη της Σοφίας είναι .... (ομορφούλης) και όλοι τη θαυμάζουν.
6. Οι φίλοι μου είναι .... (φοβητσιάρης), τίποτα νέο δε δοκιμάζουν.
7. Δεν έχω δει πιο .... (χαδιάρης) γάτα απ' αυτήν.
8. Αυτά τα παιδιά δεν είναι μόνο .... (τεμπέλης), αλλά και .... (γκρινιάρης).

6 Wählen Sie das passende Verb aus und fügen Sie es als Gerundium ein.

ανοίγω	κλαίω	τραγουδάω	ταξιδεύω	παίζω ✓	βρίσκω	ρωτάω	ξέρω

1. Ο Μάρτιν διασκεδάζει *παίζοντας* μπάλα.
2. Το μικρό παιδάκι έφυγε ....
3. Μη .... τα γάντια μου, πήρα της αδελφής μου.
4. Μην .... τι να απαντήσει, σώπασε.
5. .... την ντουλάπα έπεσαν τα βιβλία κάτω.
6. .... μαθαίνει κανείς πολλά.
7. .... γνώρισε την Ευρώπη.
8. Ο Μάκης περπατάει στο δρόμο ....

7 Formulieren Sie folgende Wünsche höflicher, indem Sie das Verb in den Konditional setzen.

1. Η Λίτσα θέλει να πάει το καλοκαίρι σε νησί.
   Η Λίτσα θα ήθελε να πάει το καλοκαίρι σε νησί.
2. Ο Γιάννης προτιμάει να περάσει τις διακοπές στο βουνό.
   ....
3. Εγώ θέλω να μείνουμε μερικές μέρες ακόμη.
   ....
4. Εσύ προτιμάς να φύγουμε σήμερα.
   ....
5. Τα κορίτσια θέλουν να πάνε το βράδυ στα μπουζούκια.
   ....
6. Οι άντρες τους προτιμούν να δούνε στο σπίτι τηλεόραση.
   ....
7. Εμείς θέλουμε να περάσουμε το Πάσχα στο χωριό.
   ....
8. Εσείς προτιμάτε να πάμε ταξίδι στη Γαλλία.
   ....

8 Was würden Sie im Urlaub in Griechenland tun und erleben wollen? Bilden Sie Sätze mit den angegebenen Verben im Konditional.

1. πηγαίνω: *Στην αρχή θα πήγαινα στην Αθήνα.*
2. βλέπω: ....
3. αγοράζω: ....
4. κάνω: ....
5. τρώω: ....
6. πίνω: ....
7. παίρνω: ....

Μάθημα

14

In dieser Lektion lernen Sie:
- Stellenanzeigen zu lesen
- einen Lebenslauf zu schreiben
- Wortschatz zum Thema Arbeit
- die Funktion **nicht-aktiver Verben**
- Verben auf **-ιέμαι** und **-ούμαι**
- das Pronomen **μόνος, -η, -ο μου**

Μικρές αγγελίες: Αγορά εργασίας

Kleinanzeigen: Stellenmarkt

Lehrer für Fremdsprachenschule gesucht
Unsere Schule befindet sich im Zentrum von Thessaloniki. Wir beschäftigen uns seit 15 Jahren mit Fremdsprachenunterricht. Wir wünschen einen Deutschlehrer einzustellen. Mindestens zwei Jahre Berufserfahrung erforderlich. Wir bieten ein zufriedenstellendes Gehalt. Interessenten werden gebeten, einen Lebenslauf an Fr. Georgiou zu schicken.

Ζητείται καθηγητής για Σχολή Ξένων Γλωσσών
Η σχολή μας βρίσκεται στο κέντρο της Θεσσαλονίκης. Ασχολούμαστε εδώ και δέκα πέντε χρόνια με τη διδασκαλία ξένων γλωσσών. Επιθυμούμε να προσλάβουμε καθηγητή γερμανικών. Απαιτείται προϋπηρεσία τουλάχιστον δύο ετών. Προσφέρουμε ικανοποιητικό μισθό. Οι ενδιαφερόμενοι παρακαλούνται να στείλουν βιογραφικό σημείωμα στην κα. Γεωργίου.

Προσλαμβάνουμε βοηθό λογιστή
Γνωστή μεταφορική εταιρεία ζητάει νέο άτομο για μερική απασχόληση στη γραμματεία. Επαγγελματική πείρα επιθυμητή αλλά όχι απαραίτητη. Απαιτούνται πολύ καλή γνώση αγγλικών και ευχέρεια στη χρήση ηλεκτρονικού υπολογιστή. Οι υποψήφιοι παρακαλούνται να στείλουν βιογραφικό σημείωμα στον κ. Κανελλόπουλο.

Wir stellen Buchhaltergehilfen ein
Bekanntes Transportunternehmen sucht junge Teilzeitkraft fürs Sekretariat. Berufserfahrung erwünscht, aber nicht notwendig. Es werden sehr gute Englischkenntnisse und sicherer Umgang in der Bedienung des PC verlangt. Die Kandidaten werden gebeten, einen Lebenslauf an Hn. Kanellopoulos zu schicken.

Τι καινούριο έχουμε;

Die nicht-aktiven Verbformen A 3, 4, 5, 6, 7

In dieser Lektion erfahren Sie etwas über die nicht-aktiven Verbformen und ihre Funktion.
In Lektion 6 haben Sie bereits die Verben auf **-άμαι** sowie einige Verben auf **-ομαι** kennengelernt, die nur nicht-aktive Formen, aber eine aktive oder reflexive Bedeutung haben: φοβάμαι *sich fürchten*, χαίρομαι *sich freuen*, εργάζομαι *arbeiten*, θυμάμαι *sich erinnern*, χρειάζομαι *brauchen*.
Zu diesen Verben gehören auch: ντρέπομαι *sich schämen*, σιχαίνομαι *verabscheuen*, αστειεύομαι *scherzen*.

Die meisten griechischen Verben verfügen sowohl über eine aktive als auch über eine nicht-aktive Form.
Die nicht-aktiven Formen haben zwei wichtige Funktionen:
1. Sie drücken das **Passiv** aus:
Στις εφημερίδες δημοσιεύονται αγγελίες.
In den Zeitungen werden Anzeigen veröffentlicht.

2. Sie drücken **Reflexivität** aus:
O Μάρτιν πλένεται. *Martin wäscht sich.*
Die reflexive Bedeutung ist häufiger als die passive.

Anders als im Deutschen wird das Passiv bzw. die Reflexivität nicht mit einem Hilfsverb oder einem Pronomen, sondern durch die Verbendung ausgedrückt:
Η σχολή μας βρίσκ**εται** στο κέντρο. *Unsere Schule befindet sich im Zentrum.*
Οι ενδιαφερόμενοι παρακαλ**ούνται** να στείλουν βιογραφικό σημείωμα.
Die Interessenten werden gebeten, einen Lebenslauf zu schicken.

Πληρώνεται κανείς καλά σ' αυτή τη δουλειά;

Μάρτιν: Τάκη, πρέπει οπωσδήποτε να βρω δουλειά. Είμαι τώρα μισό χρόνο στην Ελλάδα, κάνω ένα σωρό πράγματα και έμεινα από λεφτά. Τα χρήματα της υποτροφίας τα έχω ξοδέψει κιόλας και ντρέπομαι να ζητήσω πάλι από τους γονείς μου.

Τάκης: Μάρτιν, μην παραπονιέσαι. Στις εφημερίδες δημοσιεύονται πολλές αγγελίες. Να, ο Μάκης έτσι βρήκε δουλειά. Διάβασε μία αγγελία, έστειλε τα δικαιολογητικά του, πήγε για συνέντευξη και τώρα εργάζεται τρία απογεύματα τη βδομάδα στο λογιστήριο μιας μεταφορικής εταιρείας. Ασχολείται με την αλληλογραφία, γράφει λογαριασμούς, βγάζει φωτοτυπίες, στέλνει φαξ ...

Μάρτιν: Εγώ δεν κάνω για τέτοιες εργασίες. Δεν είμαι για εταιρίες και γραφεία. Σιχαίνομαι τη γραφειοκρατία.

Τάκης: Κατάλαβα! Ο κύριος αρνείται να κάνει μια οποιαδήποτε δουλειά. Ενδιαφέρεται για κάτι πνευματικό και δημιουργικό! Αν θυμάμαι καλά, είδα μια αγγελία μιας σχολής ξένων γλωσσών. Νομίζω πως ψάχνουν καθηγητή γερμανικών. Μήπως ενδιαφέρεσαι;

Μάρτιν: Θαυμάσια! Τρελαίνομαι για διδασκαλία. Λοιπόν, πλένομαι, ξυρίζομαι, περνάω από 'κει για να δουν ποιος είμαι και θα με προσλάβουν αμέσως! Πληρώνεται κανείς καλά σ' αυτή τη δουλειά στην Ελλάδα;

Τάκης: Σιγά σιγά, Μάρτιν μου. Ζητούν βιογραφικό σημείωμα και απαιτείται επαγγελματική εμπειρία.

Μάρτιν: Τι λες, βιογραφικό σημείωμα; Ξέρω πώς γράφεται στα γερμανικά, όμως για να γράψω ένα στα ελληνικά χρειάζομαι βοήθεια, μόνος μου δεν μπορώ.

Τάκης: Μη στεναχωριέσαι γι' αυτό. Θα σε βοηθήσω εγώ! Όμως έχεις δουλέψει ποτέ ως καθηγητής ξένων γλωσσών;

Μάρτιν: Μα φυσικά! Αστειεύεσαι; Στο Αμβούργο δίδασκα τρία χρόνια γερμανικά ως ξένη γλώσσα σε μια ιδιωτική σχολή.

Τάκης: Τέλεια! Τότε είσαι ο κατάλληλος υποψήφιος γι' αυτή τη θέση.

Λεξιλόγιο

Μικρές αγγελίες: αγορά εργασίας

οι μικρές αγγελίες *Pl*	*Kleinanzeigen*
η εργασία	*Arbeit, Tätigkeit*
η αγορά εργασίας	*Arbeitsmarkt*
ο καθηγητής	*hier: Lehrer*
η σχολή	*Schule*
η σχολή ξένων γλωσσών	*Fremdsprachenschule*
βρίσκομαι	*sich befinden*
ασχολούμαι	*sich beschäftigen*
η διδασκαλία	*Lehrtätigkeit*
προσλαμβάνω	*einstellen*
απαιτώ	*verlangen*
η προϋπηρεσία	*Berufserfahrung (wörtl.: Vordienst)*
το έτος	*Jahr*
προσφέρω	*anbieten*
ικανοποιητικός, -ή, -ό	*zufriedenstellend*
ο μισθός	*Gehalt*
ο ενδιαφερόμενος	*Interessent*
το βιογραφικό σημείωμα	*Lebenslauf*
κα. *Abk.*	*Fr. (Frau)*
ο, η βοηθός	*Gehilfe / in*
ο λογιστής	*Buchhalter*
μεταφορικός, -ή, -ό	*Transport-*
η εταιρεία	*Unternehmen*
η απασχόληση	*Beschäftigung*
η μερική απασχόληση	*Teilzeitbeschäftigung*
η γραμματεία	*Sekretariat*
επαγγελματικός, -ή, -ό	*Berufs-*
η πείρα	*Erfahrung*
επιθυμητός, -ή, -ό	*erwünscht*
απαραίτητος, -η, -ο	*notwendig*
η γνώση	*Kenntnis*
η ευχέρεια [ef'çeria]	*sicherer Umgang*
η χρήση	*Gebrauch, Bedienung*
ο (ηλεκτρονικός) υπολογιστής	*Rechner*
ο υποψήφιος	*Kandidat*

Πληρώνεται κανείς καλά σ' αυτή τη δουλειά;

μένω από λεφτά	*pleite sein (umgangssprach.)*
το χρήμα	*Geld*
η υποτροφία	*Stipendium*
ντρέπομαι	*sich schämen*
πάλι	*wieder*
παραπονιέμαι [parapo'ɲeme]	*jammern, sich beklagen*
δημοσιεύω	*veröffentlichen*
τα δικαιολογητικά *Pl*	*(Bewerbungs-) Unterlagen*
η συνέντευξη [si'nendefksi]	*Vorstellungsgespräch*
εργάζομαι	*arbeiten*
το λογιστήριο	*Buchhaltung*
η αλληλογραφία	*Korrespondenz*
ο λογαριασμός	*Rechnung*
η φωτοτυπία	*Fotokopie*
βγάζω φωτοτυπίες	*kopieren*
το φαξ *unv*	*Fax*
κάνω για	*für etw. geeignet, zu gebrauchen sein*
σιχαίνομαι	*verabscheuen*
η γραφειοκρατία	*Bürokratie*
αρνούμαι	*sich weigern*
οποιοσ-, οποια-, οποιοδήποτε	*irgendeine(r, s)*
πνευματικός, -ή, -ό	*geistig*
δημιουργικός, -ή, -ό	*schöpferisch*
τρελαίνομαι (για)	*verrückt sein (nach)*
πλένω	*waschen*
ξυρίζω	*rasieren*
σιγά σιγά	*nicht so schnell, immer langsam*
η εμπειρία	*Erfahrung*
μόνος, -η, -ο μου	*selbst, allein*

στεναχωριέμαι [stenaxor'jeme]	*sich Sorgen machen*	διδάσκω	*lehren, unterrichten*
ως	*als*	ιδιωτικός, -ή, -ό	*Privat-*
αστειεύομαι	*scherzen*	κατάλληλος, -η, -ο	*geeignet*

Γραμματική

1. Die nicht-aktiven Verbformen

A 3, 4, 5, 6, 7

Die Verben der Normalkonjugation

Sie enden im Nicht-aktiv auf **-ομαι**: βρίσκω ▶ βρίσκομαι *sich befinden.*
Die Personalendungen sind: **-ομαι, -εσαι, -εται, -όμαστε, -εστε, -ονται.**
Weitere Verben: γράφω ▶ γράφομαι *geschrieben werden, sich einschreiben,* δημοσιεύω ▶ δημοσιεύομαι *veröffentlicht werden,* διορθώνω ▶ διορθώνομαι *korrigiert, verbessert werden,* ενδιαφέρω ▶ ενδιαφέρομαι *sich interessieren,* ετοιμάζω ▶ ετοιμάζομαι *sich vorbereiten,* κρύβω ▶ κρύβομαι *sich verstecken,* ντύνω ▶ ντύνομαι *sich anziehen,* ξυρίζω ▶ ξυρίζομαι *sich rasieren,* πλένω ▶ πλένομαι *sich waschen,* πληρώνω ▶ πληρώνομαι *bezahlt werden,* σηκώνω ▶ σηκώνομαι *aufstehen, sich erheben,* τρελαίνω ▶ τρελαίνομαι *verrückt sein (nach), verrückt werden,* χτενίζω ▶ χτενίζομαι *sich kämmen.*

Die Verben der Vokalstammkonjugation

Sie enden im Nicht-aktiv ebenfalls auf **-ομαι**, erhalten aber (aus phonetischen Gründen) ein -γ- zwischen Stamm und Endung:
λέω ▶ λέγομαι *heißen,* τρώω ▶ τρώγομαι *genießbar sein.*

Die Verben auf *-ιέμαι*

Sämtliche Verben, die im Aktiv der άς-Konjugation und einige Verben, die im Aktiv der είς-Konjugation folgen, werden im Präsens Nicht-aktiv so konjugiert:

στεναχωριέμαι *sich Sorgen machen*			
Singular		**Plural**	
εγώ	στεναχωρ-**ιέμαι**	εμείς	στεναχωρ-**ιόμαστε**
εσύ	στεναχωρ-**ιέσαι**	εσείς	στεναχωρ-**ιέστε** *oder* στεναχωρ-**ιόσαστε**
αυτός, -ή, -ό	στεναχωρ-**ιέται**	αυτοί, -ές, -ά	στεναχωρ-**ιούνται**

Dieser Konjugation folgen außerdem die Verben παραπονιέμαι *jammern, sich beschweren* und βαριέμαι *sich langweilen,* die aber nur eine nicht-aktive Form haben.

Die Verben auf *-ούμαι*

Die meisten Verben, die im Aktiv der είς-Konjugation folgen, werden im Präsens Nicht-aktiv so konjugiert:

παρακαλούμαι *gebeten werden*			
Singular		**Plural**	
εγώ	παρακαλ-**ούμαι**	εμείς	παρακαλ-**ούμαστε**
εσύ	παρακαλ-**είσαι**	εσείς	παρακαλ-**είστε**
αυτός, -ή, -ό	παρακαλ-**είται**	αυτοί, -ές, -ά	παρακαλ-**ούνται**

Dieser Konjugation folgen außerdem das Verb απειλούμαι *bedroht werden*, sowie die Verben αρνούμαι *sich weigern* und ασχολούμαι *sich beschäftigen (mit)*, die aber nur eine nicht-aktive Form haben.

Vom Aktiv zum Nicht-aktiv

Wenn Sie einen Satz aus dem Aktiv ins Nicht-aktiv umformen, beachten Sie bitte Folgendes:

- Das direkte Objekt des Aktiv-Satzes wird zum Subjekt im Nicht-aktiv und steht dann im Nominativ.
- Das Verb wechselt von Aktiv ins Nicht-Aktiv und richtet sich im Numerus nach dem neuen Subjekt.
- Das Subjekt des Aktiv-Satzes wird zum Objekt im Nicht-aktiv; es zeigt im Nicht-aktiv den Urheber der Handlung an. Es steht im Akkusativ nach der Präposition **από** *von*.

Η σχολή πληρώνει τους καθηγητές. *Die Schule bezahlt die Lehrer.*
Οι καθηγητές **πληρώνονται** από τη σχολή.
Die Lehrer werden von der Schule bezahlt.
Ο Μάρτιν γράφει το βιογραφικό σημείωμα. *Martin schreibt den Lebenslauf.*
Το βιογραφικό σημείωμα **γράφεται** από το Μάρτιν.
Der Lebenslauf wird von Martin geschrieben.

Nicht-aktive Konstruktionen werden im Griechischen nicht so oft gebraucht. Sie kommen häufiger in der Schriftsprache als im mündlichen Sprachgebrauch vor. Folgende Verben werden häufig in der 3. Person (Singular oder Plural) im Nicht-aktiv verwendet:

απαγορεύω ▸ απαγορεύεται *es ist verboten*
επιτρέπω ▸ επιτρέπεται *es ist erlaubt*
αποκλείω ▸ αποκλείεται *es ist ausgeschlossen*
ζητάω ▸ ζητείται *(es wird) gesucht*
νοικιάζω ▸ (ε)νοικιάζεται *es wird vermietet / zu vermieten*
απαιτώ ▸ απαιτείται *(es wird) verlangt*

2. Das Pronomen *μόνος, -η, -ο μου* A 8

Das Adjektiv **μόνος**, -η, -ο kann mit dem schwachen Personalpronomen (μου, σου, του, της, του, μας, σας, τους) kombiniert werden, um das deutsche *selbst, allein* wiederzugeben.

	Maskulin	Feminin	Neutrum
Singular	μόνος μου / σου / του	μόνη μου / σου / της	μόνο μου / σου / του
Plural	μόνοι μας / σας / τους	μόνες μας / σας / τους	μόνα μας / σας / τους

Το παιδί ντύνεται **μόνο του**. *Das Kind zieht sich selbst an.*
Οι γυναίκες πήγανε **μόνες τους** στο σινεμά.
Die Frauen sind alleine ins Kino gegangen.

Χρήση των ελληνικών A 2

Βιογραφικό σημείωμα

Προσωπικά στοιχεία

Επώνυμο:	Ρότκεγκελ
Όνομα:	Μάρτιν
Οικογενειακή κατάσταση:	άγαμος
Εθνικότητα:	γερμανική
Ημερομηνία γέννησης:	18.01.1981
Τόπος γέννησης:	Αμβούργο Γερμανίας
Διεύθυνση:	Ολύμπου 8, 546 30 Θεσσαλονίκη
Τηλέφωνο:	2310 183456

Σπουδές

2000:	Απολυτήριο λυκείου (Abitur)
2001–2005:	Ελληνική Φιλολογία, Διδακτική και Ιστορία στο Πανεπιστήμιο του Αμβούργου
2005:	Επισκέπτης φοιτητής στο Αριστοτέλειο Πανεπιστήμιο Θεσσαλονίκης

Γλώσσες και άλλες γνώσεις
Γερμανικά, ελληνικά, αγγλικά και γαλλικά
Χειρισμός ηλεκτρονικού υπολογιστή, επεξεργασία κειμένων

Επαγγελματική εμπειρία

2000–2003:	Καθηγητής γερμανικής γλώσσας σε ιδιωτικό ινστιτούτο ξένων γλωσσών στο Αμβούργο

Lebenslauf

Persönliche Daten

Nachname:	Rothkegel
Vorname:	Martin
Familienstand:	ledig
Staatsangehörigkeit:	deutsch
Geburtstag:	18.01.1981
Geburtsort:	Hamburg (Deutschland)
Adresse:	Olympou 8, 546 30 Thessaloniki
Telefon:	2310 183456

Studium

2000:	Abitur
2001–2005:	Griechische Philologie, Didaktik und Geschichte an der Universität Hamburg
2005:	Gaststudent an der Aristoteles-Universität Thessaloniki

Sprachen und weitere Kenntnisse
Deutsch, Griechisch, Englisch und Französisch
Computerkenntissse, Textverarbeitung

Berufserfahrung

2000–2003:	Deutschlehrer an privatem Fremdspracheninstitut in Hamburg

Άλλες χρήσιμες εκφράσεις

Die Arbeitswelt A 1

το επάγγελμα	*Beruf*	το ωράριο	*Arbeitszeit*
η εργασία, η δουλειά	*Arbeit*	η πλήρης απασχόληση	*Vollzeitbeschäftigung*
η εταιρεία	*Gesellschaft, Unternehmen*	η μερική απασχόληση	*Teilzeitbeschäftigung*
η επιχείρηση	*Unternehmen, Firma*	ο μισθός	*Lohn, Gehalt*
		η άδεια	*Urlaub*
ο εργοδότης	*Arbeitgeber*	η σύνταξη	*Rente*
ο προϊστάμενος	*Vorgesetzter*	η ανεργία	*Arbeitslosigkeit*
ο εργαζόμενος	*Arbeitnehmer*	η απεργία	*Streik*
ο εργάτης	*Arbeiter*	τα δικαιολογητικά	*(Bewerbungs-)Unterlagen*
ο / η συνάδελφος	*Kollege / in*		

i Die weiblichen Nachnamen stehen im Griechischen im Genitiv. Sie entsprechen entweder der Genitivform des Nachnamens des Vaters – Ελένη Μυλωνά bedeutet eigentlich Eleni, Tochter des Herrn Μυλωνάς –, oder der Genitivform des Nachnamens des Ehemannes – Eleni, Ehefrau des Herrn Μυλωνάς. Seit 1983 nehmen aber in Griechenland die Frauen nicht mehr den Nachnamen des Ehemannes an, sondern behalten ihren Geburtsnamen. Die Eltern entscheiden, welchen Nachnamen die Kinder haben sollen (meistens ist es der des Vaters).
Hier ein kurzer Überblick über die männlichen und weiblichen Formen von gängigen Nachnamen: ο κύριος Κανελλό**πουλος**, η κυρία Κανελλο**πούλου**; ο κύριος Δημα**ράς**, η κυρία Δημα**ρά**; ο κύριος Ζερ**βάκης**, η κυρία Ζερ**βάκη**; ο κύριος Παυλ**ίδης**, η κυρία Παυλ**ίδη** bzw. κυρία Παυλ**ίδου**.
Einige Nachnamen sind im Nominativ und Genitiv gleich, weil sie aus dem Genitiv eines Vornamens entstanden sind. In diesen Fällen sind männliche und weibliche Form identisch: ο κύριος Γεωργ**ίου**, η κυρία Γεωργ**ίου**.
Die Namen auf **-ογλου** sind bei Frauen und bei Männern ebenfalls identisch: ο κύριος Παπάζ**ογλου**, η κυρία Παπάζ**ογλου**.

Ασκήσεις

1 Ergänzen Sie die Stellenanzeigen mit den Wörtern aus dem Kasten.

απαραίτητη	παρακαλούνται	στείλουν	ζητείται	επαγγελματική
ενδιαφερόμενοι	γνώση	επιθυμεί ✓	μισθό	απαιτείται
	βιογραφικό		εταιρεία	

Δικηγορικό γραφείο *επιθυμεί* να προσλάβει νέο άτομο για τη γραμματεία. .... απολυτήριο λυκείου. Προϋπηρεσία τουλάχιστον τριών ετών .... Προσφέρουμε ικανοποιητικό .... Οι υποψήφιοι .... να στείλουν .... σημείωμα στην κα. Σαββίδη.

.... γραμματέας για μεγάλη μεταφορική .... εμπειρία επιθυμητή. Πολύ καλή .... αγγλικών και ισπανικών απαραίτητη. Οι .... παρακαλούνται να .... βιογραφικό σημείωμα.

2 Lesen Sie den Text und füllen Sie anschließend den Lebenslauf aus.

Η Ελένη Μυλωνά γεννήθηκε* στις 07/04/1978 στην Αθήνα. Μένει μόνη της στην οδό Σάμου 17. Το 1996 πήρε το απολυτήριο λυκείου και από το 1996 μέχρι το 2001 σπούδασε Γαλλική Φιλολογία στο Εθνικό και Καποδιστριακό Πανεπιστήμιο Αθηνών. Μιλάει πολύ καλά αγγλικά και γαλλικά. Δούλεψε από το 2002 έως το 2005 στη Σχολή Ξένων Γλωσσών ΑΛΦΑ στην Αθήνα ως καθηγήτρια γαλλικών.

Βιογραφικό σημείωμα

Επώνυμο:	*Μυλωνά*
Όνομα:	....
.... :	άγαμη
Εθνικότητα:	....
Ημερομηνία γέννησης:	....
.... :	Αθήνα
.... :	Σάμου 17, 104 38 Αθήνα
.... :	210 2678390
Σπουδές:	.... : Απολυτήριο Λυκείου
	1996–2001: Γαλλική .... στο Εθνικό
	και Καποδιστριακό ....
Ξένες Γλώσσες:	.... και ....
.... :	2002–2005: Καθηγήτρια γαλλικής γλώσσας

* γεννήθηκε: *ist geboren*

3 Konjugieren Sie die Verben **πλένομαι**, **βαριέμαι** und **παρακαλούμαι**.

εγώ	....	*βαριέμαι*	....
εσύ	....	....	*παρακαλείσαι*
αυτός, -ή, -ό	....	....	....
εμείς	*πλενόμαστε*	....	....
εσείς	....	....	....
αυτοί, -ές, -ά	....	....	....

4 Bilden Sie die aktive bzw. nicht-aktive Form der Verben. Achten Sie dabei auf die Person.

1. χτενίζουμε ▶ *χτενιζόμαστε*
2. .... ▶ αγαπιούνται
3. ντύνεις ▶ ....
4. .... ▶ ενδιαφέρυμαι
5. πλένετε ▶ ....
6. .... ▶ δημοσιεύονται
7. σηκώνει ▶ ....
8. .... ▶ ξυρίζεσαι

5 Setzen Sie das Verb in der passenden Form ein.

1. Ο Μάρτιν *ενδιαφέρεται* (ενδιαφέρομαι) για την Ελλάδα.
2. .... (απαγορεύομαι) η είσοδος.
3. Η σχολή .... (βρίσκομαι) στην οδό Παλαμά.
4. Κώστα, γιατί .... (παραπονιέμαι) πάντα;
5. Εμείς .... (ασχολούμαι) με το θέατρο.
6. Αυτό δεν .... (επιτρέπομαι).
7. .... (νοικιάζομαι) δωμάτια με φανταστική θέα.

6 Aktiv oder nicht-aktiv? Setzen Sie die richtige Form ein.

1. Η Λίτσα *αγοράζει* (αγοράζω,-ομαι) ένα παντελόνι.
2. Ο Πέτρος και ο Παύλος δεν .... (ξυρίζω, -ομαι) κάθε μέρα.
3. Η σχολή .... (βρίσκω, -ομαι) στο κέντρο.
4. Παιδί μου, πρέπει να .... (πλένω, -ομαι) κάθε μέρα.
5. Τα αγόρια .... (κρύβω, -ομαι) πίσω από το περίπτερο.
6. Σήμερα .... (πληρώνω, -ομαι) εγώ το λογαριασμό.
7. Δημήτρη, γιατί δε .... (σηκώνω, -ομαι) από το κρεβάτι;

7 **a.** Formen Sie die Sätze aus dem Aktiv ins Nicht-aktiv um.

1. Ο καθηγητής διορθώνει τις ασκήσεις.
Οι ασκήσεις διορθώνονται από τον καθηγητή.
2. Αυτή η εταιρεία προσλαμβάνει δύο λογιστές. ....
3. Η βροχή πλένει το αυτοκίνητο. ....
4. Οι γονείς πληρώνουν πάντα τους λογαριασμούς. ....

b. Formen Sie nun die Sätze aus dem Nicht-aktiv ins Aktiv um.

1. Τα πιάτα πλένονται συνήθως από τη μαμά. ....
2. Οι υπάλληλοι πληρώνονται κάθε μήνα από το κράτος. ....
....
3. Το γράμμα γράφεται τώρα από τη γραμματέα. ....
....
4. Οι αγγελίες δημοσιεύονται συνήθως από τις εταιρίες. ....
....

8 Setzen Sie das Pronomen μόνος, -η, -ο μου in die richtige Form.

1. Ο Μάρτιν πήγε *μόνος του* στην Ξάνθη.
2. Η Λίτσα πηγαίνει .... στο καφέ Αμάν.
3. Βλέπω τις γυναίκες να χορεύουν ....
4. Και .... μπορεί κανείς να μάθει ελληνικά.
5. Ο φοιτητής έγραψε .... το βιογραφικό σημείωμα.
6. Τα παιδιά πήγανε .... στο σχολείο.
7. Ο Τάσος και ο Λάκης δε θέλουν να φάνε .... το βράδυ.
8. Δε μ' αρέσει να είμαι ....

Schwerpunkte dieser Lektion sind:
- Bank und Post
- Bedingungen und Wünsche ausdrücken
- das **Partizip Perfekt**
- die **Neutra** auf **-ον**
- die Adverbien **πάλι** und **ξανά**
- Substantive mit **zwei Pluralformen**

Μάθημα

15

ΤΡΑΠΕΖΑ ΟΜΙΚΡΟΝ

«ΦΟΙΤΗΤΗΣ» – ο νέος λογαριασμός της Τράπεζας ΟΜΙΚΡΟΝ

Τα φοιτητικά μας χρόνια είναι τα πιο ευτυχισμένα της ζωής μας. Εμείς στην **ΟΜΙΚΡΟΝ** θέλουμε να σας βοηθήσουμε και να σας δώσουμε εφόδια για ένα εξασφαλισμένο μέλλον. Γι' αυτό δημιουργήσαμε το λογαριασμό **ΦΟΙΤΗΤΗΣ** που καλύπτει τις ανάγκες των φοιτητών. Ο λογαριασμός **ΦΟΙΤΗΤΗΣ** έχει πολλά πλεονεκτήματα. Επιλέξτε το προϊόν μας και θα σας προσφέρουμε τις εξής παροχές και υπηρεσίες:

- μεγάλο δίκτυο καταστημάτων
- δυνατότητα απόκτησης πιστωτικής κάρτας
- δυνατότητα λήψης φοιτητικών δανείων με ευνοϊκούς όρους
- δυνατότητα πληρωμής λογαριασμών (Δ.Ε.Η., Ο.Τ.Ε. κτλ.) μέσω πάγιων εντολών.

Για ό,τι χρειάζεστε, η **ΟΜΙΚΡΟΝ** είναι πάντα κοντά σας.

"STUDENT" – das neue Konto der OMIKRON Bank

Die Studentenjahre sind die glücklichsten unseres Lebens. Wir von der **OMIKRON** Bank wollen Ihnen helfen und Ihnen Mittel für eine gesicherte Zukunft geben. Deshalb haben wir das Konto **STUDENT** geschaffen, das die Bedürfnisse der Studenten deckt. Das Konto **STUDENT** hat viele Vorteile. Wählen Sie unser Produkt und wir werden Ihnen folgende Leistungen und Dienste bieten:

- großes Filialnetz
- Möglichkeit, eine Kreditkarte zu erwerben
- Möglichkeit, Studentenkredite zu günstigen Bedingungen aufzunehmen
- Möglichkeit, Rechnungen (Strom, Telefon, usw.) durch Daueraufträge zu bezahlen.

Für alles, was Sie brauchen – die **OMIKRON** Bank ist immer in Ihrer Nähe.

15

Τι καινούριο έχουμε;

Das Partizip Perfekt A 1

Fast jedes Verb verfügt über eine Partizip-Perfekt-Form. Sie endet auf **-μένος, -μένη, -μένο**. Das Partizip Perfekt wird wie das Adjektiv καλός, -ή, -ό dekliniert und kann durch Umschreibung gesteigert werden (→ Lektion 6). Es richtet sich also hinsichtlich Numerus, Genus und Kasus nach dem dazugehörigen Substantiv:
εξασφαλίζω *absichern* ▸ ένα **εξασφαλισμένο** μέλλον *eine gesicherte Zukunft*
ευτυχώ *Glück haben* ▸ τα πιο **ευτυχισμένα** χρόνια *die glücklichsten Jahre*

Das Partizip Perfekt kann man sowohl attributiv als auch prädikativ gebrauchen:
Το **κουρασμένο** παιδί κοιμάται. *Das müde Kind schläft.*
Τα παιδιά είναι **κουρασμένα**. *Die Kinder sind müde.*

Hier einige Partizipien, die man häufig verwendet:

Verb	Partizip Perfekt	Verb	Partizip Perfekt
αγαπάω *lieben*	**αγαπημένος, -η, -ο** *geliebt*	διψάω *Durst haben*	**διψασμένος, -η, -ο** *durstig*
δυστυχώ *Pech haben*	**δυστυχισμένος, -η, -ο** *unglücklich*	ευτυχώ *Glück haben*	**ευτυχισμένος, -η, -ο** *glücklich*
ευχαριστώ *danken*	**ευχαριστημένος, -η, -ο** *zufrieden*	θυμώνω *wütend werden bzw. machen*	**θυμωμένος, -η, -ο** *wütend*
κουράζω *ermüden*	**κουρασμένος, -η, -ο** *müde, erschöpft*	κρυώνω *frieren, sich erkälten*	**κρυωμένος, -η, -ο** *erkältet*
μεθάω *(sich) betrinken*	**μεθυσμένος, -η, -ο** *betrunken*	παγώνω *(ge-), (er)frieren*	**παγωμένος, -η, -ο** *eiskalt, gefroren*
παντρεύω *verheiraten*	**παντρεμένος, -η, -ο** *verheiratet*	πεινάω *Hunger haben*	**πεινασμένος, -η, -ο** *hungrig*
περνάω *vorbeigehen*	**περασμένος, -η, -ο** *vergangen*	στεναχωρώ *jdm Sorgen machen*	**στεναχωρημένος, -η, -ο** *besorgt, traurig*
χαλάω *kaputt machen, kaputt gehen*	**χαλασμένος, -η, -ο** *kaputt, verdorben*	χωρίζω *trennen*	**χωρισμένος, -η, -ο** *getrennt*

Αν είχα ένα εκατομμύριο ...

Λίτσα: Σε βλέπω πολύ στεναχωρημένο, Μάκη. Τι έπαθες;

Μάκης: Άσε, έχω σοβαρά οικονομικά προβλήματα. Με έδιωξαν από τη δουλειά.

Λίτσα: Απίστευτο! Μα την περασμένη βδομάδα δε μου είπες ότι είναι πολύ ευχαριστημένοι μαζί σου; Για ποιο λόγο σ' έδιωξαν;

Μάκης: Να, επειδή δεν ήμουν ποτέ στην ώρα μου στο γραφείο. Και τώρα δεν έχω χρήματα να πληρώσω το λογαριασμό του τηλεφώνου και του ρεύματος! Αν δεν ξαναβρώ δουλειά, θα παρατήσω τις σπουδές μου και θα γυρίσω πίσω στο χωριό μου.

Λίτσα: Άσε τις βλακίες και μην είσαι τόσο απαισιόδοξος, Μάκη. Δε χάλασε ο κόσμος! Θα βρούμε μια λύση. Όμως φταις και εσύ λιγάκι γι' αυτή την κατάσταση. Αν δεν έβγαινες κάθε βράδυ, θα σου έφταναν τα λεφτά που σου στέλνουν οι γονείς σου κάθε μήνα και δε θα έπρεπε να δουλεύεις τα απογεύματα. Και αν είχες διαβάσει περισσότερο, θα είχες περάσει τις εξετάσεις και θα έπαιρνες φέτος το πτυχίο σου.

Μάκης: Εντάξει, εντάξει. Έχεις απόλυτο δίκιο. Όμως τα λόγια σου δε με βοηθάνε. Μπορείς να μου πεις τι να κάνω;

Λίτσα: Εγώ αν ήμουν στη θέση σου, θα έπαιζα λόττο. Και αν είσαι τυχερός, θα κερδίσεις το τζάκποτ: ένα εκατομμύριο ευρώ.

Μάκης: Θαυμάσια ιδέα! Αχ, μακάρι να κερδίσω! Αν είχα ένα εκατομμύριο, δε θα ξανάνοιγα βιβλίο, θα αγόραζα σπίτι σ' ένα έρημο νησί του Αιγαίου και δε θα ξαναδούλευα ποτέ στη ζωή μου. Και εσύ τι θα έκανες;

Λίτσα: Εγώ θα πήγαινα στο Παρίσι, θα έτρωγα στα πιο γνωστά εστιατόρια, θα αγόραζα τα ακριβότερα αρώματα και θα ψώνιζα στα πιο σικ μαγαζιά.

Μάκης: Ωραία όλα αυτά, συμβαίνουν όμως μόνο στις ταινίες και στα παραμύθια. Δεν έχεις καμιά πιο ρεαλιστική πρόταση;

Λίτσα: Άκου, η φίλη μου η Ρούλα άνοιξε φοιτητικό λογαριασμό σε μια τράπεζα και είναι πολύ ικανοποιημένη. Χορηγούν και δάνεια σε φοιτητές. Αν χρειάζεσαι λεφτά, πάρε ένα δάνειο.

Μάκης: Δεν εμπιστεύομαι τις τράπεζες. Άσε καλύτερα. Να μου λείπουν τα δάνεια!

Λίτσα: Τι να σου κάνω, αγόρι μου. Αν πήγαινες στην ώρα σου στο γραφείο, δε θα είχες τώρα ανάγκη τις τράπεζες και τα τζάκποτ.

Λεξιλόγιο

«ΦΟΙΤΗΤΗΣ» – Ο νέος λογαριασμός της Τράπεζας ΟΜΙΚΡΟΝ

ο λογαριασμός	*hier: Konto*
φοιτητικός, -ή, -ό	*Studenten-*
ευτυχισμένος, -η, -ο [eftiçi'zmenos]	*glücklich*
το εφόδιο	*Mittel*
εξασφαλισμένος, -η, -ο	*gesichert*
το μέλλον	*Zukunft*
δημιουργώ	*schaffen*
καλύπτω	*decken*
η ανάγκη [a'naŋɟi]	*Bedürfnis*
το πλεονέκτημα	*Vorteil*
επιλέγω	*wählen, auswählen*
το προϊόν [proi'on]	*Produkt*
εξής *unv*	*folgende(r, s)*
η παροχή	*Leistung*
η υπηρεσία	*Dienst*
το δίκτυο	*Netz*
η δυνατότητα	*Möglichkeit*
η απόκτηση	*Erwerb*
η πιστωτική κάρτα	*Kreditkarte*
η λήψη	*Aufnahme, Empfang*
το δάνειο	*Kredit*
ευνοϊκός, -ή, -ό [evnoi'kos]	*günstig*
ο όρος	*Bedingung*
η πληρωμή	*Zahlung*
η Δ.Ε.Η. (Δημόσια Επιχείρηση Ηλεκτρισμού)	*Öffentliche Elektrizitätsgesellschaft*
ο Ο.Τ.Ε. (Οργανισμός Τηλεπικοινωνιών της Ελλάδας)	*Griechisches Fernmeldeamt*
κτλ. (και τα λοιπά)	*usw. (und so weiter)*
μέσω + *Gen.*	*mit, durch*
η πάγια εντολή	*Dauerauftrag*

Αν είχα ένα εκατομμύριο ...

στεναχωρημένος, -η, -ο	*besorgt*
τι έπαθες;	*Was ist mit dir los? (wörtl.: Was ist dir passiert?)*
οικονομικός, -ή, -ό	*hier: finanziell*
διώχνω ['ðjoxno]	*verjagen; hier: feuern*
ευχαριστημένος, -η, -ο [efxaristi'menos]	*zufrieden*
ο λόγος	*hier: Grund*
στην ώρα μου	*pünktlich*
το ρεύμα	*Strom*
ξανά	*noch einmal, wieder*
παρατάω	*aufgeben, verlassen*
γυρίζω (πίσω)	*zurückkehren*
η βλακία [vla'cia]	*Quatsch*
απαισιόδοξος, -η, -ο	*pessimistisch*
δε χάλασε ο κόσμος	*davon geht die Welt nicht unter*
η λύση	*Lösung*
φταίω	*schuld sein*
η κατάσταση	*Zustand, Situation*
φτάνω	*hier: reichen*
διαβάζω	*hier: lernen*
περνάω τις εξετάσεις	*Prüfungen bestehen*
απόλυτος, -η, -ο	*absolut*
τα λόγια *Pl* ['loja]	*Worte*
το λόττο *unv*	*Lotto*
το τζάκποτ *unv*	*Jackpot*
μακάρι	*hoffentlich*
έρημος,- η, -ο	*einsam, verlassen*
το Παρίσι	*Paris*
το εστιατόριο	*Restaurant*
το άρωμα	*Parfüm*

σικ *unv*	*schick*	**ικανοποιημένος, -η, -ο**	*zufrieden*
το μαγαζί	*Geschäft, Laden*	χορηγώ	*gewähren*
συμβαίνει	*etw. geschieht*	**εμπιστεύομαι**	*vertrauen*
η ταινία	*Film*	να μου λείπει	*kann mir gestohlen bleiben*
το παραμύθι	*Märchen*		
ρεαλιστικός, -ή, -ό	*realistisch*	έχω ανάγκη	*nötig haben, brauchen*
η πρόταση	*hier: Vorschlag*		

Γραμματική

1. Die Bedingungssätze *A 4, 5, 6*

Der Bedingungssatz besteht aus einem mit **αν** *wenn* eingeleiteten Nebensatz, der eine Bedingung enthält, und einem Hauptsatz, der die Folge der Bedingung darstellt. Im Griechischen kann man zwischen drei Fällen von Bedingungssätzen unterscheiden:
1. Der reale Fall:
Αν δω το Μάρτιν, θα του το πω.
Wenn ich Martin sehe, werde ich es ihm sagen.
2. Der irreale Fall:
Αν έβλεπα το Μάρτιν, θα του το έλεγα.
Wenn ich Martin sehen würde, würde ich es ihm sagen.
3. Der irreale Fall in der Vergangenheit:
Αν είχα δει το Μάρτιν, θα του το είχα πει.
Wenn ich Martin gesehen hätte, hätte ich es ihm gesagt.

- Im ersten Fall wird eine realisierbare, erfüllbare Erwartung oder eine Möglichkeit in der Gegenwart und Zukunft dargestellt. Im Nebensatz steht **αν + aoristischer Konjunktiv** und im Hauptsatz **aoristisches Futur**:
  Αν δε βρω δουλειά, θα γυρίσω πίσω στο χωριό μου.
  Wenn ich keine Arbeit finde, kehre ich in mein Dorf zurück.
  Es sind aber auch andere Varianten möglich, z. B. **αν + Präsens** im Nebensatz und **Imperativ** im Hauptsatz:
  Αν χρειάζεσαι λεφτά, πάρε δάνειο. *Wenn du Geld brauchst, nimm einen Kredit auf.*

- Im zweiten Fall wird eine unwahrscheinliche, nicht erfüllbare Erwartung oder Möglichkeit bzw. etwas Irreales in Vergangenheit, Gegenwart oder Zukunft dargestellt. Im Nebensatz steht **αν + Paratatikós** und im Hauptsatz **Konditional** (θα + Paratatikós → Lektion 13):
  Αν δεν έβγαινες κάθε βράδυ, θα σου έφταναν τα λεφτά.
  Wenn du nicht jeden Abend ausgehen würdest, würde dir das Geld reichen.

- Im dritten Fall wird eine nicht verwirklichte Möglichkeit in der Vergangenheit – also etwas Irreales – dargestellt. Im Nebensatz steht **αν + Paratatikós** bzw. **Plusquamperfekt** und im Hauptsatz **θα + Plusquamperfekt**:
  Αν είχες διαβάσει περισσότερο, θα είχες περάσει τις εξετάσεις.
  Wenn du mehr gelernt hättest, hättest du die Prüfungen bestanden.
  In der gesprochenen Sprache kann man auch αν + Paratatikós und Konditional (also den zweiten Fall) benutzen, um diesen Sachverhalt auszudrücken.

2. Die Neutra auf *-ον* A 2

Einige Substantive enden auf **-ον**. Es sind Neutra und sie werden wie folgt dekliniert:

το προϊόν *das Produkt*	**Singular**	**Plural**
Nom.	το προϊ**όν**	τα προϊ**όντα**
Gen.	του προϊ**όντος**	των προϊ**όντων**
Akk.	το προϊ**όν**	τα προϊ**όντα**
Vok.	προϊ**όν**	προϊ**όντα**

Weitere Neutra auf **-ον**: το ενδιαφέρον *Interesse*, το περιβάλλον *Umwelt*, *Umgebung*, το παρόν *Gegenwart*, το παρελθόν *Vergangenheit*, το μέλλον *Zukunft*, το καθήκον *Pflicht*, το συμφέρον *Vorteil*.

3. Die Adverbien *πάλι* und *ξανά* A 3

ξανά und **πάλι** bedeuten beide *noch einmal*, *wieder*. Während πάλι bzw. ξανά in der Regel nach dem Verb stehen, kann man mit **ξανα-** zahlreiche zusammengesetzte Verben bilden.
Θα βρω πάλι δουλειά. Θα βρω ξανά δουλειά. Θα ξαναβρώ δουλειά.
Ich werde wieder Arbeit finden.
Der Anfangsvokal des Verbs kann dabei entfallen:
ακούω ▸ ξανακούω, έρχομαι ▸ ξανάρχομαι *oder* ξαναέρχομαι

4. Substantive mit zwei Pluralformen A 2

Einige Substantive verfügen über zwei verschiedene Pluralformen, meistens mit unterschiedlicher Bedeutung. Die wichtigsten sind:
ο χρόνος *Jahr* oder *Zeit* ▸ οι χρόνοι *Zeiten* ▸ τα χρόνια *Jahre*
ο λόγος *Wort*, *Rede* oder *Grund* ▸ οι λόγοι *Reden*, *Gründe* ▸ τα λόγια *Worte*
ο δεσμός *Bindung*, *Beziehung* ▸ οι δεσμοί *Bindungen*, *Beziehungen* ▸ τα δεσμά *Fesseln*

ο βράχος *Fels* ▸ οι βράχοι *Felsbrocken* ▸ τα βράχια *Felsen*
ο λαιμός *Hals* ▸ οι λαιμοί *Hälse* ▸ τα λαιμά *Halsweh*
ο καπνός *Rauch, Tabak* ▸ οι καπνοί *Rauchschwaden* ▸ τα καπνά *Tabakpflanzen*

Χρήση των ελληνικών A 7

Sie können im Griechischen mit **μακάρι να, τι καλά να** und **ας** (→ Lektion 9) Wünsche und Hoffnungen ausdrücken.

- Steht das Verb im aoristischen Konjunktiv, handelt es sich um einen erfüllbaren Wunsch:
  Μακάρι να βρω δουλειά. *Hoffentlich finde ich Arbeit!*
  Τι καλά να βγούμε έξω σήμερα το βράδυ.
  Wie schön, wenn wir heute Abend ausgehen!
  Ας περάσει τις εξετάσεις. *Hoffentlich besteht er die Prüfungen!*

- Steht das Verb im Paratatikós oder Plusquamperfekt, handelt es sich um einen irrealen Wunsch:
  Μακάρι να ήμουν στην Ελλάδα.
  Wenn ich doch in Griechenland wäre!
  Μακάρι να μην είχε πει αυτά τα λόγια.
  Wenn er doch diese Worte nicht gesagt hätte!
  Τι καλά να έβλεπα / να είχα δει το φίλο μου χθες.
  Wie schön (wäre es), wenn ich meinen Freund gestern gesehen hätte!
  Ας πρόσεχες.
  Hättest du doch aufgepasst!

Άλλες χρήσιμες εκφράσεις

Bank, Post, Behörde und Dokumente

η τράπεζα	*Bank*	το γραμματόσημο	*Briefmarke*
το ταμείο	*Kasse*	το δέμα	*Paket*
η θυρίδα	*Schalter, Postfach*	το συστημένο (γράμμα)	*Einschreiben*
		η αστυνομία	*Polizei*
ο λογαριασμός	*Konto*	το προξενείο	*Konsulat*
το μηχάνημα αυτόματης συναλλαγής (ATM)	*Geldautomat*	η πρεσβεία	*Botschaft*
		το διαβατήριο	*Reisepass*
κάνω ανάληψη	*Geld abheben*	η (αστυνομική) ταυτότητα	*Personalausweis*
καταθέτω	*einzahlen*		
η πιστωτική κάρτα	*Kreditkarte*	η άδεια (το δίπλωμα) οδήγησης	*Führerschein*
το ταχυδρομείο	*Post*		

Ασκήσεις

1 Setzen Sie in den folgenden Sätzen die Partizipien aus dem Kasten in der richtigen Form ein.

περασμένος στεναχωρημένος μεθυσμένος ✔ εξασφαλισμένος θυμωμένος
παντρεμένος χαλασμένος πεινασμένος κουρασμένος

1. Η Λίτσα ήπιε κρασί και τώρα είναι *μεθυσμένη* .
2. Ο Μάρτιν είναι ελεύθερος, δεν είναι ....
3. Τα παιδιά θέλουν να φάνε. Είναι ....
4. Τους .... μήνες δούλεψα πολύ.
5. Η κυρία Γεωργίου γύρισε .... από τη δουλειά.
6. Το μέλλον μας δεν είναι ....
7. Είναι .... επειδή δε βρίσκει δουλειά.
8. Ο πατέρας μου ήταν πολύ .... και με μάλωσε.
9. Η τηλεόραση είναι .... και δεν μπορούμε να δούμε την ταινία.

2 Setzen Sie das Substantiv in die richtige Form.

1. Ο Τάκης έχει πολλά *ενδιαφέροντα* (ενδιαφέρον).
2. Δε θέλω να σκέφτομαι το .... (παρελθόν).
3. Για ποιους .... (λόγος) μαθαίνεις ελληνικά;
4. Τα παιδικά μου .... (χρόνος) ήταν πολύ ευτυχισμένα.
5. Αυτό είναι το πλεονέκτημα του .... (προϊόν).
6. Έχω στενούς .... (δεσμός) με τους γονείς μου.
7. Δεν έχω καθόλου .... (χρόνος), πρέπει να φύγω αμέσως.
8. Μη λες τέτοια .... (λόγος)!
9. Σ' αυτή την παραλία έχει πολλά .... (βράχος).

3 Bilden Sie zusammengesetzte Verben mit **ξανα-** und drücken Sie folgende Sätze anders aus.

1. Θέλω να δω πάλι τον Κώστα. *Θέλω να ξαναδώ τον Κώστα.*
2. Η Ελένη αγόρασε ξανά παπούτσια. ....
3. Θα πάτε πάλι στην Ξάνθη; ....
4. Δε θα βγω πάλι με το Δημήτρη. ....
5. Ο Μάρτιν είδε ξανά την ίδια ταινία. ....
6. Δε θέλω να φάω πάλι αυτό το φαγητό. ....

4 Formen Sie die realen Bedingungssätze in irreale um.

1. Αν δεις τον Τάκη, θα του δώσεις το δώρο.
   Αν έβλεπες τον Τάκη, θα του έδινες το δώρο.
2. Αν πάμε στη λαϊκή, θα αγοράσουμε φρούτα. ....
3. Αν έχω καιρό, θα διαβάσω το βιβλίο. ....
4. Αν είναι κουρασμένος, θα μείνει σπίτι. ....
5. Αν πεινάσετε, θα φάτε μουσακά. ....

5 Und jetzt formen Sie die irrealen Bedingungssätze in reale um.

1. Αν του λέγαμε ψέματα, θα μας μάλωνε.
   Αν του πούμε ψέματα, θα μας μαλώσει.
2. Αν δούλευες περισσότερο, θα είχες λεφτά.
   ....
3. Αν πηγαίναμε στην παραλία, θα κάναμε ηλιοθεραπεία.
   ....
4. Αν έβρισκα καιρό, θα σου έστελνα μια κάρτα.
   ....
5. Αν έστρωνε πάνω μου η φούστα, θα την έπαιρνα.
   ....

6 Setzen Sie das Verb in die richtige Form.

1. Θα τους έφταναν τα λεφτά, αν δεν *έβγαιναν* (βγαίνω) κάθε βράδυ.
2. Αν είχα πάει στο παζάρι, θα σου .... (αγοράζω) ένα δωράκι.
3. Τάκη, στείλε μου μήνυμα, αν δε σε .... (βλέπω).
4. Αν μπορέσουμε, θα σας .... (βοηθάω).
5. Θα .... (πίνω) νερό, αν είχα διψάσει.
6. Αν πήγαινα στο Παρίσι, θα .... (τρώω) στα καλύτερα εστιατόρια.
7. Αν είχα διαβάσει, θα .... (περνάω) τις εξετάσεις.

7 Übersetzen Sie die folgenden Sätze.

1. Hoffentlich gewinne ich den Jackpot! *Μακάρι να κερδίσω το τζάκποτ.*
2. Hoffentlich sagt er ihm die Wahrheit! *Ας* ....
3. Wie schön, wenn wir ins Kino gehen! *Τι καλά* ....
4. Wenn ich doch Geld hätte! *Μακάρι* ....
5. Wenn ich doch reich wäre! *Ας* ....
6. Wie schön (wäre es), wenn ich den Rock gekauft hätte! *Τι καλά* ....
....

8 Sind die folgenden Aussagen richtig oder falsch? Kreuzen Sie **σωστό** oder **λάθος** an.

		σωστό	λάθος
1.	Ο Μάκης πήγαινε πάντα στην ώρα του στο γραφείο.	☐	☒
2.	Δεν έχει λεφτά να πληρώσει τους λογαριασμούς του.	☐	☐
3.	Αν δεν ξαναβρεί δουλειά, θα γυρίσει στο χωριό του.	☐	☐
4.	Τα λεφτά που του στέλνουν οι γονείς του του φτάνουν.	☐	☐
5.	Ο Μάκης πήρε φέτος το πτυχίο του.	☐	☐
6.	Αν είχε ένα εκατομμύριο, θα διάβαζε κάθε μέρα.	☐	☐
7.	Αν πήγαινε στο Παρίσι η Λίτσα, θα αγόραζε φτηνά αρώματα.	☐	☐
8.	Η Ρούλα έχει λογαριασμό σε μία τράπεζα.	☐	☐
9.	Η τράπεζα δε δίνει δάνεια στους φοιτητές.	☐	☐

Test 3

1 Sehen Sie sich die Angebote an und entscheiden Sie, ob sie für die folgenden Personen interessant sind.

Σε μας θα βρείτε σχολικές τσάντες, τετράδια, μολύβια για τα παιδιά σας.

Ρούχα αντρικά για όλες τις ώρες. Μπορείτε να πληρώσετε σε δόσεις!

Παπούτσια, μπότες, γόβες, σανδάλια για όλα τα γούστα. Ελάτε στο νέο μας κατάστημα!

Φούστες και φορέματα σε όλα τα χρώματα. Μην καθυστερείτε και προλάβετε τις προσφορές μας!

Μάλλινες ζακέτες, μπουφάν και μεταξωτά πουκάμισα σε καλές τιμές.

Ψάχνετε μαγιό για τις διακοπές σας; Σε μας θα βρείτε ό,τι επιθυμείτε.

		ναι	όχι
1.	Η Λίτσα ψάχνει μια δερμάτινη τσάντα σε καλή τιμή.	☐	☐
2.	Η κυρία Αγγελάκη θέλει τετράδια για την κόρη της.	☐	☐
3.	Ο Σπύρος χρειάζεται δερμάτινες μπότες.	☐	☐
4.	Ο κύριος Αντωνίου θέλει να αγοράσει με δόσεις ένα καροτσάκι για το μωρό του.	☐	☐

Punkte ....../4

2 Setzen Sie das passende Indefinitpronomen ein.

1. Δεν μπορεί να τον βοηθήσει .... (κανένας / κάθε).

2. .... (μερικοί / τίποτα) άνθρωποι δεν τρώνε κρέας.

3. Μου είπε πως δεν είδε .... (καθεμιά / τίποτε).

4. Πήγα για .... (κάθε / μερικές) βδομάδες στην Κρήτη.

5. Η Ρούλα τρώει .... (κάτι / κάθε) μέρα φρούτα.

6. .... (κάποια / καμία) κυρία ζήτησε τον Πέτρο.

Punkte ....../6

3 Verbinden Sie Adjektiv und Substantiv.

1. μακριές	**a.** προϊόν
2. σπάνια	**b.** παιδιά
3. βαρύς	**c.** άντρες
4. πεισματάρικα	**d.** λάθη
5. ακριβό	**e.** φούστες
6. γκρινιάρηδες	**f.** χειμώνας

Punkte ....../6

4 Verwandeln Sie die folgenden Sätze aus dem Konjunktiv in den Imperativ. Achten Sie bitte auf den Aspekt!

1. Να διαβάζεις κάθε μέρα! ....
2. Να λέτε πάντα την αλήθεια! ....
3. Να αγοράσεις τη μακριά φούστα! ....
4. Να πιείτε το γάλα σας! ....
5. Να ρωτήσετε τον καθηγητή! ....
6. Να δεις αυτή την ταινία! ....

Punkte ....../6

5 Aktiv oder Nicht-aktiv? Ergänzen Sie die richtige Form.

1. Η εταιρεία .... στο κέντρο.
   a. βρίσκει b. βρίσκεται
2. Τα παιδιά .... στο δρόμο.
   a. παίζουν b. παίζονται
3. Κώστα, μη ....
   a. στεναχωρείς b. στεναχωριέσαι
4. Οι υποψήφιοι πρέπει .... βιογραφικό σημείωμα.
   a. να στείλουν b. να στέλνονται
5. Δεν .... η είσοδος.
   a. επιτρέπεται b. επιτρέπει
6. Ο Μάκης .... να βγει έξω.
   a. ετοιμάζει b. ετοιμάζεται

Punkte ....../6

6 Verbinden Sie die Satzteile.

1. Αν δεις τη Σοφία
2. Αν πήγαινα στην ταβέρνα
3. Η Μαρία θα μου στείλει μήνυμα
4. Αν δεν το ξέρεις
5. Αν είχαμε πολλά λεφτά
6. Θα περάσω τις εξετάσεις

a. θα είχαμε αγοράσει καινούριο σπίτι.
b. αν διαβάσω.
c. ρώτα τον κύριο Κανελλόπουλο.
d. αν πάει στο σινεμά.
e. δωσ' της χαιρετισμούς.
f. θα έτρωγα μουσακά.

Punkte ....../6

Gesamt ....../34

Übersetzung der Dialoge

1 Im Café Aman

Jannis kommt im Café Aman an. Er sieht Eleni, Takis und noch einen jungen Mann.

Jannis: Hallo! Wie geht es euch?
Takis: Blendend! Wir spielen Backgammon und trinken Kaffee. Das ist Martin. Er ist (ein) Student aus Deutschland.
Jannis: Hallo Martin. Ich heiße Jannis. Wie geht es dir?
Martin: Danke, gut.
Jannis: Ich sehe, du kannst Griechisch! Ich kann kein Deutsch!
Eleni: Ja, Martin kann kein Backgammon, aber er versteht Griechisch.
Martin: Ich verstehe nur ein wenig. Ich studiere Altgriechisch in Hamburg, und jetzt lerne ich Neugriechisch hier in Thessaloniki.
Eleni: Ja, natürlich. Wir können kein Altgriechisch. Wir verstehen nur Neugriechisch.
Takis: Also, Altgriechisch ist schwer. Aber Neugriechisch ist einfach!
Martin: Das hoffe ich auch.

2 Sie feilschen gut!

Martin sieht am schwarzen Brett die Anzeige mit den Stühlen und dem Tisch und ruft an.

Herr Pavlidis: Bitte!
Martin: Guten Tag. Ich heiße Martin Rothkegel. Ich rufe an, weil Sie einen Tisch und zwei Stühle verkaufen ...
H. Pavlidis: Jawohl. Sind Sie Ausländer?
Martin: Ja, ich bin aus Deutschland.
H. Pavlidis: Aber Sie sprechen gut Griechisch. Bravo! Arbeiten Sie in Griechenland?
Martin: Nein, ich bin Student in Thessaloniki, aber ich habe keine Möbel.
H. Pavlidis: Und wie leben Sie ohne Möbel? Wo essen Sie? Auf dem Fußboden?
Martin: Hm, nein! Ich wohne noch mit meiner Freundin Eleni (zusammen). Aber ab morgen habe ich eine Wohnung und ...
H. Pavlidis: Aha, du sprichst, ähm, Verzeihung, Sie sprechen Griechisch, weil Sie eine griechische Freundin haben. Wissen Sie, ich spreche ein wenig Deutsch, weil ich eine deutsche Freundin habe. Sie heißt Kathrin. Sie ist Gymnasiallehrerin und spricht Englisch, Französisch, Italienisch, aber sie kann kein Griechisch. *(Auf Deutsch mit griechischem Akzent)* Sie kann kein Griechisch, ha, ha ...
Martin: Ich verstehe ... Also, Sie verkaufen einen Tisch und Stühle ...

H. Pavlidis:	Ja. Einen Tisch, fünf Stühle und andere Sachen: Schallplatten, CDs, Bücher, zwei Lampen, Kochtöpfe, einen Staubsauger ...
Martin:	Ich möchte nur den Tisch und die Stühle! In Ordnung?
H. Pavlidis:	Nur den Tisch und die Stühle? Sehen Sie, ich verlasse am Montag Thessaloniki, und was soll ich mit den Tellern, den Löffeln, den Gabeln und den Messern, den Lampen und den Backöfen machen?
Martin:	Also, Eleni ist Studentin. Sie hat weder Kochtöpfe noch Teller und Gabeln. Für 50 Euro kaufe ich den Haushalt.
H. Pavlidis:	Ich sehe, Sie sprechen nicht nur gut Griechisch, sondern sie feilschen auch gut. In Ordnung, für 50 Euro nehmen Sie die Bücher, die Platten, die Stühle, die Türen, die Fenster und die Ventilatoren!
Martin:	Vielen Dank Herr ...
H. Pavlidis:	Pavlidis. Ich heiße Ilias Pavlidis. Also, können Sie morgen Nachmittag?
Martin:	Natürlich kann ich!

3 Sieht er nicht sehr gut aus?

Eleni und Martin suchen per Anzeige im Internet eine Begleitung für den Karnevalsball. Um zwei Uhr mittags sind sie im Internet-Café verabredet. Eleni kommt nach Martin an.

Eleni:	Hallo, Martin, wartest du schon lange?
Martin:	Nein, nur fünf Minuten.
Kellner:	Möchten Sie etwas?
Eleni:	Ja, ich möchte eine Orangenlimonade, nicht sehr kalt.
Martin:	Ich möchte einen Filterkaffee (*wörtl.* französischen Kaffee) mit viel Zucker und wenig Milch.

Eleni findet eine Anzeige im Internet.

Eleni:	"Rechtsanwalt, 38 Jahre, ledig und charmant, sucht Bekanntschaft mit junger Frau bis 28 Jahre." Er heißt Alexander. Da ist auch ein Foto. Sieht er nicht sehr gut aus (*wörtl.* Ist er nicht sehr schön)?
Martin:	Ganz nett. Seine Nase ist aber etwas groß! Und ist er nicht etwas dick?
Eleni:	Überhaupt nicht! Er hat auch schöne blaue Augen und schwarzes lockiges Haar!
Martin:	Vielleicht. Die Ohren stehen aber ziemlich ab (*wörtl.* seine Ohren sind sehr abstehend)!
Eleni:	Meinst du?
Martin:	Ja!

Martin zeigt Eleni eine andere Anzeige.

Martin: "Lehrerin, 27 Jahre alt, hübsch, 1.70, schlank, blond, wünscht Bekanntschaft mit einem Herrn bis 39 Jahre, mit gutem Charakter". Da ist auch ein Foto. Sie heißt Lydia. Ist sie nicht wunderschön?
Eleni: Nicht schlecht (*wörtl.* sie ist nicht hässlich). Sie hat aber sehr schmale Lippen.
Martin: Meinst du? Sie hat aber blonde Haare und ist schlank und groß.
Eleni: Ich bin klein und braunhaarig, bin ich (etwa) hässlich? Außerdem sind ihre Zähne etwas schief.
Martin: Was meinst du, Eleni, sollen wir zusammen auf den Karnevalsball gehen?
Eleni: Ja, das ist eine sehr gute Idee!

4 Wie viele Äste hat euer Stammbaum?

Eleni und ihre Schwester Anna schauen sich Fotos an.

Martin: Hallo, Mädels. Was macht ihr da?
Eleni: Wir sehen uns Fotos unserer Familie an.
Martin: Ein sehr schönes Album. Wer ist das auf der ersten Seite?
Anna: Unser Großvater Nikolas mit unserer Großmutter Anna.
Martin: Hast du denselben Namen wie deine Großmutter?
Anna: Ja, sicher, und unser Bruder hat denselben Namen wie unser Großvater.
Martin: Was für schöne alte Schwarzweißfotos! Und wer sind die auf dem Farbfoto?
Anna: Es ist ein Familienfoto von meiner Hochzeit. Hier siehst du alle ihre Enkel.
Martin: Oh, was für eine große Familie! Wie viele Enkel haben sie?
Eleni: Wir sind drei. Tante Voula hat auch drei Kinder. Tante Vassiliki und Onkel Takis haben je zwei und nur Onkel Christos hat keine Kinder, weil er nicht verheiratet ist. Also haben wir sieben Cousins und Cousinen und das bedeutet, dass sie zehn Enkelkinder haben.
Anna: Drei Annas und vier Nikos! Wir haben zwei Cousinen mit dem Namen Anna und drei Cousins mit dem Namen Nikos.
Martin: Warum? Gibt es keine anderen Namen oder haben alle Geschwister denselben Geschmack?
Eleni: In Griechenland haben die Namen nichts mit dem Geschmack zu tun; die Kinder bekommen üblicherweise den Namen des Großvaters oder der Großmutter.
Martin: Ein großes Durcheinander!

Anna: Nein, es ist ganz einfach. Meine Nichte, die Tochter meines Bruders, ist sein erstes Kind und hat den Namen der Mutter ihres Vaters, Angeliki. Und meine Tochter hat auch den Namen meiner Mutter. Mein Sohn ist unser erstes Kind und hat den Namen des Vaters seines Papas.
Martin: Ah, jetzt verstehe ich, es ist einfach: Alle Namen in einer Familie gibt es doppelt und dreifach!
Eleni: Nur ich bin einzig(artig)! Die einzige Eleni der Familie!
Martin: Ja, meine liebe Eleni, du bist einzigartig. Aber auch ich bin einzig(artig).
Anna: Wir wissen (es); in Deutschland gibt man den Kindern nicht den Namen der Großmutter oder des Großvaters.
Martin: Ja, das ist wahr. Aber es ist nicht nur das. Ich bin ein Einzelkind, ich habe keine Geschwister, meine Mama ist ein Einzelkind und mein Papa ist ein Einzelkind. Ich habe weder Cousins und Cousinen noch Tanten, noch Onkel. Mein Stammbaum hat nur einen Ast!

5 Deshalb bin ich Vegetarier!

Jeden Donnerstag ist Markt im Viertel von Eleni. Dort findet man Obst, Gemüse und Fisch. Martin erwartet am Samstag das erste Mal Gäste in seiner neuen Wohnung. Eleni hilft ihm beim Einkaufen.

Eleni: Guten Morgen, Herr Dimitris.
Obst-und Gemüsehändler: Guten Morgen, Kinder. Was möchtet ihr, bitte?
Eleni: Wir möchten verschiedene Früchte für einen leckeren Obstsalat. Also, geben Sie mir drei Kilo Äpfel, zwei Kilo Orangen, ein Kilo Weintrauben, eine Wassermelone und zwei Bananen, bitte?
Händler: Sofort, (meine) junge Frau.
Martin: Was? Nur zwei Bananen?
Eleni: Aber Bananen sind sehr teuer. Drei Euro das Kilo!
Martin: Gut, gut. Aber diese Pfirsiche sind sehr groß und schön. Sollen wir nicht welche nehmen (*wörtl.* Nehmen wir nicht welche)?
Händler: Du hast Recht, mein Junge. Sie sind auch billig, nur einen halben Euro das Kilo. Wünscht ihr noch etwas?
Eleni: Ja. Wir möchten noch ein Kilo Auberginen, ein halbes Kilo Zwiebeln, eine Knolle Knoblauch für einen Auberginensalat und zwei Kopfsalat, eine Gurke und ein halbes Kilo Tomaten.
Martin: Und für mich diese schöne Honigmelone. Ich mag Honigmelonen sehr.
Händler: Freilich, diese Honigmelonen sind was ganz Besonderes! Wollt ihr vielleicht auch von den Feigen da? Sie sind süß wie Honig.

Eleni: Nein, nein, danke. Wir essen keine Feigen. Was meinst du, Martin, sollen wir nicht ein halbes Kilo von den Aprikosen da nehmen? Ich mag sie sehr und sie sind nicht so teuer ... Also, was schulden wir (Ihnen)?

Der Obst- und Gemüsehändler wiegt das Obst und das Gemüse, legt es in Tüten und gibt sie ihnen.

Händler: Also, alles zusammen macht siebzehn Euro und dreißig Cent.
Martin: Donnerwetter! In Deutschland ist Obst und Gemüse nicht so billig!
Eleni: Genau! Aber Fleisch ist sehr teuer in Griechenland. Deshalb esse ich auch überhaupt kein Fleisch: ich bin Vegetarier!

6 Verzeihung, wo ist ...

Jannis und Litsa überlegen, wie sie zu Martins und Takis' Wohnung fahren sollen. Mit dem Bus oder mit dem Taxi?

Litsa: Was meinst du, Jannis, fahren wir mit dem Taxi zu Martin und Takis?
Jannis: Nee, besser mit dem Bus. Ein Busfahrschein ist billiger als ein Taxi und die Haltestelle ist hier in der Nähe.

Sie nehmen also den Bus und steigen am Aristoteles-Platz aus.

Jannis: Wo ist jetzt die Olympou-Straße?
Litsa: Ich habe keine Ahnung. Frag doch (*wörtl.* Fragst du nicht?) diese Dame.
Jannis: Verzeihung, sagen Sie mir bitte, wie man zur Olympou-Straße kommt?
Dame: Es tut mir Leid, ich kenne sie nicht. Ich bin nicht von hier.
Litsa: Vielleicht weiß (es) dieser junge Mann. Entschuldige, weißt du vielleicht, wo das Kino Astoria ist?
Junger Mann: Astoria? Wenn ich mich recht erinnere, ist es gegenüber von der Bank in der Olympou-Straße.
Litsa: Schön. Und wo ist die Olympou-Straße? Ist sie weit von hier?
Junger Mann: Nein. Ungefähr 500 Meter. Nicht einmal fünf Minuten zu Fuß! Also, ihr geht die Antigonidon-Straße hoch und biegt die dritte Straße rechts ein. Ihr geht geradeaus bis zur Kreuzung und dort biegt ihr links in den Peloponnissou-Boulevard ein. Die zweite Straße nach der Ampel ist die Olympou-Straße.
Litsa: Vielen Dank.

Litsa und Jannis gehen den Peloponnissou-Boulevard hoch.

Jannis: Litsa, ich habe keine Zigaretten. Gibt es nirgendwo einen Kiosk?
Litsa: Ich weiß nicht, Jannis. Und es interessiert mich nicht. Ich rauche nicht.
Jannis: Ah, ich habe Glück. Ich sehe einen Kiosk vor der Apotheke.
Litsa: Ich komme nicht mit dir (mit). Ich warte hier.
Jannis: Wie du willst, Litsa.
Litsa: Jannis, tust du mir einen Gefallen? Bringst du mir eine Packung Kaugummis vom Kiosk mit?
Jannis: Selbstverständlich! Für dich mache ich alles!

7 Leckereien aus Xanthi

Nikos: Hallo, Martin. Wie geht's? Ich habe gehört, dass du vergangene Woche im Urlaub warst. Wann bist du zurückgekommen?
Martin: Ich bin gestern Abend spät angekommen. Der Zug hatte leider Verspätung.
Nikos: Wie (*wörtl.* gut), du bist aus Kreta mit dem Zug zurückgekommen?
Martin: Aber ich bin (doch) nicht nach Kreta gefahren. Dieses Jahr habe ich Thrakien für meinen Urlaub ausgesucht.
Nikos: Ernsthaft? Du bist nach Thrakien gefahren? Ich bin dort nie gewesen. War es schön?
Martin: Ausgezeichnet! Ich habe viele Sachen gemacht. Ich hatte auch gute Gesellschaft. Ich habe zwei sympathische Studenten aus Athen kennengelernt, wir haben zusammen ein Auto gemietet und fast ganz Thrakien gesehen.
Nikos: Wirklich? Und gibt es Sehenswürdigkeiten?
Martin: Viele! In Porto Lagos habe ich die St. Nikolaus-Kapelle bewundert. Aber ich habe auch die Moscheen in den Bergen, in den Pomakendörfern gesehen. Und Xanthi ist wirklich fantastisch. In der Altstadt gibt es viele traditionelle Häuser. Und jeden Samstag findet ein Bazar statt mit einer einzigartigen orientalischen Atmosphäre. Dort habe ich eine Menge Sachen gefunden und nicht viel Geld ausgegeben.
Nikos: Und was hast du auf dem Bazar gekauft?
Martin: Für mich habe ich eine Hose und ein Hemd gekauft. Und für Elenitsa habe ich ein hübsches kleines T-Shirt gekauft.
Nikos: Was? Nur ein T-Shirt vom Bazar hast du ihr gekauft?
Martin: Nicht doch! Ich habe ihr auch eine Spezialität aus Xanthi mitgebracht. Eine große Schachtel mit Süßigkeiten.
Nikos: Heilige Maria, Süßigkeiten! Und sind sie lecker? Ich habe nie Süßigkeiten aus Xanthi probiert.

Martin: Oh! Da hast du was verpasst (*wörtl.* Du hast verloren)! Sie sind fantastisch.

Nikos: Und du weißt, wie sehr ich Leckereien mag ...

Martin: Nikos, ich habe eine gute Idee. Ich habe Eleni die Süßigkeiten noch nicht gegeben. Außerdem achtet sie auf ihre Figur, und diese Süßigkeiten sind keine Diätkuchen. Was meinst du, gehen wir zu mir und probieren sie?

8 Der alte Klassenkamerad

Litsa: Bist du endlich angekommen! Ich warte seit einer halben Stunde auf dich. Wir waren um fünf verabredet! Warum hast du dich verspätet?

Eleni: Entschuldige, Litsa, aber ich habe unseren alten Klassenkameraden, Spyros, auf der Straße getroffen.

Litsa: Welchen Spyros meinst du? Roulas Bruder, der jeden Morgen vor dem Unterricht eine Tüte Chips aß?

Eleni: Mensch, nein, nicht den. Spyros Papadakis. Wir waren in derselben Klasse. Er wohnte in der Nähe von deiner Wohnung und war mit Makis befreundet. Im Sommer trug er immer bunte Hemden und im Winter Lederstiefel. Er war ein Musikfreak (*wörtl.* er war besessen von Musik). Von klein auf spielte er Bouzouki. Erinnerst du dich nicht an die Party, die er gemacht hat, als seine Eltern im Urlaub waren (*wörtl.* in Urlaub fehlten)?

Litsa: Richtig, jetzt habe ich (es) kapiert. Er hatte eine Menge Klassenkameraden und Freunde eingeladen. Die Wohnung war voll. Und während wir laut Musik hörten und tanzten, ging plötzlich die Tür auf und seine Eltern kamen herein.

Eleni: Ja, wir haben uns so richtig erschreckt. Und während seine Mutter schrie und kreischte, lächelte sein Vater verschmitzt. Er hatte ein gutes Herz, der Herr Papadakis!

Litsa: Ja, tatsächlich. Spyros' Papa war sehr sympathisch. Alle Kinder aus der Nachbarschaft liebten ihn. Als wir in die Grundschule gingen, holte er uns ab und zu von der Schule ab, ging mit uns zum Vergnügungspark und kaufte uns Zuckerwatte. Was hatten wir es gut! Nun, und Spyros, was macht er? Es sind mindestens fünf Jahre vergangen, seit ich ihn das letzte Mal gesehen habe.

Eleni: Letztes Jahr im September hat er sein Jura-Diplom erhalten und im März hat er Arbeit in einer Rechtsanwaltskanzlei gefunden. Er hat sich ein wenig verändert. Er trägt keine bunten Hemden mehr und auch keine Lederstiefel. Aber jeden Samstag spielt er Bouzouki in der Taverne "Die schöne Nacht". Wenn du Lust hast, schauen wir morgen dort vorbei.

Litsa: Selbstverständlich habe ich Lust!

9 Das Essen und der Genuss

Eleni: Was machst du da vor dem offenen Schrank?

Litsa: Was soll ich machen, Eleni, ich habe zugenommen und finde keine Kleider zum Anziehen!

Eleni: Und warum kaufst du keine neuen Kleider?

Litsa: Auf keinen Fall! Ich will abnehmen. Jannis will mich schlank und elegant.

Eleni: Jannis, Jannis, zum Kuckuck diese Männer, die sollen sich mal selber im Spiegel angucken (*wörtl.* Sehen sie nicht ihren eigenen schlimmen Zustand)!

Litsa: Was soll ich dir sagen! Er will, dass ich für ihn leckere Gerichte koche, Nudelauflauf, Moussaka, Lamm mit Zitronensauce, dass wir abends zusammen essen, wenn er von der Arbeit kommt, aber er will auch, dass ich schlank bin. Wie soll das gehen? Nichts passt mir mehr. Ich muss eine Diät machen, abends nichts mehr essen!

Eleni: Was, du sollst kochen, er soll essen und du zugucken? Nein, das Geheimnis um abzunehmen ist nicht, nicht zu essen, sondern das Richtige zu essen! Man soll ohne viel Butter kochen, ohne viel Öl und Saucen und keine Cola trinken, kein Bier und keinen Retsina, sondern Wasser und Tee ohne Zucker.

Litsa: Machst du das so?

Eleni: Ja, ich esse sehr gesund und mache Gymnastik. Ich gehe drei Mal in der Woche ins Fitness-Studio und versuche bei jeder Gelegenheit, zu Fuß zu gehen!

Litsa: Und wie viel Kilo wiegst (*wörtl.* bist) du?

Eleni: Tja, was soll ich dir sagen! Mein Problem sind die Süßigkeiten. Ich esse gern Schokolade, Kekse, Kuchen, Sirupkuchen, Torten(stücke), alles Süße! Und wenn ich eins esse, kann ich nicht aufhören. Deswegen habe ich auch ein paar Kilo zu viel.

Litsa: Ach, Eleni, das Leben ist so ungerecht, alle leckeren Dinge haben auch viele Kalorien.

Eleni: Na, komm, reg dich nicht so auf (*wörtl.* mach nicht so)! So tragisch ist es auch wieder nicht. Wir sind schließlich nicht dick. Wir wissen wenigstens, wie man genießt!

Litsa: Du hast Recht. Weißt du was? Gestern habe ich ein einzigartiges Imam Baildi gekocht, es gibt noch was im Kühlschrank und Jannis hat einen guten Rotwein aus der Chalkidiki mitgebracht. Wenn du magst, können wir zusammen essen.

Eleni: Wunderbar, lass uns also heute Abend zusammen essen. Bis du den Tisch gedeckt hast, gehe ich zum Kiosk, um ein schönes Eis zu holen. Hast du Sahne?

10 Urlaub auf Paros

Litsa: Nikos und Irini taufen am Weißen Sonntag auf Paros ihr Baby. Sie haben uns eine Einladung geschickt.

Jannis: Und wie werden sie es nennen?

Litsa: Woher soll ich das wissen, wie sie es nennen werden. Lass uns hinfahren und wir werden es erfahren.

Jannis: Wo sollen wir hinfahren, nach Paros?

Litsa: Ja, nach Paros, weil dort die Taufe stattfindet. Irini ist aus Paros (*wörtl.* von da). Nikos hat gesagt, dass der Pope, der das Baby taufen wird, derjenige ist, der auch Irini getauft hat. Wir werden bei Irinis Großvater wohnen. Das Haus ist riesengroß. Eleni hat gesagt, dass jeder, der kommen mag (*wörtl.* wer möchte), willkommen ist.

Jannis: Oh je, alle werden da sein mit ihren Kindern und ihren Babys. Ich muss mir anhören, wie sie den ganzen Tag rennen und schreien. Und du weißt, Lärm ist etwas, was ich auf keinen Fall ertrage. Ich gehe nicht hin!

Litsa: Na dann lass uns in einem Hotel wohnen. Ioanna hat einen Prospekt ins Büro gebracht. Er macht Werbung für ein kleines Hotel, das all das hat, was uns gefällt. "Die Herrin von Paros" ist in einem ruhigen Dorf. Wir werden wunderbare Ferien machen.

Jannis: Was sagst du, ein Hotel in der Woche nach Ostern! Es wird voll sein (*wörtl.* es wird viele Leute haben). Außerdem habe ich so viel zu tun, dass ich es vorziehe, hier zu Hause zu bleiben. Ich werde endlich die Zimmer streichen, du wirst die Blumen pflanzen ...

Litsa: Bitte, Liebling! Wenn du nicht in ein Hotel willst, lass uns auf einen Camping-Platz gehen, wie früher, als wir gezeltet haben mit unseren Schlafsäcken. Wir nehmen auch Economy-Klasse auf dem Schiff und verbringen die Nacht an Deck, unter den Sternen. Es wird sehr romantisch sein. Auf der Insel machen wir dann abends Spaziergänge im Ort, verbringen den ganzen Tag am Strand und schauen uns die Fischer mit ihren Booten an.

Jannis: Nein, Campen und Schlafsäcke können mir gestohlen bleiben, ich hab auch meinen Rücken (= Rückenleiden)!

Litsa: Komm schon, mein Herz, lass uns nach Paros fahren und im Sommer machen wir das, was du willst!

Jannis: In Ordnung. Wir gehen zur "Herrin von Paros" Wir buchen ein Pauschalangebot mit Halbpension, bitten um ein Zweibettzimmer mit Aussicht aufs Meer. Aber im August kaufen wir eine Klimaanlage und bleiben in Thessaloniki. Ich werde die Wohnung streichen und du wirst die Pasteten für mich machen, die nur du so machen kannst, wie ich sie mag!

11 Die Schönste des Abends

Im neuen Kaufhaus ...

Ioanna: Was genau brauchst du?
Litsa: Wir gehen auf einen Empfang in ein Fünf-Sterne-Hotel und ich will sehr schön sein, ich möchte etwas Beeindruckendes.
Ioanna: Schau, dieser rosa Rock, der ist toll, und Taft ist dieses Jahr sehr in Mode.
Litsa: Das ist wahr, er ist sehr schön, aber ich weiß nicht, ob mir die Länge steht.
Ioanna: Aber für ein Abendkleid (*wörtl.* abendliches Ausgehen) solltest du einen langen Rock kaufen. Probier ihn an und wir sehen weiter!
Verkäuferin: Kann ich Ihnen helfen?
Litsa: Kann ich diesen Rock anprobieren?
Verkäuferin: Natürlich, gehen Sie in die Umkleidekabine. Was für eine Größe tragen Sie?
Litsa: Hängt davon ab, 40, 42.
Verkäuferin: Bitte sehr! Wie ist er?
Litsa: Er ist sehr eng, bringen Sie mir bitte die größere Größe ...
Wie findet ihr ihn? Steht er mir?
Ioanna: Er ist perfekt! Da sag noch mal einer (*wörtl.* hör), ihr stehen keine langen Röcke!
Verkäuferin: In der Tat, er sitzt an Ihnen sehr gut. Wir haben ihn auch in Schwarz.
Litsa: Die Farbe gefällt mir und der Stoff ist auch sehr schön. Mit was für einem Oberteil soll ich ihn anziehen?
Verkäuferin: Kombinieren Sie ihn mit diesem lilafarbenen Rolli. Soll ich ihn in Ihrer Größe holen?
Litsa: Ach, nein, bringen Sie ihn mir nicht, von Rollkragenpullovern kriege ich Juckreiz und er ist auch noch aus Wolle.
Ioanna: Schau dir diese weiße Bluse an mit den Pailletten, die passt perfekt.
Litsa: Die Kombination ist perfekt und dieser Ausschnitt steht mir – glaube ich – auch sehr gut.
Ioanna: Nimm sie auf jeden Fall, du wirst die Schönste des Abends sein!
Litsa: Komm, lass uns jetzt auch Schuhe und eine Tasche aussuchen.
Ioanna: Im Schaufenster habe ich ein paar hochhackige braune Pumps gesehen und eine passende Ledertasche.
Litsa: Sehr schön, und dann lade ich dich zum Kaffee ein!

12 Meinst du, es ist etwas Ernstes?

Jannis: Hallo, Leute, wo wollt ihr hin?
Eleni: Wir gehen zum Arzt, Martin hatte (irgendwelche) Beschwerden und wir sind gestern ins Gesundheitszentrum gegangen. Dort hat ihm der Arzt gesagt, er solle einige Untersuchungen machen lassen.
Jannis: Warum, was hast du?
Martin: Was weiß ich! Vorgestern bekam ich plötzlich starke Bauchschmerzen, dann Kopfschmerzen, dann wurde mir übel, ich habe mich ins Bett gelegt und es folgten Schüttelfrost und Fieber.
Jannis: Hast du vielleicht etwas gegessen, was dir nicht bekommen ist?
Martin: Nö, nichts Schweres. Nudeln mit Käse.
Jannis: Meinst du, es ist etwas Ernstes?
Martin: Vielleicht habe ich ein Magengeschwür oder es ist etwas Ernsteres, vielleicht ist es mein Herz.
Litsa: Was sagst du da, was hat das Herz mit Bauchschmerzen zu tun!
Martin: Vielleicht ist es ein seltenes Virus, vielleicht schickt mich der Arzt ins Krankenhaus.
Jannis: Gehst du hier ins Krankenhaus oder wirst du es vorziehen, nach Deutschland zu gehen?
Martin: Das haben wir noch nicht diskutiert. Vielleicht muss ich mich einer Operation unterziehen, vielleicht ist es tatsächlich besser, mich nach Deutschland bringen zu lassen (*wörtl.* dass sie mich nach Deutschland bringen).
Jannis: Vielleicht bringen Sie dich mit dem Hubschrauber hin!
Litsa: Mensch, Jannis, was redest du da! Hubschrauber ... Hat er etwa einen Unfall gehabt und es geht um Leben und Tod? Ts, Hubschrauber!
Eleni: Litsa hat Recht. Lasst das "Vielleicht" und lass uns endlich zum Arzt gehen!
Arzt: Da ist ja der Herr Rothkegel aus Deutschland. Wie geht es uns denn heute? Haben Sie die Untersuchungsergebnisse mitgebracht?
Eleni: Ja, Herr Doktor (*wörtl.* mein Arzt), hier sind sie, bitte!
Arzt: Hm, jawohl. Öffnen Sie Ihr Hemd und legen Sie sich hier kurz hin, damit ich Sie untersuche.
Martin: Ist es etwas Ernstes, Herr Doktor, muss ich mir Sorgen machen? Muss ich Medikamente nehmen? Soll ich vielleicht noch weitere Untersuchungen machen?
Arzt: Nö, eher müssen Sie nach Hause gehen und sich ein paar Tage hinlegen. Trinken Sie viel Flüssigkeit, vorzugsweise Tee. Sie brauchen gar kein Medikament, Sie haben einfach eine heftige Erkältung. Nächste Woche wird es vorbei sein.

13 Ostern auf dem Dorf

Martin: Eleni versucht, mich zu überzeugen, mit ihr zusammen das Osterfest in ihrem Dorf zu verbringen.
Takis: Ostern auf dem Dorf? Das wäre toll! Da musst du unbedingt hin!
Eleni: Du wirst alle Bräuche der Karwoche kennenlernen.
Takis: Ja, die Atmosphäre wird zauberhaft sein. Abends riecht es draußen nach Frühling.
Eleni: Am Ostersamstag gehen wir alle zusammen zur Auferstehungsmesse. Die Messe und die Gesänge sind wunderschön, es gibt sogar ein Feuerwerk. Danach gehen wir nach Hause und essen Ostersuppe.
Takis: Und das Beste folgt natürlich am Ostersonntag: Das Grillen des Lamms. Hast du schon mal Lamm am Spieß gegessen? Du wirst deine Finger lecken! Und all das, während du die grünen Wiesen siehst, die unzähligen Mohnblumen und den strahlend blauen Himmel.
Eleni: Nicht wie in Deutschland, wo es dauernd regnet. Ganz davon abgesehen, dass es im April auch kalt ist und es vielleicht sogar schneien wird!
Martin: Vielleicht ist das alles sehr verlockend, aber in Deutschland würde ich auch meine Katze sehen. Sie hat mir sehr gefehlt, meine trotzige Schmusekatze. Weißt du, mit meinem kleinen Kätzchen, das auch eifersüchtig ist, kann ich nicht am Telefon reden und auch keine E-Mails austauschen.
Takis: Ich wusste nicht, dass du eine Katze hast! Und was würdest du an Ostern machen?
Martin: Ich würde mit meinen Eltern zu meinen Großeltern fahren und wir würden Eier im Garten suchen.
Takis: Eier im Garten? Wieso, haben sie Hühner?
Martin: Nein! Das ist ein deutscher Brauch. Die Erwachsenen verstecken gefärbte Eier und Schokoladenhasen und die Kinder suchen sie. Und da ich ihr einziger Enkel bin, möchte ich ihnen gerne diesen Gefallen tun.
Takis: Ich verstehe, jedenfalls, wenn du mich nach meiner Meinung fragst, geh mit Eleni ins Dorf, griechisches Ostern feiern, und es ist gar nicht unwahrscheinlich, dass ihr das ein oder andere Ei im Garten findet, weil sie da Hühner haben.

14 Wird man in diesem Job gut bezahlt?

Martin: Takis, ich muss unbedingt Arbeit finden. Ich bin jetzt ein halbes Jahr in Griechenland, mache eine Menge Sachen und bin pleite. Das Geld vom Stipendium habe ich schon ausgegeben und ich schäme mich, wieder meine Eltern zu fragen.

Takis: Martin, beklage dich nicht. In den Zeitungen werden viele Anzeigen veröffentlicht. Schau, Makis hat so einen Job gefunden. Er hat eine Anzeige gelesen, hat seine Bewerbungsunterlagen hingeschickt, ist zum Vorstellungsgespräch gegangen und arbeitet jetzt an drei Nachmittagen pro Woche in der Buchhaltung eines Transportunternehmens. Er beschäftigt sich mit der Korrespondenz, schreibt Rechnungen, kopiert, schickt Faxe ...

Martin: Ich bin für solche Tätigkeiten nicht geeignet. Ich bin nicht (der Typ) für Firmen und Büros. Ich verabscheue die Bürokratie.

Takis: Ich habe verstanden! Der Herr weigert sich, irgendeine Arbeit zu machen. Er interessiert sich für etwas Geistiges und Kreatives! Wenn ich mich recht erinnere, habe ich eine Anzeige einer Fremdsprachenschule gesehen. Ich glaube, dass sie einen Deutschlehrer suchen. Hast du Interesse?

Martin: Wunderbar! Ich bin ganz verrückt danach, Unterricht zu erteilen (*wörtl.* für die Lehre). Also, ich wasche mich, rasiere mich, gehe dort vorbei, damit sie sehen, wer ich bin und sie werden mich sofort einstellen! Wird man für diese Arbeit in Griechenland gut bezahlt?

Takis: Immer langsam, Martin. Sie fordern einen Lebenslauf und es wird Berufserfahrung verlangt.

Martin: Was sagst du, einen Lebenslauf? Ich weiß, wie man einen auf Deutsch schreibt, aber um einen auf Griechisch zu schreiben, brauche ich Hilfe, alleine kann ich es nicht.

Takis: Mach dir deswegen keine Sorgen. Ich werde dir helfen! Aber hast du jemals als Fremdsprachenlehrer gearbeitet?

Martin: Aber natürlich! Machst du Scherze? In Hamburg habe ich drei Jahre an einem Privatinstitut Deutsch als Fremdsprache unterrichtet.

Takis: Perfekt! Dann bist du der geeignete Kandidat für diese Stelle.

15 Wenn ich eine Million hätte ...

Litsa: Ich sehe dich sehr betrübt, Makis. Was ist mir dir? (*wörtl.* Was ist dir passiert?)

Makis: Hör auf, ich habe ernste finanzielle Probleme. Sie haben mich in der Firma gefeuert.

Litsa: Unglaublich! Aber hast du mir nicht vergangene Woche gesagt, dass sie sehr zufrieden mit dir sind? Aus welchem Grund haben sie dich gefeuert?

Makis: Nun, weil ich nie pünktlich im Büro war. Und jetzt habe ich kein Geld, um die Telefon- und die Stromrechnung zu bezahlen. Wenn ich nicht wieder eine Arbeit finde, werde ich mein Studium aufgeben und in mein Dorf zurückkehren.

Litsa:	Lass den Quatsch und sei nicht so pessimistisch, Makis. Davon geht die Welt nicht unter! Wir werden eine Lösung finden. Aber du hast auch ein wenig Schuld an dieser Lage. Wenn du nicht jeden Abend ausgehen würdest, würde dir das Geld, das dir deine Eltern jeden Monat schicken, reichen und du müsstest an den Nachmittagen nicht arbeiten. Und wenn du mehr gelernt hättest, hättest du die Prüfungen bestanden und du hättest dieses Jahr dein Diplom erhalten.
Makis:	O.K., O.K. Du hast absolut Recht. Aber deine Worte helfen mir nicht. Kannst du mir sagen, was ich tun soll?
Litsa:	Wenn ich an deiner Stelle wäre, würde ich Lotto spielen. Und wenn du Glück hast, wirst du den Jackpot gewinnen: eine Million Euro.
Makis:	Wunderbare Idee! Hoffentlich gewinne ich! Wenn ich eine Million hätte, würde ich nie wieder ein Buch aufschlagen, ich würde ein Haus auf einer einsamen ägäischen Insel kaufen und nie wieder in meinem Leben arbeiten. Und was würdest du machen?
Litsa:	Ich würde nach Paris fahren, ich würde in den bekanntesten Restaurants essen, ich würde die teuersten Parfüms kaufen und in den schicksten Läden einkaufen.
Makis:	All das ist schön, aber so was passiert nur in Filmen und in Märchen. Hast du keinen realistischeren Vorschlag?
Litsa:	Hör zu, meine Freundin Rula hat bei einer Bank ein Studentenkonto eröffnet und sie ist sehr zufrieden. Sie gewähren auch Kredite für Studenten. Wenn du Geld brauchst, nimm einen Kredit auf.
Makis:	Ich vertraue den Banken nicht. Lass lieber. Kredite können mir gestohlen bleiben!
Litsa:	Was soll ich mit dir machen, mein Junge? Wenn du pünktlich ins Büro gegangen wärst, hättest du jetzt keine Banken und keine Jackpots nötig.

Verbtabelle

1. Normalkonjugation

Präsens	γράφω	γράφεις	γράφει	γράφουμε	γράφετε	γράφουν(ε)
Aóristos	έγραψα	έγραψες	έγραψε	γράψαμε	γράψατε	έγραψαν / γράψανε
Paratatikós	έγραφα	έγραφες	έγραφε	γράφαμε	γράφατε	έγραφαν / γράφανε
aorist. Konjunktiv / aorist. Futur	να / θα γράψω	να / θα γράψεις	να / θα γράψει	να / θα γράψουμε	να / θα γράψετε	να / θα γράψουν(ε)
parat. Konjunktiv / parat. Futur	να / θα γράφω	να / θα γράφεις	να / θα γράφει	να / θα γράφουμε	να / θα γράφετε	να / θα γράφουν(ε)
aorist. Imperativ		γράψε			γράψτε	
parat. Imperativ		γράφε			γράφετε	
Präsens nicht-aktiv	γράφομαι	γράφεσαι	γράφεται	γραφόμαστε	γραφόσαστε / γράφεστε	γράφονται
Aparémfato	γράψει	**Gerundium**	γράφοντας	**Partizip Perfekt**	γραμμένος, -η, -ο	

Präsens aktiv	Aóristos	Präsens nicht-aktiv
αγγίζω	άγγιξα	αγγίζομαι
αγοράζω	αγόρασα	αγοράζομαι
αδυνατίζω	αδυνάτισα	–
αλλάζω	άλλαξα	αλλάζομαι
αναφέρω	ανέφερα / ανάφερα	αναφέρομαι
ανεβαίνω	ανέβηκα	–
ανησυχώ	ανησύχησα	–
ανοίγω	άνοιξα	ανοίγομαι
ανταλλάσσω	αντάλλαξα	ανταλλάσσομαι
αντέχω	άντεξα	αντέχομαι
απαγορεύω	απαγόρεψα	απαγορεύομαι
αποκαλύπτω	αποκάλυψα	αποκαλύπτομαι
αποκλείω	απέκλεισα / απόκλεισα	αποκλείομαι
απολαμβάνω	απόλαυσα	–
αρέσω	άρεσα	–
αρχίζω	άρχισα	–
αστράφτει	άστραψε	–
αφήνω	άφησα	αφήνομαι
βάζω	έβαλα	–
βαφτίζω	βάφτισα	βαφτίζομαι
βάφω	έβαψα	βάφομαι

Präsens aktiv	Aóristos	Präsens nicht-aktiv
βγάζω	έβγαλα	–
βγαίνω	βγήκα	–
βλέπω	είδα	βλέπομαι
βραδιάζει	βράδιασε	–
βρέχω	έβρεξα	βρέχομαι
βρίσκω	βρήκα	βρίσκομαι
βροντάει	βρόντηξε	–
γκρινιάζω	γκρίνιαξα	–
γλείφω	έγλειψα	γλείφομαι
γνωρίζω	γνώρισα	γνωρίζομαι
γυρίζω	γύρισα	γυρίζομαι
δείχνω	έδειξα	δείχνομαι
δηλώνω	δήλωσα	δηλώνομαι
δημοσιεύω	δημοσίευσα	δημοσιεύομαι
διαβάζω	διάβασα	διαβάζομαι
διαλέγω	διάλεξα	διαλέγομαι
διανυκτερεύω	διανυκτέρευσα	–
διαφημίζω	διαφήμισα	διαφημίζομαι
διδάσκω	δίδαξα	διδάσκομαι
δίνω	έδωσα	δίνομαι
διορθώνω	διόρθωσα	διορθώνομαι
διώχνω	έδιωξα	διώχνομαι
δοκιμάζω	δοκίμασα	δοκιμάζομαι

Präsens aktiv	Aóristos	Präsens nicht-aktiv
δουλεύω	δούλεψα	δουλεύομαι
ελπίζω	έλπισα / ήλπισα	–
ενδιαφέρω	ενδιέφερα	ενδιαφέρομαι
εξετάζω	εξέτασα	εξετάζομαι
επιλέγω	επέλεξα	επιλέγομαι
επιτρέπω	επέτρεψα	επιτρέπομαι
ετοιμάζω	ετοίμασα	ετοιμάζομαι
ζυγίζω	ζύγισα	ζυγίζομαι
θαυμάζω	θαύμασα	θαυμάζομαι
θέλω	θέλησα	–
θυμώνω	θύμωσα	–
ισχύω	ίσχυσα	–
καλοκαιριάζει	καλοκαίριασε	–
καλύπτω	κάλυψα	καλύπτομαι
κάνω	έκανα	–
καπνίζω	κάπνισα	καπνίζομαι
καταθέτω	κατέθεσα / κατάθεσα	κατατίθεμαι
καταλαβαίνω	κατάλαβα	–
καταπλήσσω	κατέπληξα	–
κατεβαίνω	κατέβηκα	–
κερδίζω	κέρδισα	κερδίζομαι
κλέβω	έκλεψα	κλέβομαι
κλείνω	έκλεισα	κλείνομαι
κοιτάζω	κοίταξα	κοιτάζομαι
κοστίζω	κόστισα	–
κουράζω	κούρασα	κουράζομαι
κρύβω	έκρυψα	κρύβομαι
κρυώνω	κρύωσα	–
λείπω	έλειψα	–
μαγειρεύω	μαγείρεψα	μαγειρεύομαι
μαθαίνω	έμαθα	–
μαλώνω	μάλωσα	–
μένω	έμεινα	–
μετακομίζω	μετακόμισα	–
μπαίνω	μπήκα	–
μυρίζω	μύρισα	μυρίζομαι
νοικιάζω	νοίκιασα	νοικιάζομαι
νομίζω	νόμισα	–
ντύνω	έντυσα	ντύνομαι
νυχτώνει	νύχτωσε	–
ξαπλώνω	ξάπλωσα	ξαπλώνομαι
ξέρω	ήξερα	–
ξημερώνει	ξημέρωσε	–
ξοδεύω	ξόδεψα	ξοδεύομαι
ξυρίζω	ξύρισα	ξυρίζομαι
ουρλιάζω	ούρλιαξα	–
παγώνω	πάγωσα	–
παθαίνω	έπαθα	–
παίζω	έπαιξα	παίζομαι
παίρνω	πήρα	παίρνομαι
παντρεύω	πάντρεψα	παντρεύομαι
παύω	έπαψα	παύομαι
παχαίνω	πάχυνα	–
πείθω	έπεισα	πείθομαι
πειράζω	πείραξα	πειράζομαι
περιμένω	περίμενα	–
πέφτω	έπεσα	–
πιάνω	έπιασα	πιάνομαι
πίνω	ήπια	πίνομαι
πιστεύω	πίστεψα	πιστεύεται
πλέκω	έπλεξα	πλέκομαι
πλένω	έπλυνα	πλένομαι
πληρώνω	πλήρωσα	πληρώνομαι
προβάρω	πρόβαρα / προβάρισα	–
προλαβαίνω	πρόλαβα	–
προσέχω	πρόσεξα	–
προσλαμβάνω	προσέλαβα	προσλαμβάνομαι
προσφέρω	πρόσφερα / προσέφερα	προσφέρομαι
ρίχνω	έριξα	ρίχνομαι
σηκώνω	σήκωσα	σηκώνομαι
σημαίνω	σήμανα	–
σπουδάζω	σπούδασα	–
στέλνω	έστειλα	στέλνομαι
στρίβω	έστριψα	στρίβομαι
στρώνω	έστρωσα	στρώνομαι
συμβαίνει	συνέβη(κε)	–
συμβολίζω	συμβόλισα	συμβολίζομαι
συνδυάζω	συνδύασα	συνδυάζομαι
συνεχίζω	συνέχισα	συνεχίζομαι
συνηθίζω	συνήθισα	συνηθίζομαι
σωπαίνω	σώπασα	–
ταιριάζω	ταίριαξα	–
ταξιδεύω	ταξίδεψα	–
τελειώνω	τέλειωσα / τελείωσα	–
τρελαίνω	τρέλανα	τρελαίνομαι
τρέχω	έτρεξα	–

Präsens aktiv	Aóristos	Präsens nicht-aktiv
τρομάζω	τρόμαξα	–
τσουγκρίζω	τσούγκρισα	τσουγκρίζομαι
υπάρχει	υπήρξε	–
φανερώνω	φανέρωσα	φανερώνομαι
φέρνω	έφερα	–
φεύγω	έφυγα	–
φτάνω	έφτασα	–
φτιάχνω	έφτιαξα	φτιάχνομαι
φυσάει	φύσηξε	–
φυτεύω	φύτεψα	φυτεύομαι
φωνάζω	φώναξα	–
χαζεύω	χάζεψα	–
χαϊδεύω	χάιδεψα	χαϊδεύομαι

Präsens aktiv	Aóristos	Präsens nicht-aktiv
χάνω	έχασα	χάνομαι
χαρίζω	χάρισα	χαρίζομαι
χειμωνιάζει	χειμώνιασε	–
χιονίζει	χιόνισε	–
χορεύω	χόρεψα	χορεύομαι
χτενίζω	χτένισα	χτενίζομαι
χωρίζω	χώρισα	χωρίζομαι
ψάλλω	έψαλα	ψάλλομαι
ψαρεύω	ψάρεψα	ψαρεύομαι
ψάχνω	έψαξα	ψάχνομαι
ψιχαλίζει	ψιχάλισε	–
ψωνίζω	ψώνισα	ψωνίζομαι

2. *άς*-Konjugation

Präsens	αγαπάω / αγαπώ	αγαπάς	αγαπάει / αγαπά	αγαπάμε / αγαπούμε	αγαπάτε	αγαπάν(ε) / αγαπούν(ε)
Aóristos	αγάπησα	αγάπησες	αγάπησε	αγαπήσαμε	αγαπήσατε	αγάπησαν / αγαπήσανε
Paratatikós	αγαπούσα	αγαπούσες	αγαπούσε	αγαπούσαμε	αγαπούσατε	αγαπούσαν(ε)
aorist. Konjunktiv / aorist. Futur	να / θα αγαπήσω	να / θα αγαπήσεις	να / θα αγαπήσει	να / θα αγαπήσουμε	να / θα αγαπήσετε	να / θα αγαπήσουν(ε)
parat. Konjunktiv / parat. Futur	να / θα αγαπάω	να / θα αγαπάς	να / θα αγαπάει	να / θα αγαπάμε	να / θα αγαπάτε	να / θα αγαπάν(ε)
aorist. Imperativ		αγάπησε			αγαπήστε	
parat. Imperativ		αγάπα			αγαπάτε	
Präsens nicht-aktiv	αγαπιέμαι	αγαπιέσαι	αγαπιέται	αγαπιόμαστε	αγαπιόσαστε / αγαπιέστε	αγαπιούνται
Aparémfato	αγαπήσει	**Gerundium**	αγαπώντας	**Partizip Perfekt**	αγαπημένος, -η, -ο	

Präsens aktiv	Aóristos	Präsens nicht-aktiv
απαντάω	απάντησα	απαντιέμαι
βοηθάω	βοήθησα	βοηθιέμαι
γελάω	γέλασα	γελιέμαι
διψάω	δίψασα	–
δυστυχώ	δυστύχησα	–
ευτυχώ	ευτύχησα	–

Präsens aktiv	Aóristos	Präsens nicht-aktiv
ζητάω	ζήτησα	ζητιέμαι / ζητούμαι
κερνάω	κέρασα	κερνιέμαι
κολυμπάω	κολύμπησα	–
κρατάω	κράτησα	κρατιέμαι
κυνηγάω	κυνήγησα	κυνηγιέμαι

Präsens aktiv	Aòristos	Präsens nicht-aktiv
μεθάω	μέθυσα	–
μιλάω	μίλησα	μιλιέμαι
νικάω	νίκησα	νικιέμαι
ξεκινάω	ξεκίνησα	–
ξεχνάω	ξέχασα	ξεχνιέμαι
παρατάω	παράτησα	παρατιέμαι
πεινάω	πείνασα	–
περνάω	πέρασα	περνιέμαι
περπατάω	περπάτησα	περπατιέμαι
πονάω	πόνεσα	–
πουλάω	πούλησα	πουλιέμαι
προτιμάω	προτίμησα	προτιμιέμαι

Präsens aktiv	Aòristos	Präsens nicht-aktiv
ρωτάω	ρώτησα	ρωτιέμαι
σταματάω	σταμάτησα	–
συζητάω	συζήτησα	συζητιέμαι / συζητούμαι
συναντάω	συνάντησα	συναντιέμαι
τραγουδάω	τραγούδησα	τραγουδιέμαι
φιλάω	φίλησα	φιλιέμαι
φοράω	φόρεσα	φοριέμαι
χαλάω	χάλασα	–
χρωστάω	–	–
χτυπάω	χτύπησα	χτυπιέμαι
χωράω	χώρεσα	–

3. *είς*-Konjugation

Präsens	απειλώ	απειλείς	απειλεί	απειλούμε	απειλείτε	απειλούν(ε)
Aòristos	απείλησα	απείλησες	απείλησε	απειλήσαμε	απειλήσατε	απείλησαν / απειλήσανε
Paratatikòs	απειλούσα	απειλούσες	απειλούσε	απειλούσαμε	απειλούσατε	απειλούσαν(ε)
aorist. Konjunktiv / aorist. Futur	να / θα απειλήσω	να / θα απειλήσεις	να / θα απειλήσει	να / θα απειλήσουμε	να / θα απειλήσετε	να / θα απειλήσουν(ε)
parat. Konjunktiv / parat. Futur	να / θα απειλώ	να / θα απειλείς	να / θα απειλεί	να / θα απειλούμε	να / θα απειλείτε	να / θα απειλούν(ε)
aorist. Imperativ		απείλησε			απειλήστε / απειλήσετε	
parat. Imperativ		–			απειλείτε	
Präsens nicht-aktiv	απειλούμαι	απειλείσαι	απειλείται	απειλούμαστε	απειλείστε	απειλούνται
Aparémfato	απειλήσει	**Gerundium**	απειλώντας	**Partizip Perfekt**	απειλημένος, -η, -ο	

Präsens aktiv	Aòristos	Präsens nicht-aktiv
ακολουθώ	ακολούθησα	ακολουθούμαι
απαιτώ	απαίτησα	απαιτούμαι
αργώ	άργησα	–
δημιουργώ	δημιούργησα	δημιουργούμαι
εννοώ	εννόησα	εννοούμαι
εξηγώ	εξήγησα	εξηγούμαι
επιθυμώ	επιθύμησα	–

Präsens aktiv	Aòristos	Präsens nicht-aktiv
ευχαριστώ	ευχαρίστησα	ευχαριστούμαι / ευχαριστιέμαι
ζω	έζησα	–
καθυστερώ	καθυστέρησα	–
καλώ	κάλεσα	καλούμαι
κυκλοφορώ	κυκλοφόρησα	–
μπορώ	μπόρεσα	–

Präsens aktiv	Aòristos	Präsens nicht-aktiv
οδηγώ	οδήγησα	οδηγούμαι
παρακαλώ	παρακάλεσα	παρακαλούμαι
προσπαθώ	προσπάθησα	–
στεναχωρώ	στεναχώρησα	στεναχωριέμαι

Präsens aktiv	Aòristos	Präsens nicht-aktiv
συγχωρώ	συγχώρεσα / συγχώρησα	συγχωρούμαι / συγχωριέμαι
τηλεφωνώ	τηλεφώνησα	τηλεφωνιέμαι
χορηγώ	χορήγησα	χορηγούμαι

4. Vokalstammkonjugation

Präsens	λέω	λες	λέει	λέμε	λέτε	λεν / λένε
Aòristos	είπα	είπες	είπε	είπαμε	είπατε	είπαν(ε)
Paratatikòs	έλεγα	έλεγες	έλεγε	λέγαμε	λέγατε	έλεγαν / λέγαν(ε)
aorist. Konjunktiv / aorist. Futur	να / θα πω	να / θα πεις	να / θα πει	να / θα πούμε	να / θα πείτε	να / θα πουν / πούνε
parat. Konjunktiv / parat. Futur	να / θα λέω	να / θα λες	να / θα λέει	να / θα λέμε	να / θα λέτε	να / θα λεν / λένε
aorist. Imperativ		πες	–	–	πείτε / πέστε	–
parat. Imperativ		λέγε	–	–	λέγετε / λέτε	–
Präsens nicht-aktiv	λέγομαι	λέγεσαι	λέγεται	λεγόμαστε	λεγόσαστε / λέγεστε	λέγονται
Aparémfato	πει	**Gerundium**	λέγοντας	**Partizip Perfekt**	ειπωμένος, -η, -ο	

Präsens aktiv	Aòristos	Präsens nicht-aktiv
ακούω	άκουσα	ακούγομαι
καίω	έκαψα	καίγομαι
κλαίω	έκλαψα	κλαίγομαι

Präsens aktiv	Aòristos	Präsens nicht-aktiv
πάω	πήγα	–
τρώω	έφαγα	τρώγομαι
φταίω	έφταιξα	–

5. Verben, die nur über nicht-aktive Formen verfügen

αισθάνομαι	βαριέμαι	κάθομαι	παραπονιέμαι /	χαίρομαι
αρνούμαι /	γίνομαι	κοιμάμαι	παραπονούμαι	χρειάζομαι
αρνιέμαι	εμπιστεύομαι	λυπάμαι	σιχαίνομαι	
αστειεύομαι	εργάζομαι	ντρέπομαι	σκέφτομαι	
ασχολούμαι /	έρχομαι	ονειρεύομαι	φοβάμαι	
ασχολιέμαι	θυμάμαι			

Lösungen zu den Übungen

Vorlektion

1 **a.** A – B – E – H – I – K – M – N – O – P – T – X – Y – Z
b. 14

2 **1.** B, b, v – **2.** H, h, i – **3.** P, p, r – **4.** X, ks, ch – **5.** Y, ü, i (v, f) – **6.** Z, ts, z (stimmhaftes s)

3 **1.** η, ι, υ, ει, οι – **2.** ε, αι – **3.** ο, ω

4 **1.** d. – **2.** e. – **3.** b. – **4.** c. – **5.** a.

5 *Buchstabenkombination:* και – είναι – γεια – μοίρα – πού – κάπου
zwei Buchstaben: καΐκι – χάιδεψε – ρολόι – προϋπηρεσία

6 **1.** Maria, Marie – **2.** Sofia, Sophie – **3.** Elena, Helene – **4.** Petros, Peter – **5.** Pavlos, Paul – **6.** Alexandros, Alexander – **7.** Katerina, Katharina – **8.** Filippos, Philipp

7 **1.** Σάμος – **2.** Ψαρά – **3.** Ζάκυνθος – **4.** Μύκονος – **5.** Αθήνα – **6.** Ωραιόκαστρο – **7.** Καβάλα – **8.** Τρίπολη – **9.** Ξάνθη – **10.** Ύδρα – **11.** Ναύπλιο – **12.** Χίος – **13.** Θεσσαλονίκη – **14.** Πάτρα – **15.** Ερμούπολη – **16.** Ρόδος – **17.** Φλώρινα – **18.** Λάρισα – **19.** Ιθάκη – **20.** Δράμα – **21.** Βόλος – **22.** Ορεστιάδα – **23.** Γιάννενα – **24.** Ηράκλειο
alphabetische Reihenfolge: 5. – 21. – 23. – 20. – 15. – 3. – 24. – 13. – 19. – 7. – 18. 4. – 11. – 9. – 22. – 14. – 16. – 1. – 8. – 10. – 17. – 12. – 2. – 6.

8 **1.** Clint Eastwood – **2.** Ingrid Bergmann – **3.** John Kennedy – **4.** Florence Nightingale – **5.** Oscar Wilde – **6.** Charles Dickens – **7.** Sigmund Freud

9 **1.** Ράινερ Μαρία Ρίλκε – **2.** Γιόχαν Σεμπάστιαν Μπαχ – **3.** Γιόχαν Βόλφγκανγκ φον Γκέτε – **4.** Γκότχολντ Έφραϊμ Λέσινγκ – **5.** Βόλφγκανγκ Αμαντέους Μότσαρτ – **6.** Χάινριχ Μπελ – **7.** Γκίντερ Γκρας – **8.** Μπέρτολντ Μπρεχτ – **9.** Κόνραντ Αντενάουερ

Μάθημα 1

Τι καινούριο έχουμε;
männlich: Γερμανός – Έλληνας – δάσκαλος – καθηγητής
weiblich: μπάλα – μπίρα – μητέρα – ζάχαρη
sächlich: παντελόνι – κέντρο – τάβλι – νερό – θέμα – βιβλίο – σπίτι

1 **1.** το, ένα κορίτσι – **2.** η, μία / μια κυρία – **3.** ο, ένας κύριος – **4.** το, ένα μάθημα – **5.** το, ένα βιβλίο – **6.** ο, ένας φοιτητής – **7.** η, μία / μια κόρη – **8.** ο, ένας πατέρας

2 **1.** μητέρα – **2.** ευχαριστώ – **3.** δέκα – **4.** βιβλίο – **5.** κυρία – **6.** μαγειρεύω – **7.** όμως

3 **1.** είμαστε, πίνουμε, είσαι – **2.** σπίτι – **3.** Καλησπέρα, κέντρο, παντελόνι – **4.** βρίσκω, κάνεις – **5.** πάει, Βλέπεις – **6.** δε, Παίζω

4 **1.** είναι – **2.** είναι – **3.** είμαι – **4.** είναι – **5.** είσαι – **6.** είστε / είσαστε – **7.** είναι – **8.** είμαστε

5 **1.** Εμείς – **2.** Εγώ – **3.** εσείς – **4.** εσύ – **5.** Αυτή – **6.** Εγώ – **7.** Αυτοί – **8.** Αυτός, εσύ

6 ξέρω – ξέρεις – αυτός / αυτή / αυτό – εμείς – ξέρετε – ξέρουν(ε)

7 **1.** παίζουν(ε) – **2.** πίνω – **3.** διαβάζει – **4.** καταλαβαίνετε – **5.** σπουδάζουμε – **6.** ψάχνει – **7.** ξέρεις – **8.** μαθαίνουν(ε)

8 **1.** Όχι, δεν είμαι από τη Γερμανία. – **2.** Όχι, (ο Μάρτιν) δεν είναι από την Ελλάδα. – **3.** Όχι, (η Ελένη) δε μαγειρεύει. – **4.** Όχι, (τα παιδιά) δεν παίζουν(ε) μπάλα. – **5.** Όχι, (εγώ) δεν πίνω καφέ. – **6.** Όχι, (εμείς) δε μαθαίνουμε γερμανικά.

9 **1.** d. – **2.** a. – **3.** b. – **4.** c. – **5.** f. – **6.** e

10 **a.** εφτά / επτά – **b.** δώδεκα – **c.** δέκα τέσσερα – **d.** είκοσι – **e.** πέντε – **f.** τρία

Μάθημα 2

1 **1.** Ο Ουίνστον Τσόρτσιλ είναι Άγγλος και μιλάει αγγλικά. – **2.** Ο Φεντερίκο Φελίνι είναι Ιταλός και μιλάει ιταλικά. – **3.** Ο Όττο Ρεχάγκελ είναι Γερμανός και μιλάει γερμανικά. – **4.** Η Μελίνα Μερκούρη είναι Ελληνίδα και μιλάει ελληνικά. – **5.** Ο Σαλβαντόρ Νταλί είναι Ισπανός και μιλάει ισπανικά. – **6.** Η Μπριζίτ Μπαρντό είναι Γαλλίδα και μιλάει γαλλικά.

2 **1.** c. – **2.** a. – **3.** c. – **4.** c. – **5.** b. – **6.** b.

3 **1.** η υπάλληλος – **2.** η καθηγήτρια – **3.** η δικηγόρος – **4.** η γιατρός – **5.** η νοσοκόμα – **6.** η δασκάλα

4 **1.** τις κοπέλες – **2.** οι κόρες – **3.** τους άντρες – **4.** τα τραπέζια – **5.** τις κατσαρόλες – **6.** τους φοιτητές – **7.** τα πράγματα – **8.** οι μπέιμπι σίτερ

5 **1.** η σκούπα – **2.** το φούρνο – **3.** την καρέκλα – **4.** το βιβλίο – **5.** ο δίσκος – **6.** το σιντί – **7.** η πόρτα – **8.** ο κύριος

6 **1.** παιδιά – **2.** τραπέζια, καρέκλες – **3.** δίσκους, σιντί – **4.** γιατρό – **5.** κοπέλες – **6.** κατσαρόλες, πιάτα, κουτάλια

7 εγώ κάνω, αγαπάω / αγαπώ, εξηγώ – εσύ κάνεις, αγαπάς, εξηγείς – αυτός, -ή, -ό κάνει, αγαπάει / αγαπά, εξηγεί – εμείς κάνουμε, αγαπάμε / αγαπούμε, εξηγούμε – εσείς κάνετε, αγαπάτε, εξηγείτε – αυτοί, -ές, -ά κάνουν(ε), αγαπάν(ε) / αγαπούν(ε), εξηγούν(ε)

8 **1.** μιλάει – **2.** φεύγει – **3.** αγοράζουμε – **4.** μένω, μένεις – **5.** μιλάν(ε) / μιλούν(ε) – **6.** κάνετε – **7.** εξηγούν(ε) – **8.** γελάτε

9 **1.** Οι φοιτητές διαβάζουν(ε) τα βιβλία. – **2.** Πουλάτε τις καρέκλες; – **3.** Τα παιδιά πίνουν(ε) καφέ. – **4.** Οι γυναίκες βλέπουν(ε) τους γιατρούς. – **5.** Οι κοπέλες αγοράζουν(ε) τις λάμπες. – **6.** Θέλουμε τα σιντί. – **7.** Οι δικηγόροι μένουν(ε) στη Θεσσαλονίκη. – **8.** Εμείς δεν μπορούμε. Εσείς μπορείτε;

Μάθημα 3

1 **a.** τριάντα – **b.** 64 – **c.** πενήντα οχτώ / οκτώ – **d.** 42 – **e.** ενενήντα έξι – **f.** 83

2 **1.** μεγάλη – **2.** πλούσιο – **3.** ελληνική – **4.** γνωστούς – **5.** παραδοσιακούς – **6.** τοπικά

3 **1.** πολλοί – **2.** πολύς – **3.** πολλοί – **4.** πολλές – **5.** πολλή – **6.** πολλές – **7.** πολλά – **8.** πολύ – **9.** πολλά

4 **1.** η νέα γυναίκα – **2.** ο μικρός αδελφός – **3.** το μικρό σπίτι – **4.** η μεγάλη αίθουσα – **5.** νέες φωτογραφίες – **6.** ο ψηλός άντρας – **7.** το κοντό παντελόνι – **8.** ψηλές καρέκλες – **9.** ο μεγάλος κύριος – **10.** κοντοί κινέζοι

5 **1.** g. – **2.** h. – **3.** a. – **4.** f. – **5.** d. – **6.** b. – **7.** e. – **8.** c.

6 από – στη – στο – με – από – με – για – στην – στο – Στις

7 **1.** στις οχτώ (οκτώ) και μισή το βράδυ / στις είκοσι και τριάντα – **2.** στις τέσσερις το απόγευμα / στις δέκα έξι – **3.** στις εννιά (εννέα) το βράδυ / στις είκοσι μία – **4.** στις δώδεκα και μισή το μεσημέρι / στις δώδεκα και τριάντα – **5.** στη μία και μισή (μιάμιση) το μεσημέρι / στις δεκατρείς και τριάντα

8 **1.** κοντός, άσχημος, χοντρή, πεταχτά, στραβά – **2.** κοντή, ξανθιά / ξανθή, γαλανά, κοντά, ωραία – **3.** όμορφο, καστανό, μεγάλα, μικρή, σγουρά – **4.** ψηλός, λεπτός, μεγάλη, μαύρα, καστανά

Μάθημα 4

1 **1.** Ο μπαμπάς του Μάρτιν είναι μοναχογιός. – **2.** Οι παλιές φωτογραφίες της οικογένειας είναι ασπρόμαυρες. – **3.** Η κόρη μιας ξαδέλφης μου σπουδάζει κινέζικα. – **4.** Η γυναίκα του θείου Τάκη είναι Γερμανίδα. – **5.** Η δουλειά ενός καθηγητή είναι δύσκολη.

2 **1.** Το άλμπουμ είναι της Ελένης. – **2.** Τα σιντί είναι του Φίλιππου. – **3.** Η πορτοκαλάδα είναι του παιδιού – **4.** Ο καφές είναι του Κώστα. – **5.** Οι καρέκλες είναι της φίλης μου. – **6.** Τα βιβλία είναι των κοριτσιών.

3 **1.** Είναι το δικό της άλμπουμ. – **2.** Είναι τα δικά του σιντί. – **3.** Είναι η δική / δικιά του πορτοκαλάδα. – **4.** Είναι ο δικός του καφές. – **5.** Είναι οι δικές της καρέκλες. – **6.** Είναι τα δικά τους βιβλία.

4 **1.** Ο καφές μου έχει ζάχαρη, ο δικός σου δεν έχει. – **2.** Το αυτοκίνητό της είναι καινούριο, το δικό του είναι παλιό. / Το αυτοκίνητό της είναι παλιό, το δικό του είναι καινούριο. – **3.** Τα μαλλιά μου είναι μαύρα, τα δικά σου είναι ξανθά. / Τα μαλλιά μου είναι ξανθά, τα δικά σου είναι μαύρα. – **4.** Η μύτη του είναι μεγάλη, η δικιά της είναι μικρή. / Η μύτη του είναι μικρή, η δικιά της είναι μεγάλη.

5 **1.** Γιατί – **2.** Πόσες – **3.** Πού – **4.** Ποια – **5.** Ποιος – **6.** Πόση

6 **1.** d. – **2.** g. – **3.** a. – **4.** b. – **5.** f. – **6.** h. – **7.** c. – **8.** e.

7 **1.** πρώτο. – **2.** τρία, εφτά / επτά – **3.** δεύτερός, πρώτης – **4.** τρίτη, τέταρτη – **5.** εφτά / επτά – **6.** πενήντα

8 **1.** λάθος – **2.** σωστό – **3.** σωστό – **4.** λάθος – **5.** λάθος – **6.** λάθος – **7.** σωστό

Μάθημα 5

1 **1.** φοιτητής – **2.** αλάτι – **3.** κιμάς – **4.** πιπέρι – **5.** αυγά – **6.** τράπεζα

2 εγώ τρώω – εσύ τρως – αυτός, -ή, -ό τρώει – εμείς τρώμε – εσείς τρώτε – αυτοί, -ές, -ά τρων / τρώνε

3 **1.** αυτός ο – **2.** εκείνες τις – **3.** Αυτός ο – **4.** τέτοιες – **5.** τόσους – **6.** αυτές τις – **7.** εκείνα τα – **8.** τέτοια

4 **1.** Η Ελένη τον βοηθάει. – **2.** Ο μανάβης τα ζυγίζει. – **3.** Η κυρία τις αγοράζει. – **4.** Ο Μάρτιν την τρώει. – **5.** Ο μαθητής την ακούει. – **6.** Δεν τους βλέπω.

5 **1.** Τους αγοράζω φρούτα. – **2.** Του δίνω τα λεφτά. – **3.** Η μητέρα του παίρνει το μήλο. – **4.** Ο Κώστας της στέλνει μήνυμα. – **5.** Ο χασάπης του δείχνει το κρέας. – **6.** Ο Μάρτιν δεν της αγοράζει το πεπόνι.

6 **1.** Ο μανάβης της τις δίνει. – **2.** Ο ψαράς του τα ζυγίζει. – **3.** Ο Μάρτιν τους τα στέλνει. – **4.** Η Ελένη της τα αγοράζει. – **5.** Η κοπέλα τους τη λέει. – **6.** Ο χασάπης δεν τους τον ζυγίζει.

7 **1.** αυτούς – **2.** εμένα – **3.** σένα – **4.** μας – **5.** εσάς – **6.** αυτήν

8 **1.** λάθος – **2.** λάθος – **3.** σωστό – **4.** λάθος – **5.** σωστό – **6.** σωστό – **7.** λάθος – **8.** σωστό

Μάθημα 6

1 **a.** εκατόν είκοσι τέσσερα – **b.** εννέα / εννιά χιλιάδες τριακόσια εβδομήντα πέντε – **c.** τετρακόσιες δέκα τρεις χιλιάδες οχτακόσια / οκτακόσια εξήντα εννέα / εννιά – **d.** δύο χιλιάδες οχτακόσια / οκτακόσια τριάντα εφτά / επτά – **e.** δέκα οκτώ / οχτώ χιλιάδες τετρακόσια ογδόντα εννέα / εννιά – **f.** εφτακόσιες εβδομήντα εφτά χιλιάδες εφτακόσια εβδομήντα εφτά / επτακόσιες εβδομήντα επτά χιλιάδες επτακόσια εβδομήντα επτά

2 **1.** πιο φτηνό / φτηνότερο – **2.** πιο μεγάλη / μεγαλύτερη – **3.** πιο ψηλός / ψηλότερος – **4.** πιο όμορφη / ομορφότερη – **5.** πιο δύσκολα / δυσκολότερα – **6.** πιο ακριβές / ακριβότερες

3 *(Lösungsvorschläge)* **1.** Ο Σάκης είναι ο χειρότερος μαθητής. / Ο χειρότερος μαθητής είναι ο Σάκης. – **2.** Ο Μάρτιν ξέρει περισσότερες ξένες γλώσσες από την Ελένη. – **3.** Η Αθήνα είναι η μεγαλύτερη πόλη στην Ελλάδα. / Η μεγαλύτερη πόλη στην Ελλάδα είναι η Αθήνα. – **4.** Ο Μάρτιν και ο Τάκης έχουν το ωραιότερο διαμέρισμα στη Θεσσαλονίκη. – **5.** Ο δικηγόρος έχει περισσότερα λεφτά από το φοιτητή.

4 **1.** καλά – **2.** γρήγορα – **3.** εύκολα – **4.** ωραία – **5.** όμορφα – **6.** αργά – **7.** υπέροχα

5 εγώ φοβάμαι – εσύ φοβάσαι – αυτός, -ή, -ό φοβάται – εμείς φοβόμαστε – εσείς φοβόσαστε / φοβάστε – αυτοί, -ές, -ά φοβούνται

6 **1.** φοβάται – **2.** κοιμούνται – **3.** Λυπάμαι – **4.** θυμάσαι – **5.** εργάζεται – **6.** ερχόσατε / έρχεστε – **7.** χρειαζόμαστε

7 **1.** στην οδό – **2.** της Ρόδου – **3.** δύο εισόδους – **4.** στην Πελοπόννησο – **5.** η οδός – **6.** Η Μύκονος – **7.** την Κόρινθο

8 *(Lösungsvorschläge)* **1.** h. – **2.** d. – **3.** g. – **4.** a. – **5.** i. – **6.** b. – **7.** e. – **8.** c. – **9.** f.

Μάθημα 7

1 **1.** το πιρούνι – **2.** Δημήτρης – **3.** δίπλα – **4.** αγόρι – **5.** το γλέντι – **6.** μπροστά – **7.** έφαγα – **8.** το αυτοκίνητο – **9.** λαχανικά

2 **1.** είδα, θαύμασα – **2.** γύρισες, ήσουνα – **3.** έφτασε, ήπιε – **4.** φάγαμε, νοικιάσαμε – **5.** είχατε, πήρατε – **6.** έκαναν, γράψανε

3 **1.** d. – **2.** g. – **3.** a. – **4.** c. – **5.** b. – **6.** f. – **7.** e.

4 **1.** έφτασε, έμεινε – **2.** έγραψε, είχε – **3.** Έφαγε – **4.** έκανε – **5.** αγόρασε – **6.** γνώρισε – **7.** πήγαν

5 **1.** έκανα – **2.** έπαιξαν / παίξανε – **3.** δοκιμάσατε – **4.** έγραψε – **5.** έψαξαν / ψάξανε – **6.** αγόρασε – **7.** πήγες

6 ήμασταν – φάγαμε – κάναμε – ήπιαμε – πήγαμε – αγόρασε

7 **1.** το σπιτάκι – **2.** ο δρόμος, ο δρομάκος – **3.** η Ελενίτσα, το Ελενάκι – **4.** ο αδελφούλης, το αδελφάκι – **5.** η ταβέρνα, το ταβερνάκι – **6.** η μπλούζα, το μπλουζάκι

8 *(Lösungsvorschläge)* ● Πού έκανες διακοπές πέρσι; / Πού έκανες πέρσι διακοπές; – ● Πέρσι ήμουν στην Κρήτη. – ● Πήγατε στη δουλειά σήμερα; / Πήγατε σήμερα στη δουλειά; – ● Όχι, πήγαμε στη Σοφούλα και ήπιαμε καφέ. – ● Τι έκανες χτες μετά τη δουλειά; / Τι έκανες μετά τη δουλειά χτες; – ● Πρώτα αγόρασα λαχανικά από τη λαϊκή και μετά μαγείρεψα στο σπίτι μου.

Μάθημα 8

1 horizontal: ΙΑΝΟΥΑΡΙΟΣ – ΜΑΪΟΣ – ΟΚΤΩΒΡΙΟΣ – ΦΕΒΡΟΥΑΡΙΟΣ – ΣΕΠΤΕΜΒΡΙΟΣ – ΔΕΚΕΜΒΡΙΟΣ
vertikal: ΑΠΡΙΛΙΟΣ – ΙΟΥΛΙΟΣ – ΜΑΡΤΙΟΣ

2 **1.** Aóristos – **2.** Präsens – **3.** Paratatikós – **4.** Paratatikós – **5.** Aóristos – **6.** Paratatikós – **7.** Präsens – **8.** Aóristos

3 **1.** αγαπάω – **2.** ήμουν – **3.** είδαμε – **4.** διάβαζα – **5.** πήγα – **6.** δώσαμε – **7.** είχατε – **8.** έδινε

4 **1.** έβλεπε – **2.** έπινα – **3.** έπαιζαν / παίζανε, μαγείρευε – **4.** τρώγατε – **5.** μιλούσε – **6.** ακούγαμε

5 εγώ τραγούδησα, έκλαιγα – εσύ μίλησες, οδηγούσες –αυτός, -ή, -ό αγάπησε, διψούσε – εμείς μπορέσαμε, φορούσαμε – εσείς γελάσατε, βλέπατε – αυτοί, -ές, -ά πείνασαν, έλεγαν

6 **1.** Κάθε μέρα έτρωγα καρπούζι. – **2.** Πάντα άκουγαν / ακούγανε μουσική. – **3.** Κάθε πρωί έπινε καφέ. – **4.** Κάθε καλοκαίρι πηγαίναμε στη Χίο. – **5.** Συχνά έβλεπα τη Μαρία. – **6.** Κάθε βράδυ πηγαίνατε σινεμά. – **7.** Όλο το απόγευμα διάβαζες εφημερίδα. – **8.** Όλο το μεσημέρι μιλούσαμε για σένα.

7 συνάντησα – είδα – Ήπιαμε – μιλήσαμε – ήμασταν – μέναμε – Πήγαινα – ακούγαμε – βλέπαμε – Ήμασταν

8 **1.** λάθος – **2.** λάθος – **3.** σωστό – **4.** σωστό – **5.** λάθος – **6.** σωστό – **7.** λάθος – **8.** σωστό

Μάθημα 9

1 **1.** όχι και πολύ υγιεινή ζωή – **2.** υγιεινή ζωή – **3.** υγιεινή ζωή – **4.** όχι και πολύ υγιεινή ζωή – **5.** όχι και πολύ υγιεινή ζωή – **6.** υγιεινή ζωή – **7.** υγιεινή ζωή – **8.** όχι και πολύ υγιεινή ζωή

2 **1.** σκι – **2.** ιππασία – **3.** κολύμπι – **4.** κυνήγι – **5.** ποδόσφαιρο – **6.** ψάρεμα – **7.** μπάσκετ – **8.** ποδηλασία
Lösungswort: καλή όρεξη

3 **1.** πρωινό – **2.** μεσημεριανό, γεύμα – **3.** βραδινό, δείπνο – **4.** μεζέδες, σαλάτες, κύριο πιάτο, επιδόρπιο

4 **1.** να βλέπω – **2.** να τρων / τρώνε – **3.** να μιλάει – **4.** να πίνουμε – **5.** να μην καπνίζετε – **6.** να μαγειρεύεις

5 να τρώει κρέας, να πίνει μπίρα, να βλέπει μπάλα / ποδόσφαιρο, να ακούει ελληνική μουσική – να τρώει φρούτα, να πίνει κόκκινο κρασί, να βλέπει παλιές φωτογραφίες, να ακούει ραδιόφωνο

6 **1.** να πάρω τηλέφωνο τη μητέρα μου – **2.** να μαγειρέψω φαγητό για το Γιάννη – **3.** να πιω καφέ με την Ελένη – **4.** να γράψω γράμμα στη φίλη μου – **5.** να ψωνίσω λαχανικά στη λαϊκή – **6.** να στείλω μήνυμα στην Αλίκη – **7.** να διαβάσω εφημερίδα

7 **1.** Συνέχισε – **2.** Άρχισα – **3.** ακούγαμε – **4.** Σταματήσατε – **5.** Άργησαν – **6.** Είχε

8 **1.** Αγόρασαν τα φρέσκα γάλατα στο μπακάλικο. – **2.** Οι βόλτες στις πόλεις σας αρέσουν(ε) πολύ. – **3.** Μπορούμε να φάμε αυτά τα κρέατα; – **4.** Θέλουμε να απαντήσουμε στις ερωτήσεις χωρίς τη βοήθεια σας. – **5.** Η τιμή του κρέατος είναι πολύ ακριβή. – **6.** Μπορείς να μου πεις τη λύση της άσκησης;

9 **1.** Sie haben mehr α (angekreuzt): Bravo, Sie leben gesund, Sie wissen, was Sie essen und trinken sollten! Bestimmt haben Sie auch einen schönen Körper. – **2.** Sie haben mehr β (angekreuzt): Nun gut, Sie sind nicht gerade dick! Sie wissen das Leben zu genießen! Alles mit Maß! – **3.** Sie haben mehr γ (angekreuzt): Sie essen nicht so gesund, Sie nehmen jeden Tag mehr Kalorien zu sich als Sie sollten und Sie verbrennen Sie nicht! Wenn Sie in Form sein wollen, müssen Sie einige Dinge in Ihrer Lebensweise ändern.

Μάθημα 10

1 **1.** πάτωμα – **2.** αεροσυνοδός – **3.** να φύγεις! – **4.** με γεια – **5.** εθνική οδός – **6.** ερώτηση
2 **1.** e. – **2.** g. – **3.** f. – **4.** b. – **5.** a. – **6.** c. – **7.** d.
3 **1.** ότι – **2.** Ό,τι – **3.** ότι – **4.** ό,τι – **5.** Ό,τι, ό,τι – **6.** ότι
4 **1.** που – **2.** Αυτός που – **3.** Εκείνη που – **4.** όποια – **5.** Όσοι – **6.** κάτι που
5 *(das richtige Wort:)* **1.** Πώς – **2.** που – **3.** Πώς, ότι – **4.** που – **5.** πως – **6.** που – **7.** Πού – **8.** Ό,τι
6 **1.** καφέδες – **2.** Βασίληδων – **3.** φωνακλού, γιαγιά, μαμάς – **4.** παπάδες – **5.** βαρκάρηδες – **6.** παππούδες, γιαγιάδες
7 **1.** Θα απολαύσεις – **2.** Θα θαυμάσεις – **3.** Θα δοκιμάσεις – **4.** Θα ξεχάσεις – **5.** Θα περάσεις
a. Θα μείνω – **b.** Θα αγοράσω – **c.** Θα βάψω – **d.** Θα φυτέψω – **e.** Θα κάνω
8 **1. a.** θα πιει – **b.** θα πίνει – **2. a.** θα βαφτίσουν(ε) – **b.** θα βαφτίζει – **3. a.** θα τρώει – **b.** θα φάει – **4. a.** θα φτιάξει – **b.** θα φτιάχνει
9 **1.** Θα τους το δείξει. – **2.** Θέλει να της τα δώσει. – **3.** Μην τους το στείλεις. – **4.** Θα της την πει. – **5.** Ας του τον δώσει. – **6.** Μην της το λες.

Μάθημα 11

1 **1.** παντελόνι – **2.** γραβάτα – **3.** μπουφάν – **4.** φούστα – **5.** σακάκι – **6.** τσάντα – **7.** φουστάνι
Lösungswort: πράσινο
2 **1.** λάθη – **2.** ύψη – **3.** έδαφος – **4.** κρατών – **5.** είδους – **6.** δάση
3 **1.** μακρύ – **2.** βαθιά – **3.** φαρδιά – **4.** βαρύ – **5.** παχύς – **6.** βαριοί – **7.** μακριές
4 **1.** Imperativ Singular, κοιτάζω – **2.** Konjunktiv Singular, παίρνω – **3.** Imperativ Singular, δοκιμάζω – **4.** Imperativ Plural, περνάω – **5.** Imperativ Plural, φέρνω – **6.** Imperativ Singular, ακούω – **7.** Imperativ Plural, συνδυάζω – **8.** Konjunktiv Plural, φέρνω – **9.** Imperativ Singular, βλέπω – **10.** Imperativ Singular, έρχομαι
5 **1.** Πες – **2.** Πιες – **3.** Σώπα – **4.** Κατεβείτε – **5.** Δέστε – **6.** Βρες – **7.** Ελάτε
6 Μάρτιν, δειξ' τους το! – **2.** Γιώργο, δώσ' της τα! – **3.** Κορίτσια, μην τους το στείλετε! – **4.** Αγγελική, πρόβαρέ τες! – **5.** Λίνα, φέρ' του τον! – **6.** Γιάννη, μην της το πεις / μην της το λες!
7 **a.** 6. – **b.** 4. – **c.** 8. – **d.** 2. – **e.** 1. – **f.** 7. – **g.** 5. – **h.** 3.

Μάθημα 12

1 **1.** c. – **2.** a. – **3.** e. – **4.** f. – **5.** d. – **6.** b.
2 **1.** κεφάλι – **2.** μάτι – **3.** αυτί – **4.** ώμος – **5.** στήθος – **6.** χέρι – **7.** κοιλιά – **8.** γόνατο – **9.** πόδι
3 **1.** κανένα – **2.** Κάτι – **3.** Κάποιος – **4.** Μερικές – **5.** Καμία / Καμιά – **6.** τίποτα – **7.** Κάθε
4 **1.** Όχι, δεν κυκλοφόρησε κανένα καλό βιβλίο τον περασμένο μήνα. – **2.** Όχι, δεν είδα καμία / καμιά από τις κοπέλες. – **3.** Όχι, δεν έφαγα τίποτα βαρύ το μεσημέρι. – **4.** Όχι, δεν είδα κανέναν να φεύγει πριν από μισή ώρα. – **5.** Όχι, δε δοκίμασα κανένα φαγητό. – **6.** Όχι, δε βρήκα τίποτα που να μ' ενδιαφέρει.

5 **1.** Η Σοφία δε με έχει ρωτήσει ποτέ κάτι τέτοιο. – **2.** Ο Αλέξανδρος έχει σπουδάσει Νομική στο Πανεπιστήμιο του Αμβούργου. – **3.** Η Κατερίνα και η παρέα της έχουν(ε) πιει καφέ στην Πλατεία Αριστοτέλους. – **4.** Εσύ έχεις μάθει να γράφεις το όνομά σου στα ελληνικά; – **5.** Εσείς έχετε τραγουδήσει ποτέ μπροστά σε πολύ κόσμο; – **6.** Εμείς έχουμε μείνει σε διαμέρισμα στο κέντρο της πόλης.

6 **a. 1.** έχει διαβάσει – **2.** έχει πάρει – **3.** έχει φάει – **4.** έχει μάθει – **5.** έχει πάει – **6.** έχει αγοράσει – **7.** έχει δοκιμάσει

b. 1. θα έχει πάθει – **2.** θα έχει κάνει – **3.** θα έχει μετακομίσει – **4.** θα έχει πάει – **5.** θα έχει αρχίσει – **6.** θα έχει τελειώσει – **7.** θα έχει ταξιδέψει

7 είχε κάνει – είχαμε πάρει – είχε πάθει – είχαμε μιλήσει – είχα δει – είχε πάει

8 **1.** σωστό – **2.** λάθος – **3.** σωστό – **4.** λάθος – **5.** λάθος – **6.** λάθος – **7.** σωστό

Μάθημα 13

1 **1.** έχει ομίχλη – **2.** χιονίζει – **3.** βρέχει – **4.** αστράφτει – **5.** έχει λιακάδα – **6.** έχει συννεφιά

2 **1.** Παρασκευή – **2.** πολυκατοικία – **3.** εκδρομή – **4.** αυγό – **5.** πεταλούδα – **6.** άνοιξη – **7.** παπαρούνα

3 **1.** Konditional – **2.** aorist. Futur – **3.** parat. Futur – **4.** aorist. Futur – **5.** parat. Futur – **6.** Konditional – **7.** Konditional – **8.** Konditional – **9.** Konditional

4 **1.** μπορεί – **2.** πρέπει – **3.** μπορεί – **4.** έχει – **5.** Πρέπει – **6.** έχει – **7.** μπορεί

5 **1.** τεμπέληδες – **2.** ζηλιάρες – **3.** πεισματάρικο – **4.** σγουρομάλλα, σγουρομάλλης, σγουρομάλλικα – **5.** μικρούλα, ομορφούλα – **6.** φοβητσιάρηδες – **7.** χαδιάρα – **8.** τεμπέλικα, γκρινιάρικα

6 **1.** παίζοντας – **2.** κλαίγοντας – **3.** βρίσκοντας – **4.** ξέροντας – **5.** Ανοίγοντας – **6.** Ρωτώντας – **7.** Ταξιδεύοντας– **8.** τραγουδώντας

7 **1.** Η Λίτσα θα ήθελε να πάει το καλοκαίρι σε νησί – **2.** Ο Γιάννης θα προτιμούσε να περάσει τις διακοπές στο βουνό. – **3.** Εγώ θα ήθελα να μείνουμε μερικές μέρες ακόμη. – **4.** Εσύ θα προτιμούσες να φύγουμε σήμερα. – **5.** Τα κορίτσια θα ήθελαν να πάνε το βράδυ στα μπουζούκια. – **6.** Οι άντρες τους θα προτιμούσαν να δούνε στο σπίτι τηλεόραση. – **7.** Εμείς θα θέλαμε να περάσουμε το Πάσχα στο χωριό. – **8.** Εσείς θα προτιμούσατε να πάμε ταξίδι στη Γαλλία.

8 *(Lösungsvorschläge)* **1.** Στην αρχή θα πήγαινα στην Αθήνα. – **2.** Εκεί θα έβλεπα την Ακρόπολη. – **3.** Θα αγόραζα δερμάτινα σανδάλια. – **4.** Θα έκανα εκδρομές στα ελληνικά νησιά. – **5.** Θα έτρωγα κάθε μέρα φρέσκο ψάρι. – **6.** Θα έπινα ούζο ή ρετσίνα στις ταβέρνες. – **7.** Θα έπαιρνα ωραία δωράκια για τους φίλους μου.

Μάθημα 14

1 επιθυμεί – Απαιτείται – απαραίτητη – μισθό – παρακαλούνται – βιογραφικό

Ζητείται – εταιρεία – Επαγγελματική – γνώση – ενδιαφερόμενοι – στείλουν

2 Επώνυμο: **Μυλωνά** – Όνομα: **Ελένη** – **Οικογενειακή κατάσταση:** άγαμη – Εθνικότητα: **ελληνική** – Ημερομηνία γέννησης: **07/04/1978** – **Τόπος γέννησης:** Αθήνα – **Διεύθυνση:** Σάμου 17 – **Τηλέφωνο:** 210 2678390 – **1996:** Απολυτήριο Λυκείου – Σπουδές: 1996–2001: Γαλλική **φιλολογία** στο Εθνικό και Καποδιστριακό **Πανεπιστήμιο Αθηνών** – Ξένες γλώσσες: **αγγλικά** και **γαλλικά** – **Επαγγελματική εμπειρία:** 2002–2005: Καθηγήτρια γαλλικής γλώσσας

3 εγώ πλένομαι, βαριέμαι, παρακαλούμαι – εσύ πλένεσαι, βαριέσαι, παρακαλείσαι – αυτός, -ή, -ό πλένεται, βαριέται, παρακαλείται – εμείς πλενόμαστε, βαριόμαστε, παρακαλούμαστε – εσείς πλενόσαστε / πλένεστε, βαριέστε / βαριόσαστε, παρακαλείστε – αυτοί, -ές, -ά πλένονται, βαριούνται, παρακαλούνται

4 **1.** χτενιζόμαστε – **2.** αγαπάν(ε) / αγαπούν(ε) – **3.** ντύνεσαι – **4.** ενδιαφέρω – **5.** πλενόσατε / πλένεστε – **6.** δημοσιεύουν(ε) – **7.** σηκώνεται – **8.** ξυρίζεις

5 **1.** ενδιαφέρεται – **2.** Απαγορεύεται – **3.** βρίσκεται – **4.** παραπονιέσαι – **5.** ασχολούμαστε – **6.** επιτρέπεται – **7.** Νοικιάζονται

6 **1.** αγοράζει – **2.** ξυρίζονται – **3.** βρίσκεται – **4.** πλένεσαι – **5.** κρύβονται – **6.** πληρώνω – **7.** σηκώνεσαι

7 **a. 1.** Οι ασκήσεις διορθώνονται από τον καθηγητή. – **2.** Δύο λογιστές προσλαμβάνονται από αυτή την εταιρεία. – **3.** Το αυτοκίνητο πλένεται από τη βροχή. – **4.** Οι λογαριασμοί πληρώνονται πάντα από τους γονείς.

b. 1. Η μαμά πλένει συνήθως τα πιάτα. – **2.** Το κράτος πληρώνει κάθε μήνα τους υπαλλήλους. – **3.** Η γραμματέας γράφει τώρα το γράμμα. – **4.** Οι εταιρίες δημοσιεύουν(ε) συνήθως τις αγγελίες.

8 **1.** μόνος του – **2.** μόνη της – **3.** μόνες τους – **4.** μόνος του – **5.** μόνος του – **6.** μόνα τους – **7.** μόνοι τους – **8.** μόνος μου / μόνη μου

Μάθημα 15

1 **1.** μεθυσμένη – **2.** παντρεμένος – **3.** πεινασμένα – **4.** περασμένους – **5.** κουρασμένη – **6.** εξασφαλισμένο – **7.** στεναχωρημένος / στεναχωρημένη – **8.** θυμωμένος – **9.** χαλασμένη

2 **1.** ενδιαφέροντα – **2.** παρελθόν – **3.** λόγους – **4.** χρόνια – **5.** προϊόντος – **6.** δεσμούς – **7.** χρόνο – **8.** λόγια – **9.** βράχια

3 **1.** Θέλω να ξαναδώ τον Κώστα. – **2.** Η Ελένη ξαναγόρασε παπούτσια. – **3.** Θα ξαναπάτε στην Ξάνθη; – **4.** Δε θα ξαναβγώ με το Δημήτρη. – **5.** Ο Μάρτιν ξαναείδε την ίδια ταινία. – **6.** Δε θέλω να ξαναφάω αυτό το φαγητό.

4 **1.** Αν έβλεπες τον Τάκη, θα του έδινες το δώρο. – **2.** Αν πηγαίναμε στη λαϊκή, θα αγοράζαμε φρούτα. – **3.** Αν είχα καιρό, θα διάβαζα το βιβλίο. – **4.** Αν ήταν κουρασμένος, θα έμενε σπίτι. – **5.** Αν πεινούσατε, θα τρώγατε μουσακά.

5 **1.** Αν του πούμε ψέματα, θα μας μαλώσει. – **2.** Αν δουλέψεις περισσότερο, θα έχεις λεφτά. – **3.** Αν πάμε στην παραλία, θα κάνουμε ηλιοθεραπεία. – **4.** Αν βρω καιρό, θα σου στείλω μια κάρτα. – **5.** Αν στρώσει πάνω μου η φούστα, θα την πάρω.

6 **1.** έβγαιναν / βγαίνανε – **2.** αγόραζα / είχα αγοράσει – **3.** δω – **4.** βοηθήσουμε – **5.** θα έπινα / είχα πιει – **6.** έτρωγα – **7.** περνούσα / είχα περάσει

7 **1.** Μακάρι να κερδίσω το τζάκποτ. – **2.** Ας του πει την αλήθεια. – **3.** Τι καλά να πάμε σινεμά. – **4.** Μακάρι να είχα λεφτά. – **5.** Ας ήμουν πλούσιος. – **6.** Τι καλά να είχα αγοράσει τη φούστα.

8 **1.** λάθος – **2.** σωστό – **3.** σωστό – **4.** λάθος – **5.** λάθος – **6.** λάθος – **7.** λάθος – **8.** σωστό – **9.** λάθος

Lösungen zu den Tests

34–26 Punkte:	*συγχαρητήρια* – Tolle Leistung!
25–17 Punkte:	*μπράβο* – Sie haben schon gute Fortschritte gemacht. Sehen Sie sich jetzt noch einmal die Themen im Buch an, mit denen Sie Probleme hatten.
Weniger als 17 Punkte:	*έτσι κι έτσι* – Na ja, das könnten Sie bestimmt besser. Wiederholen Sie die Grammatikerklärungen und den Wortschatz der letzten fünf Lektionen noch einmal.

TEST 1

1 **1.** Ο Βαγγέλης είναι δημοσιογράφος. – **2.** Τη λένε Κούλα. – **3.** Η νοσοκόμα είναι σαράντα εφτά χρονών. – **4.** Η Κατίνα επιθυμεί γνωριμία με γιατρό.

2 **1.** αγοράζουν(ε) – **2.** πουλάτε – **3.** πίνουμε – **4.** έχει – **5.** τρως – **6.** μιλάν(ε) / μιλούν(ε)

3 **1.** κρέας – **2.** πατέρας – **3.** δέντρο – **4.** πιρούνια – **5.** φίλος – **6.** εγώ

4 **1.** a. – **2.** b. – **3.** a. – **4.** a. – **5.** b. – **6.** b.

5 **1.** παιδιά – **2.** γιου – **3.** γυναικών – **4.** μαθητές – **5.** θείας – **6.** μύτη

6 **1.** οι ασπρόμαυρες φωτογραφίες – **2.** τα φρέσκα μήλα – **3.** τους καλούς πατέρες – **4.** των ψηλών δασκάλων – **5.** των ξανθών γυναικών – **6.** τις καινούριες κατσαρόλες

TEST 2

1 **1.** σωστό – **2.** λάθος – **3.** λάθος – **4.** σωστό

2 **1.** έπινα (Paratatikós) – **2.** ξόδεψε (Aóristos) – **3.** πήγατε (Aóristos) – **4.** έτρωγε (Paratatikós) – **5.** έστειλες (Aóristos) – **6.** συνάντησε (Aóristos)

3 **1.** Ναι, το διάβασα. – **2.** Όχι, δεν τα αγόρασα. – **3.** Ναι, θα σου τις δώσω. – **4.** Όχι, δε θα σου το φέρω. – **5.** Ναι, να τους τις δώσουμε. – **6.** Όχι, να μην του το δείξουμε.

4 **1.** παπάδες – **2.** Πάρου – **3.** λεωφόρο – **4.** ασκήσεις – **5.** μανάβηδες – **6.** γάλατα

5 **1.** να καπνίζει – **2.** να πάνε – **3.** να μαθαίνει – **4.** να χορεύουν(ε) – **5.** να κολυμπάμε – **6.** να πιει

6 (*das richtige Wort:*) **1.** πού – **2.** ότι – **3.** που – **4.** πώς – **5.** πού – **6.** ό,τι

TEST 3

1 **1.** όχι – **2.** ναι – **3.** ναι – **4.** όχι

2 **1.** κανένας – **2.** Μερικοί – **3.** τίποτε – **4.** μερικές – **5.** κάθε – **6.** Κάποια

3 **1.** e. – **2.** d. – **3.** f. – **4.** b. – **5.** a. – **6.** c.

4 **1.** Διάβαζε κάθε μέρα. – **2.** Λέγετε / Λέτε πάντα την αλήθεια. – **3.** Αγόρασε τη μακριά φούστα. – **4.** Πιέστε / Πιείτε το γάλα σας. – **5.** Ρωτήστε τον καθηγητή. – **6.** Δες αυτή την ταινία.

5 **1.** b. – **2.** a. – **3.** b. – **4.** a. – **5.** a. – **6.** b.

6 **1.** e. – **2.** f. – **3.** d. – **4.** c. – **5.** a – **6.** b.

Glossar

A

άγαμος, -η, -ο ['aɣamos] ledig **14**

αγαπάω [aɣa'pao] lieben, mögen **2**

αγάπη η [a'ɣapi] Liebe **10**

αγαπημένος, -η, -ο [aɣapi'menos] lieb, Lieblings-, geliebt **7**

αγαπητός, -ή, -ό [aɣapi'tos] lieb **7**

αγγελία η [aŋɟe'lia] Anzeige **2**

αγγίζω [aŋ'ɟizo] berühren **VL**

Αγγλίδα η [aŋ'gliða] Engländerin **2**

αγγλικά τα *Pl* [aŋgli'ka] Englisch **2**

Άγγλος ο ['aŋglos] Engländer **2**

αγγούρι το [aŋ'guri] Gurke **5**

αγελάδα η [aje'laða] Kuh **13**

άγιος, -α, -ο ['ajios] heilig **13**

Αγίου Πνεύματος του [a'jiu‿'pnevmatos] Pfingsten (*wörtl.*: des heiligen Geistes) **13**

αγκινάρα η [aŋɟi'nara] Artischocke **VL**

αγορά η [aɣo'ra] Markt **5**

αγορά εργασίας η [aɣo'ra‿erɣa'sias] Arbeitsmarkt **14**

αγοράζω [aɣo'razo] kaufen **2**

αγόρι το [a'ɣori] Junge **5**

άδεια η ['aðja] Urlaub; Erlaubnis **14**

άδεια οδήγησης η ['aðja‿o'ðijisis] Fahrerlaubnis, Führerschein **15**

αδελφή η [aðel'fi] Schwester **3**

αδέλφια τα *Pl* [a'ðelfça] Geschwister **4**

αδελφός ο [aðel'fos] Bruder **3**

άδικος, -η, -ο ['aðikos,-ci,-ko] ungerecht **9**

αδυνατίζω [aðina'tizo] abnehmen, dünn werden bzw. machen **9**

αέρας ο [a'eras] Wind; Luft **13**

αεροδρόμιο το [aero'ðromio] Flughafen **10**

αεροπλάνο το [aero'plano] Flugzeug **10**

αεροσυνοδός ο, η [aerosino'ðos] Steward(ess) **10**

άθλημα το ['aθlima] Sportart **9**

αίθουσα η ['eθusa] Saal **3**

αίμα το ['ema] Blut **VL, 9**

αιμάτωμα το [e'matoma] Bluterguss **12**

αισθάνομαι [es'θanome] (sich) fühlen **6**

ακολουθώ [akolu'θo] folgen **12**

ακόμα και [a'koma‿ce] sogar **13**

ακόμη, ακόμα [a'komi], [a'koma] noch **1**

ακούω [a'kuo] hören **5**

ακριβός, -ή, -ό [akri'vos] teuer **5**

ακριβώς [akri'vos] genau **5**

αλάτι το [a'lati] Salz **5**

αλεπού η [ale'pu] Fuchs **13**

αλήθεια [a'liθça] wirklich **7**

αλήθεια η [a'liθça] Wahrheit **4**

Αληθώς Ανέστη [ali'θos‿a'nesti] "Wahrlich ist er auferstanden" **13**

αλλά [a'la] aber **1**

αλλάζω [a'lazo] sich verändern **8**

αλλεργικός, -ή, -ό [alerji'kos,-'ci,-'ko] allergisch **12**

αλληλογραφία η [aliloɣra'fia] Korrespondenz **14**

άλλος, -η, -ο ['alos] andere(r, s) **VL, 2**

άλμπουμ το *unv* ['album] Album **4**

άλογο το ['aloɣo] Pferd **13**

αμάν! [a'man] zum Kuckuck! **9**

αμέσως [a'mesos] sofort **5**

αμέτρητος, -η, -ο [a'metritos] unzählig **13**

αμμουδιά η [amu'ðja] Sandstrand **8**

αν ['an] wenn, falls **2**

ανάγκη η [a'naŋɟi] Bedürfnis **15**

ανάγκη (έχω ~) ['exo‿a'naŋɟi] nötig haben, brauchen **15**

ανάλυση η [a'nalisi] Analyse **9**

αναλυτικός, -ή, -ό [analiti'kos,-'ci,-'ko] detailliert **12**

αναμμένος, -η, -ο [ana'menos] angezündet **13**

Ανάσταση η [a'nastasi] Auferstehung(smesse) **13**

ανατολίτικος, -η, -ο [anato'litikos,-ci,-ko] orientalisch **7**

αναφέρω [ana'fero] anführen, erwähnen **12**

αναχώρηση η [ana'xorisi] Abfahrt, -flug **10**

ανεβαίνω [ane'veno] hinaufgehen; hochsteigen **6**

ανεμιστήρας ο [anemi'stiras] Ventilator **2**

άνεμος ο ['anemos] Wind **13**

ανεργία η [aner'jia] Arbeitslosigkeit **14**

ανησυχώ [anisi'xo] sich Sorgen machen **12**

άνθρωπος ο ['anθropos] Mensch **12**
ανιψιά η [ani'psça] Nichte **4**
ανίψια τα *Pl* [a'nipsça] Neffen und Nichten **4**
ανιψιός ο [ani'psços] Neffe **4**
ανοίγω [a'niγo] öffnen **8**
άνοιξη η ['aniksi] Frühling **13**
ανοιχτός, -ή, -ό [ani'xtos] offen; hell **9**
ανταλλάσσω [anda'laso] austauschen **13**
αντέχω [an'dexo] ertragen **10**
αντιβιοτικό το [andivioti'ko] Antibiotikum **12**
αντίο [a'dio] Auf Wiedersehen **1**
αντίσκηνο το [an'discino] Zelt **10**
άντρας ο ['andras] Mann; Ehemann **1, 4**
αντρικός, -ή, -ό [andri'kos,-'ci,-'ko] Männer-, Herren- **11**
ανύπαντρος, -η, -ο [a'nipandros] unverheiratet **4**
αξιοθέατα τα *Pl* [aksio'θeata] Sehenswürdigkeiten **7**
αξιότιμος, -η, -ο [aksi'otimos] geehrt **7**
απαγορεύω [apaγo'revo] verbieten **9**
απαισιόδοξος, -η, -ο [apesi'oδoksos] pessimistisch **15**
απαιτώ [ape'to] verlangen **14**
απαντάω [apan'dao] antworten **2**
απάντηση η [a'pandisi] Antwort **9**
απαραίτητος, -η, -ο [apa'retitos] notwendig **14**
απασχόληση η [apa'sxolisi] Beschäftigung **14**
απασχόληση (μερική ~) η [meri'ci‿apa'sxolisi] Teilzeitbeschäftigung **14**
απασχόληση (πλήρης ~) η ['pliris‿apa'sxolisi] Vollzeitbeschäftigung **14**
απειλώ [api'lo] (be)drohen **14**
απέναντι [a'penandi] gegenüber **6**
απεργία η [aper'jia] Streik **14**
απίθανος, -η, -ο [a'piθanos] unwahrscheinlich; toll **13**
απίστευτος, -η, -ο [a'pisteftos] unglaublich **11**
απλός, -ή, -ό [a'plos] einfach **4**
από [a'po] von, aus; + *Zahlwort*: je **1, 4**
από τότε που [a'po‿'tote‿pu] seitdem **8**
απόγευμα το [a'pojevma] Nachmittag **1**
αποκαλύπτω [apoka'lipto] ans Licht bringen **12**
αποκλείω [apo'klio] ausschließen **14**
αποκορύφωμα το [apoko'rifoma] Höhepunkt **13**
αποκριάτικος, -η, -ο [apokri'atikos,-ci,-ko] Karnevals- **3**
απόκτηση η [a'poktisi] Erwerb **15**
απολαμβάνω [apolam'vano] genießen **9**
απόλαυση η [a'polafsi] Genuss **9**
απόλυτα [a'polita] absolut **11**
απολυτήριο λυκείου το [apoli'tirio‿li'ciu] Schulabschluss (Abitur) **14**
απόλυτος, -η, -ο [a'politos] absolut **15**
απόσταση η [a'postasi] Entfernung **9**
αποτέλεσμα το [apo'telezma] Ergebnis **12**
απόψε [a'popse] heute Abend **9**
Απρίλιος ο [a'prilios] April **8**
άρα ['ara] also **4**
αργά [ar'γa] langsam; spät **6**
αργός, -ή, -ό [ar'γos,-'ji,-'γo] langsam **6**
αργώ [ar'γo] (sich) verspäten **2**
αρέσω [a'reso] gefallen, mögen **5**
άρθρο το ['arθro] Artikel **12**
αριστερά [ariste'ra] links **6**
αρνάκι λεμονάτο το [ar'naci lemo'nato] Lamm mit Zitronensauce **9**
άρνηση η ['arnisi] Verneinung **9**
αρνί το [ar'ni] Lamm **13**
αρνούμαι [ar'nume] sich weigern **14**
αρραβώνας ο [ara'vonas] Verlobung **4**
αρραβωνιαστικιά η [aravoɲasti'ca] Verlobte **4**
αρραβωνιαστικός ο [aravoɲasti'kos] Verlobter **4**
αρρώστεια η [a'rostia] Krankheit **12**
αρρωστιάρης, -α, -ικο [aro'stçaris] kränklich **13**
άρρωστος, -η, -ο ['arostos] krank **12**
αρτοποιείο το [artopi'io] Bäckerei **5**
αρχαία τα *Pl* [ar'çea] Altertümer **7**
αρχίζω [ar'çizo] beginnen **3**
άρωμα το ['aroma] Parfüm **15**
άσκηση η ['ascisi] Übung **1**
ασπρόμαυρος, -η, -ο [a'spromavros] schwarzweiß **4**
άσπρος, -η, -ο ['aspros] weiß **VL, 9**
αστειεύομαι [asti'evome] scherzen **14**
αστέρι το [a'steri] Stern **10**
αστράφτει *3. Pers. Sg* [a'strafti] es blitzt **13**

αστυνομία η [astino'mia] Polizei **15**
ασφαλώς [asfa'los] sicher, selbstverständlich **6**
άσχημος, -η, -ο ['asçimos] hässlich **3**
ασχολούμαι [asxo'lume] sich beschäftigen **14**
ατμόσφαιρα η [a'tmosfera] Atmosphäre **7**
άτομο το ['atomo] Person **12**
ατύχημα το [a'tiçima] Unfall **12**
αυγό το [a'vɣo] Ei **VL, 5**
Αύγουστος ο ['avɣustos] August **8**
αυλή η [a'vli] Hof **13**
αυλός ο [a'vlos] Flöte **VL**
άυλος, -η, -ο ['ailos] immateriell **VL**
αύριο ['avrio] morgen **VL, 2**
Αυστριακή η [afstria'ci] Österreicherin **2**
Αυστριακός ο [afstria'kos] Österreicher **VL, 2**
αυτί το [a'fti] Ohr **VL, 3**
αυτοκίνητο το [afto'cinito] Auto **4**
αυτός, -ή, -ό [a'ftos] er, sie, es; diese(r, s) **VL, 1**
αφήνω [a'fino] lassen **12**
άφιξη η ['afiksi] Ankunft **10**
αφορώ [afo'ro] betreffen **12**
αφού [a'fu] da, weil **10**
αχλάδι το [a'xlaði] Birne **5**

Β

βάζω ['vazo] legen, stellen; anziehen **5**
βαθμός ο [vaθ'mos] Punkt, Note; Grad **9, 13**
βαθιά [va'θça] tief **11**
βάθος το ['vaθos] Tiefe **11**
βαθύς, -ιά, -ύ [va'θis,-'θça,-'θi] tief **11**
βαλίτσα η [va'litsa] Koffer **10**
βαμβακερός, -ή, -ό [vamvace'ros] aus Baumwolle **11**
βαμβάκι το [vam'vaci] Baumwolle; Watte **11**
βαμμένος, -η, -ο [va'menos] gefärbt **13**
βαριά [var'ja] schwer **11**
βαριέμαι [var'jeme] sich langweilen **14**
βάρκα η ['varka] Boot **10**
βαρκάρης ο [var'karis] Bootsmann **10**
βάρος το ['varos] Gewicht **11**
βαρύς, -ιά, -ύ [va'ris,-'ja,-'i] schwer **11**
βαφτίζω [va'ftizo] taufen **10**
βάφτιση η ['vaftisi] Taufe **10**
βάφω ['vafo] streichen; färben **10**
βγάζω ['vɣazo] herausholen; nennen **10**
βγαίνω ['vjeno] hinausgehen, ausgehen **7**
βδομάδα, εβδομάδα η [(e)vðo'maða] Woche **3**
βέβαια, βεβαίως ['vevea], [ve'veos] natürlich, freilich **1**
βελούδινος, -η, -ο [ve'luðinos] aus Samt **11**
βελούδο το [ve'luðo] Samt **11**
βερίκοκο το [ve'rikoko] Aprikose **5**
βήχας ο ['vixas] Husten **12**
βιβλίο το [vi'vlio] Buch **VL, 1**
βιβλιοθήκη η [vivlio'θici] Bibliothek **VL**
βίντεο το ['video] Video **VL**
βιολογία η [violo'jia] Biologie **VL**
βιταμίνη η [vita'mini] Vitamin **11**
βιτρίνα η [vi'trina] Schaufenster **11**
βλακία η [vla'cia] Quatsch; Dummheit **15**
βλέπω ['vlepo] sehen, gucken **1**
βοηθάω [voi'θao] helfen **5**
βοήθεια η [vo'iθia] *oder* [vo'iθça] Hilfe **2**
βοηθός ο, η [voi'θos] Gehilfe / in **14**
βόλτα η ['volta] Spaziergang **7**
βουνό το [vu'no] Berg **7**
βούτυρο το ['vutiro] Butter **5**
βραδιά η [vra'ðja] Abend **11**
βραδιάζει *3. Pers. Sg* [vra'ðjazi] es wird Abend, es dämmert **13**
βραδινό το [vraði'no] Abendessen **9**
βραδινός, -ή, -ό [vraði'nos] abendlich **11**
βράδυ το ['vraði] Abend **1**
βράχος ο ['vraxos] Fels **15**
βρέχει *3. Pers. Sg* ['vreçi] es regnet **13**
βρίσκω ['vrisko] finden **1**
βροντάει *3. Pers. Sg* [vron'dai] es donnert **13**
βροχή η [vro'çi] Regen **13**

Γ

γαϊδούρι το [ɣai'ðuri] Esel **13**
γάλα το ['ɣala] Milch **3**
γαλάζιος, -α, -ο [ɣa'lazios] hellblau **11**
γαλανός, -ή, -ό [ɣala'nos] (hell)blau **3**
γαλαξίας ο [ɣala'ksias] Milchstraße **VL**
γαλατάς ο [ɣala'tas] Milchmann **10**
Γαλλίδα η [ɣa'liða] Französin **2**
γαλλικά τα *Pl* [ɣali'ka] Französisch **2**

γαλλικός, -ή, -ό [ɣali'kos,-'ci,-'ko] französich **3**
Γάλλος ο ['ɣalos] Franzose **2**
γάμος ο ['ɣamos] Hochzeit; Ehe **VL, 4**
γαμπρός ο [ɣa'mbros] Schwager; Bräutigam; Schwiegersohn **4**
γάντι το ['ɣandi] *oder* ['ɣanti] Handschuh **11**
γαρίδα η [ɣa'riða] Garnele **5**
γάτα η ['ɣata] Katze **13**
γεια σου, ~ σας ['ja_su], ['ja_sas] hallo, tschüss **VL, 1**
γειτονιά η [jito'ɲa] Nachbarschaft, Viertel **5**
γελάω [je'lao] lachen **VL, 2**
γεμάτος, -η, -ο [je'matos] voll **8**
γενέθλια τα *nur im Pl* [je'neθlia] Geburtstag **4**
γεννήθηκα [je'niθika] geboren sein **14**
γέννηση η ['jenisi] Geburt **14**
Γερμανίδα η [jerma'niða] Deutsche **VL, 2**
γερμανικά τα *Pl* [jermani'ka] Deutsch **1**
γερμανικός -ή, -ό [jermani'kos,-'ci,-'ko] deutsch **12**
Γερμανός ο [jerma'nos] Deutscher **1**
γερός, -ή, -ό [je'ros] stark, heftig **12**
γεύμα το ['jevma] Mahlzeit **9**
γέφυρα η ['jefira] Brücke **7**
γήπεδο το ['jipeðo] Stadion **3**
γι' αυτό [ja'fto] deshalb **5**
για [ja] für, über **2**
για τα καλά [ja_ta_ka'la] richtig, gehörig **8**
γιαγιά η [ja'ja] Großmutter, Oma **4**
γιαούρτι το [ja'urti] Joghurt **9**
γιατί [ja'ti] weil; *in Fragen:* warum **2**
γιατρός ο, η [ja'tros] Arzt / Ärztin **VL, 2**
γίνομαι ['jinome] werden, geschehen **6**
γιορτή η [jor'ti] Fest; Namenstag **3, 10**
γιορτινός, -ή, -ό [jorti'nos] festlich **13**
γιος ο ['jos] Sohn **4**
γκαράζ το [ga'raz] Garage **VL**
γκαρσόν(ι) το [gar'son(i)] Kellner **3**
γκέμι το ['ɟemi] Zügel **VL**
γκρι *unv* ['gri] grau **11**
γκρίνια η ['griɲa] Nörgelei, Gejammer **VL**
γκρινιάζω [gri'ɲazo] meckern **9**
γκρινιάρης, -α, -ικο [gri'ɲaris] Nörgler **13**
γλείφω ['ɣlifo] lecken **13**
γλέντι το ['ɣlendi] Feiern **3**
γλυκό το [ɣli'ko] Kuchen, Süßigkeit **5**
γλυκός, -ιά, -ό [ɣli'kos,-'ca,-'ko] süß **3**
γλώσσα η ['ɣlosa] Sprache **2**
γλώσσα (ξένη ~) η ['kseni_'ɣlosa] Fremdsprache **2**
γνώμη η ['ɣnomi] Meinung **13**
γνωρημία η [ɣnori'mia] Bekanntschaft **3**
γνωρίζω [ɣno'rizo] kennen; kennenlernen; sich auskennen **6, 7, 12**
γνώση η ['ɣnosi] Kenntnis, Wissen **14**
γνωστός, -ή, -ό [ɣno'stos] bekannt **3**
γόβα η ['ɣova] Pumps **11**
γοητευτικός, -ή, -ό [ɣoitefti'kos,-'ci,-'ko] charmant **3**
γόνατο το ['ɣonato] Knie **12**
γονείς οι *Pl* [ɣo'nis] Eltern **4**
γουρούνι το [ɣu'runi] Schwein **13**
γούστο το ['ɣusto] Geschmack **4**
γραβάτα η [ɣra'vata] Krawatte **11**
γράμμα το ['ɣrama] Brief; Buchstabe **7**
γραμματέας ο, η [ɣrama'teas] Sekretär(in) **2**
γραμματεία η [ɣrama'tia] Sekretariat **14**
γραμματική η [ɣramati'ci] Grammatik **VL**
γραμματόσημο το [ɣrama'tosimo] Briefmarke **15**
γραμμή η [ɣra'mi] Linie; Schiene **10**
γραφείο το [ɣra'fio] Büro **8**
γραφείο (δικηγορικό ~) το [ðiciɣori'ko ɣra'fio] Rechtsanwaltskanzlei **8**
γραφειοκρατία η [ɣrafiokra'tia] Bürokratie **14**
γραφικός, -ή, -ό [ɣrafi'kos,-'ci,-'ko] malerisch **7**
γράφω ['ɣrafo] schreiben **VL, 7**
γρήγορος, -η, -ο ['ɣriɣoros] schnell **6**
γυαλί το [ja'li] Glas **11**
γυάλινος, -η, -ο ['jalinos] aus Glas **11**
γυμναστήριο το [jimna'stirio] Fitness-Studio **9**
γυμναστική η [jimnasti'ci] Gymnastik, Sport **9**
γυναίκα η [ji'neka] Frau; Ehefrau **1, 4**
γυναικείος, -α, -ο [jine'cios] Frauen-, Damen- **11**
γυναικολόγος ο [jineko'loɣos] Frauenarzt **12**
γυρίζω (πίσω) [ji'rizo ('piso)] zurückkommen, zurückkehren **7**

Δ

δάνειο το ['ðanio] Kredit **15**

δασκάλα η [ða'skala] Lehrerin **2**

δάσκαλος ο ['ðaskalos] Lehrer **1**

δάσος το ['ðasos] Wald **7**

δάχτυλο το ['ðaxtilo] Finger **12**

Δ.Ε.Η. (Δημόσια Επιχείρηση Ηλεκτρισμού) η [ðe'i] Öffentliche Elektrizitätsgesellschaft **15**

δείπνο το ['ðipno] Dinner, Abendessen **9**

δείχνω ['ðixno] zeigen **3**

Δεκαπενταύγουστο το [ðekapen'davɣusto] Maria Himmelfahrt **13**

δέκατος, -η, -ο ['ðekatos] zehnte(r, s) **4**

Δεκέμβριος ο [ðe'cemvrios] Dezember **8**

δελεαστικός, -ή, -ό [ðeleasti'kos,-'ci,-'ko] verlockend **13**

δελφίνι το [ðel'fini] Delphin **VL**

δέμα το ['ðema] Paket **15**

δεν, δε ['ðe(n)] nicht, kein **VL, 1**

δέντρο το ['ðendro] Baum **4**

δέντρο (γενεαλογικό ~) το [jenealoji'ko‿'ðendro] Stammbaum **4**

δεξιά [ðeksi'a] rechts **6**

δεξίωση η [ðe'ksiosi] Empfang **11**

δέρμα το ['ðerma] Leder, Haut **11**

δερμάτινος, -η, -ο [ðer'matinos] aus Leder **8**

δερματολόγος ο [ðermato'loɣos] Hautarzt **12**

δεσμός ο [ðe'zmos] Beziehung, Bindung; Fesseln **15**

δεσποινίδα η [ðespi'niða] junge Frau, Fräulein **3**

Δευτέρα η [ðe'ftera] Montag **2**

δευτερόλεπτο το [ðefte'rolepto] Sekunde **3**

δεύτερος, -η, -ο ['ðefteros] zweite(r, s) **4**

δηλαδή [ðila'ði] also, das heißt **9**

δηλώνω [ði'lono] erklären, angeben **12**

δημητριακά τα *Pl* [ðimitria'ka] Cerealien, Getreide **9**

δημιουργικός, -ή, -ό [ðimiurji'kos,-'ci,-'ko] schöpferisch, kreativ **14**

δημιουργώ [ðimiur'ɣo] schaffen **15**

δημοκρατία η [ðimokra'tia] Demokratie **VL**

δημοσιεύω [ðimosi'evo] veröffentlichen **14**

δημοσιογράφος ο, η [ðimosio'ɣrafos] Journalist(in) **2**

δημοτικό το [ðimoti'ko] Grundschule **8**

διαβάζω [ðja'vazo] lesen; lernen **1, 15**

διαβατήριο το [ðiava'tirio] Reisepass **15**

διαδύκτιο το [ðia'ðiktio] Internet **12**

διαζευγμένος, -η, -ο [ðiazev'ɣmenos] geschieden **4**

διαζύγιο το [ðia'zijio] Scheidung **4**

δίαιτα η ['ðieta] Diät **7**

διακοπές οι *Pl* [ðjako'pes] *oder* [ðiako'pes] Ferien **7**

διαλέγω [ðja'leɣo] aussuchen **7**

διαμέρισμα το [ðja'merizma] *oder* [ðia'merizma] Appartement, Wohnung **2**

διανυκτερεύω [ðianikte'revo] Nachtdienst haben; übernachten **12**

διασκέδαση η [ðia'sceðasi] Vergnügen **3**

διασταύρωση η [ðia'stavrosi] Kreuzung **6**

διατροφή η [ðiatro'fi] Ernährung **9**

διατροφή (πλήρης ~) η ['pliris‿ðiatro'fi] Vollpension **10**

διαφημίζω [ðiafi'mizo] Werbung machen **10**

διάφορος, -η, -ο ['ðiaforos] verschieden **5**

διδακτική η [ðiðakti'ci] Didaktik **14**

διδασκαλία η [ðiðaska'lia] Lehrtätigkeit **14**

διδάσκω [ði'ðasko] lehren, unterrichten **14**

διεύθυνση η [ði'efθinsi] Adresse **6**

διήγηση η [ði'ijisi] Erzählung **9**

δικαιολογητικά τα *Pl* [ðiceolojiti'ka] (Bewerbungs-)Unterlagen **14**

δικηγόρος ο, η [ðici'ɣoros] Rechtsanwalt / -anwältin **2**

δίκιο το ['ðico] Recht **5**

δίκλινο το ['ðiklino] Zweibettzimmer **10**

δικός, -ιά / -ή, -ό μου [ði'kos,-'ca /-'ci,-'ko‿mu] mein (*betont*) **4**

δίκτυο το ['ðiktio] Netz **15**

δίνω ['ðino] geben **4**

διόδια τα *nur im Pl* [ði'oðia] Maut **10**

διορθώνω [ðior'θono] korrigieren **14**

δίπλα ['ðipla] neben **6**

διπλός, -ή, -ό [ði'plos] doppelt **4**

δίπλωμα το ['ðiploma] Diplom; Führerschein **15**

δίσκος ο ['ðiskos] (Schall)platte **2**

διψασμένος, -η, -ο [ðipsa'zmenos] durstig **15**

διψάω [ði'psao] Durst haben **2**
διώχνω ['ðjoxno] verjagen; feuern **15**
δοκιμάζω [ðoci'mazo] probieren **7**
δοκιμαστήριο το [ðocima'stirio] Umkleidekabine **11**
δόντι το ['ðondi] Zahn **3**
δόση η ['ðosi] Rate **11**
δουλειά η [ðu'ʎa] Arbeit **2**
δουλεύω [ðu'levo] arbeiten **2**
δρόμος ο ['ðromos] Straße **3**
δυνατά [ðina'ta] stark; laut **8**
δυνατός, -ή, -ό [ðina'tos] stark **12**
δυνατότητα η [ðina'totita] Möglichkeit **15**
δύσκολα ['ðiskola] schwierig **1**
δυστυχισμένος, -η, -ο [ðistiçi'zmenos] unglücklich **15**
δυστυχώ [ðisti'xo] Pech haben **15**
δυστυχώς [ðisti'xos] leider, bedauerlicherweise **6**
δωδέκατος, -η, -ο [ðo'ðekatos] zwölfte(r, s) **4**
δωμάτιο το [ðo'matio] Zimmer **9**
δώρο το ['ðoro] Geschenk **3**

E

έβδομος, -η, -ο ['evðomos] siebte(r, s) **4**
εγγονή η [eŋgo'ni] Enkeltochter **4**
εγγόνια τα *Pl* [eŋ'goɲa] Enkelkinder **4**
εγγονός ο [eŋgo'nos] Enkelsohn **4**
εγκυμοσύνη η [eŋɟimo'sini] Schwangerschaft **11**
εγχείρηση η [eŋ'çirisi] Operation **12**
έγχρωμος, -η, -ο ['eŋxromos] farbig, Farb- **4**
εγώ [e'ɣo] ich **1**
έδαφος το ['eðafos] Boden **11**
εδώ [e'ðo] hier **1**
εδώ και [e'ðo‿ce] seit **8**
έθιμο το ['eθimo] Brauch **3**
εθνικός, -ή, -ό [eθni'kos,-'ci,-'ko] national **3**
εθνικότητα η [eθni'kotita] Staatsangehörigkeit **14**
έθνος το ['eθnos] Nation **11**
είδηση η ['iðisi] Nachricht **9**
είδος το ['iðos] Artikel; Art **11**
εικοστός, -ή, -ό [iko'stos] zwanzigste(r, s) **4**
είμαι ['ime] sein **VL, 1**
εισιτήριο το [isi'tirio] Fahrkarte, Ticket **6**
είσοδος η ['isoðos] Eingang **6**
εκατό (τοις ~) *unv* [tis‿eka'to] Prozent **12**
εκδρομή η [ekðro'mi] Ausflug **7**
εκεί [e'ci] da, dort **4**
εκείνος, -η, -ο [e'cinos] jene(r, s) **5**
έκθεση η ['ekθesi] Ausstellung **8**
εκκλησία η [ekli'sia] Kirche **6**
εκτίμηση (με ~) [me‿e'ktimisi] hochachtungsvoll **7**
έκτος, -η, -ο ['ektos] sechste(r, s) **4**
έκφραση η ['ekfrasi] Wendung, Ausdruck **1**
ελαφριά [elafri'a] leicht **11**
ελαφρύς, -ιά, -ύ [ela'fris] leicht **11**
Ελβετίδα η [elve'tiða] Schweizerin **2**
Ελβετός ο [elve'tos] Schweizer **2**
ελευθερία η [elefθe'ria] Freiheit **3**
ελεύθερος, -η, -ο [e'lefθeros] frei; ledig **3**
ελιά η [e'ʎa] Olive **5**
ελικόπτερο το [eli'koptero] Hubschrauber **12**
έλκος το ['elkos] Magengeschwür **12**
Έλληνας ο ['elinas] Grieche **VL, 1**
Ελληνίδα η [eli'niða] Griechin **VL, 2**
ελληνικά τα *Pl* [elini'ka] Griechisch **1**
ελληνικά (αρχαία ~) τα *Pl* [ar'çea‿elini'ka] Altgriechisch **1**
ελληνικά (νέα ~) τα *Pl* ['nea‿elini'ka] Neugriechisch **1**
ελληνικός, -ή, -ό [elini'kos,-'ci,-'ko] griechisch **3**
ελπίζω [el'pizo] hoffen **1**
εμείς [e'mis] wir **1**
εμπειρία η [embi'ria] Erfahrung **14**
εμπιστεύομαι [embi'stevome] vertrauen **15**
εμπρός [em'bros] hallo (*am Telefon*) **2**
ένας, μία / μια, ένα ['enas, 'mia / 'mɲa, 'ena] einer, eine, ein **1**
ένατος, -η, -ο ['enatos] neunte(r, s) **4**
ενδέκατος, -η, -ο [en'ðekatos] elfte(r, s) **4**
ενδιαφερόμενος ο [enðjafe'romenos] Interessent **14**
ενδιαφέρον το [enðja'feron] Interesse **12**
ενδιαφέρω [enðja'fero] interessieren **5**
εννοώ [eno'o] meinen **8**
ενόχληση η [e'noxlisi] Beschwerde **12**

εντάξει [en'daksi] in Ordnung **2**
εντολή (πάγια ~) η ['pajia_endo'li] Dauerauftrag **15**
εντυπωσιακός, -ή, -ό [endiposia'kos,-'ci,-'ko] beeindruckend **11**
ενώ [e'no] während **8**
εξάλλου [e'ksalu] außerdem **3**
εξαρτάται *3. Pers. Sg* [eksar'tate] es hängt davon ab **11**
εξασφαλισμένος, -η, -ο [eksasfali'zmenos] (ab)gesichert **15**
εξέλιξη η [e'kseliksi] Entwicklung **12**
εξετάζω [ekse'tazo] untersuchen, prüfen **12**
εξέταση η [e'ksetasi] Prüfung; Untersuchung **9, 12**
εξηγώ [eksi'ɣo] erklären **2**
εξής *unv* [e'ksis] folgende(r, s) **15**
έξοδος η ['eksoðos] Ausgang; Ausgehen **6, 11**
εξοχή η [ekso'çi] Land (*im Gegensatz zu Stadt*) **13**
έξω ['ekso] draußen, außerhalb **6**
επάγγελμα το [e'paŋɟelma] Beruf **14**
επαγγελματικός, -ή, -ό [epaŋɟelmati'kos,-'ci,-'ko] Berufs- **14**
επανάληψη η [epa'nalipsi] Wiederholung **9**
επανάσταση η [epa'nastasi] Revolution **13**
επειδή [epi'ði] weil, da **2**
έπειτα ['epita] dann, danach **7**
επεξεργασία κειμένων η [epekserɣa'sia_ki'menon] Textverarbeitung **14**
επιδόρπιο το [epi'ðorpio] Nachtisch **9**
επιθυμητός, -ή, -ό [epiθimi'tos] erwünscht **14**
επιθυμώ [epiθi'mo] wünschen **3**
επιλέγω [epi'leɣo] wählen, auswählen **15**
έπιπλο το ['epiplo] Möbelstück **2**
επίσης [e'pisis] ebenfalls **4**
επισκέπτης ο [epi'sceptis] Besucher, Gast **5**
επιστήμη η [epi'stimi] Wissenschaft **12**
επιστημονικός, -ή, -ό [epistimoni'kos,-'ci,-'ko] wissenschaftlich **12**
Επιτάφιος ο [epi'tafios] Epitaphios (Grab Christi) **13**
επιτέλους [epi'telus] endlich **6**
επίτευγμα το [e'pitevɣma] Errungenschaft **12**
επιτρέπω [epi'trepo] erlauben **14**
επιχείρηση η [epi'çirisi] Unternehmen, Firma **14**
εποχή η [epo'çi] Jahreszeit **13**
επώνυμο το [e'ponimo] Nachname **14**
εργάζομαι [er'ɣazome] arbeiten **6**
εργαζόμενος ο [erɣa'zomenos] Arbeitnehmer **14**
εργασία η [erɣa'sia] Arbeit, Tätigkeit **14**
εργάτης ο [er'ɣatis] Arbeiter **14**
έργο το ['erɣo] Film; Werk **9**
εργοδότης ο [erɣo'ðotis] Arbeitgeber **14**
έρημος,- η, -ο ['erimos] einsam, verlassen **15**
ερυθρός, -ή, -ό [eri'θros] rot (*Katharévousa*) **VL**
έρχομαι ['erxome] kommen **6**
ερώτηση η [e'rotisi] Frage **9**
εσείς [e'sis] ihr; Sie **1**
εστιατόριο το [estia'torio] Restaurant **15**
εσύ [e'si] du **1**
εταιρεία η [ete'ria] Gesellschaft, Unternehmen **14**
ετοιμάζω [eti'mazo] vorbereiten **9**
έτοιμος, -η, -ο ['etimos] fertig; im Begriff sein, etw. zu tun **9**
έτος το ['etos] Jahr **14**
έτσι ['etsi] so **1**
έτσι κι έτσι ['etsi_'cetsi] so lala **1**
Ευαγγελισμός ο [evaŋɟeli'zmos] Mariä Verkündigung **13**
ευγενικός, -ή, -ό [evjeni'kos,-'ci,-'ko] höflich **VL**
ευθεία [ef'θia] geradeaus **6**
ευκαιρία η [efce'ria] Gelegenheit **9**
εύκολα ['efkola] einfach **1**
εύκολος, -η, -ο ['efkolos] einfach, leicht **VL, 4**
ευνοϊκός, -ή, -ό [evnoi'kos,-'ci,-'ko] günstig **15**
ευπρόσδεκτος, -η, -ο [ef'prozðektos] willkommen **10**
ευρώ το *unv* [e'vro] Euro **2**
ευρωβαρόμετρο το [evrova'rometro] Eurobarometer **12**
Ευρωπαία η [evro'pea] Europäerin **12**
Ευρωπαϊκή Ένωση η [evropai'ci_'enosi] Europäische Union **12**
Ευρωπαίος ο [evro'peos] Europäer **12**
ευτυχισμένος, -η, -ο [eftiçi'zmenos] glücklich **15**
ευτυχώ [efti'xo] Glück haben **15**

ευτυχώς [efti'xos] glücklicherweise **6**
ευχαριστημένος, -η, -ο [efxaristi'menos] zufrieden **15**
ευχαριστώ [efxari'sto] danke; danken **1, 10**
ευχέρεια η [ef'çeria] sicherer Umgang, Leichtigkeit **14**
εφημερίδα η [efime'riða] Zeitung **8**
εφόδιο το [e'foðio] Mittel **15**
έχω ['exo] haben; *in der 3. Pers. Sg:* es gibt **VL, 1**
έως, ως ['(e)os] bis **3**

Z

ζακέτα η [za'ceta] Strickjacke, Jacke **11**
ζάχαρη η ['zaxari] Zucker **1**
ζαχαροπλαστείο το [zaxaropla'stio] Konditorei **5**
ζαχαροπλάστης ο [zaxaro'plastis] Konditor **5**
ζέστη η ['zesti] Hitze, Wärme **13**
ζευγάρι το [ze'vɣari] Paar **4**
ζηλιάρης, -α, -ικο [zi'ʎaris] eifersüchtig **13**
ζητάω [zi'tao] suchen nach, verlangen **2**
ζιβάγκο το *unv* [zi'vago] *oder* [zi'vaŋko] Rollkragenpullover **11**
ζουμερός,- ή, -ό [zume'ros] saftig **5**
ζυγίζω [zi'jizo] wiegen **5**
ζυμαρικά τα *Pl* [zimari'ka] Teigwaren **5**
ζω ['zo] leben **2**
ζωή η [zo'i] Leben **VL, 9**
ζώο το ['zoo] Tier **13**

H

ή ['i] oder **VL, 2**
ηλικία η [ili'cia] Alter **8**
ηλιοθεραπεία η [iʎoθera'pia] Sonnenbad **8**
ήλιος ο ['iʎos] Sonne **VL, 10**
ημερομηνία η [imeromi'nia] Datum **14**
ημιδιατροφή η [imiðiatro'fi] Halbpension **10**
ήσυχος, -η, -ο ['isixos,-çi,-xo] ruhig **10**

Θ

θάλασσα η ['θalasa] Meer **7**
θάνατος ο ['θanatos] Tod **12**
θαυμάζω [θav'mazo] bewundern **7**
θαυμάσιος, -α, -ο [θa'vmasios] wunderbar **7**
θέα η ['θea] Aussicht **6**
θέατρο το ['θeatro] Theater **8**
θεία η ['θia] Tante **4**
θείος ο ['θios] Onkel **4**
θέλω ['θelo] wollen, mögen **VL, 2**
θέμα το ['θema] Thema; Betreff **VL, 6**
θεολογία η [θeolo'jia] Theologie **VL, 12**
Θεοφάνεια τα [θeo'fania] Epiphanie **13**
θεραπεία η [θera'pia] Heilung **12**
θερμίδα η [θer'miða] Kalorie **9**
θερμοκρασία η [θermokra'sia] Temperatur **13**
θέση η ['θesi] These; Platz, Stelle **VL, 10**
θέση (οικονομική~) η [ikonomi'ci‿'θesi] Economy-Klasse **10**
θεωρία η [θeo'ria] Theorie **VL**
θύελλα η ['θiela] Sturm **13**
θυμάμαι [θi'mame] sich erinnern **6**
θυμωμένος, -η, -ο [θimo'menos] wütend **15**
θυμώνω [θi'mono] wütend werden bzw. machen **15**
θύρα η ['porta] Tür (*Katharévousa*) **VL**
θυρίδα η [θi'riða] Schalter; Postfach **15**

I

Ιανουάριος ο [ianu'arios] Januar **8**
ιατρεία (εξωτερικά ~) τα *Pl* [eksoteri'ka‿ia'tria] Ambulanz **12**
Ιατρική η [iatri'ci] Medizin **2**
ιατρικός, -ή, -ό [iatri'kos,-'ci,-'ko] medizinisch **12**
ιδέα η [i'ðea] Idee **3**
ίδιος, -α, -ο ['iðjos] gleich **4**
ιδιωτικός, -ή, -ό [iðjoti'kos,-'ci,-'ko] Privat- **14**
ικανοποιημένος, -η, -ο [ikanopii'menos] zufrieden **15**
ικανοποιητικός, -ή, -ό [ikanopiiti'kos,-'ci,-'ko] zufriedenstellend **14**
ιμάμ μπαϊλντί το [i'mam‿bail'di] gebratene Auberginen mit Tomaten- und Zwiebelfüllung **9**
ίντερνετ το *unv* ['internet] Internet **3**
ίντερνετ καφέ το *unv* ['internet‿ka'fe] Internetcafé **3**
ιός ο [i'os] Virus **12**
Ιούλιος ο [i'ulios] Juli **8**
Ιούνιος ο [i'unios] Juni **VL, 8**
ιππασία η [ipa'sia] Reiten **9**

Ισπανίδα η [ispa'niða] Spanierin **2**
ισπανικά τα *Pl* [ispani'ka] Spanisch **2**
Ισπανός ο [ispa'nos] Spanier **2**
ιστορία η [isto'ria] Geschichte **5**
ισχύω [i'sçio] gelten **11**
ίσως ['isos] vielleicht **VL, 3**
Ιταλίδα η [ita'liða] Italienerin **2**
ιταλικά τα *Pl* [itali'ka] Italienisch **2**
Ιταλός ο [ita'los] Italiener **2**
ιχθυοπωλείο το [ixθiopo'lio] Fischgeschäft **5**
ιχθύς ο [i'xθis] Fisch (*Katharévousa*) **VL**

K

καβγατζού η [kavɣa'dzu] streitsüchtige Frau **10**
Καθαρή Δευτέρα η [kaθa'ri‿ðe'ftera] Ende des Karnevals (*wörtl.*: reiner Montag) **3**
καθαριότητα η [kaθari'otita] Sauberkeit **15**
καθαρός, -ή, -ό [kaθa'ros] rein, sauber **3**
κάθε *unv* ['kaθe] jede(r, s) **5**
καθένας, καθεμία / καθεμιά, καθένα [ka'θenas, kaθe'mia / kaθe'mŋa, ka'θena] jede(r, s) **12**
καθηγητής ο [kaθiji'tis] Professor, (Gymnasial)lehrer **1, 14**
καθηγήτρια η [kaθi'jitria] Professorin, (Gymnasial)lehrerin **2**
καθήκον το [ka'θikon] Pflicht **15**
καθόλου [ka'θolu] überhaupt nicht **3**
κάθομαι ['kaθome] sitzen, sich setzen **6**
καθυστέρηση η [kaθi'sterisi] Verspätung **7**
καθυστερώ [kaθiste'ro] zögern; (sich) verspäten **11**
καθώς [ka'θos] während **8**
και, κι ['ce], ['ci] und, auch **VL, 1**
καΐκι το [ka'ici] kleines Boot **VL**
καινούριος, -α, -ο [ce'nurjos] neu **1**
καιρός ο [ce'ros] Zeit; Wetter **7, 13**
καίω ['ceo] (ver)brennen **5**
καλά, καλώς [ka'la], [ka'los] gut **1, 6**
καλημέρα [kali'mera] guten Tag **1**
καληνύχτα [kali'nixta] gute Nacht **1**
καλησπέρα [kali'spera] guten Tag, guten Abend **1**
καλλιτέχνης ο [kali'texnis] Künstler **3**
καλοκαίρι το [kalo'ceri] Sommer **8**
καλοκαιριάζει [kalocer'jazi] es wird Sommer **13**
καλός, -ή, -ό [ka'los] gut; nett **1, 3**
κάλτσα η ['kaltsa] Socke, Strumpf **11**
καλτσόν το *unv* [kal'tson] Strumpfhose **11**
καλύπτω [ka'lipto] (ver)decken **15**
καλύτερα [ka'litera] besser **6**
καλώ [ka'lo] einladen **8**
καλώς ήλθες, ~ ήλθατε [ka'los‿'ilθes, ‿'ilθate] Willkommen **10**
καλώς τον, την, το [ka'los‿ton, ‿tin, ‿to] (er, sie, es) willkommen **12**
καμπάνα η [kam'bana] Glocke **13**
κάμπιγκ το *unv* ['kambiŋg] Campingplatz **10**
καμπίνα η [ka'bina] Kabine **10**
καναπές ο [kana'pes] Sofa **10**
κανένας / κανείς, καμία / καμιά, κανένα [ka'nenas / ka'nis, ka'mia / ka'mŋa, ka'nena] (irgend)ein; kein **6, 12**
κάνω ['kano] tun, machen; kosten **VL, 5**
καπέλο το [ka'pelo] Hut **11**
καπνίζω [ka'pnizo] rauchen **6**
καπνός ο [ka'pnos] Rauch; Tabak **15**
κάποιος, -α, -ο ['kapços] irgendein, ein paar **12**
κάπου ['kapu] irgendwo **VL**
κάπως ['kapos] etwas, irgendwie **3**
καράβι το [ka'ravi] Schiff **10**
καρδιά η [kar'ðja] Herz **8**
καρδιολόγος ο [karðio'loɣos] Herzspezialist **12**
καρέκλα η [ka'rekla] Stuhl **2**
καρναβάλι το [karna'vali] Karneval **3**
καρότο το [ka'roto] Möhre **5**
καρότσι το [ka'rotsi] (Kinder-)Wagen **11**
καρπούζι το [kar'puzi] Wassermelone **5**
κάρτα η ['karta] (Post)karte **7**
κάρτα (πιστωτική ~) η [pistoti'ci‿'karta] Kreditkarte **15**
κασέτα η [ka'seta] Kassette **8**
κασκόλ το *unv* [ka'skol] Schal **11**
καστανός, -ή, -ό [kasta'nos] braun (*für Haare und Augen*) **3**
κατά [ka'ta] gegen, um **6**
καταγάλανος, -η, -ο [kata'ɣalanos] strahlend blau **13**
καταθέτω [kata'θeto] einzahlen **15**
καταιγίδα η [kate'jiða] Gewitter **13**

κατάκτηση η [ka'taktisi] Eroberung **9**
καταλαβαίνω [katala'veno] verstehen **1**
κατάλληλος, -η, -ο [ka'talilos] geeignet **14**
καταπληκτικός, -ή, -ό [kataplikti'kos,-'ci,-'ko] fantastisch **7**
καταπλήσσω [kata'pliso] erstaunen **10**
κατάσταση η [ka'tastasi] Zustand, Situation **15**
κατάστημα το [ka'tastima] Geschäft, Laden **11**
κατάστρωμα το [ka'tastroma] Deck **10**
κατεβαίνω [kate'veno] hinabgehen; aussteigen **6**
κάτι ['kati] etwas; irgendwelche(r, s) **3, 12**
κάτι (το ~ άλλο) [to‿'kati‿'alo] etwas ganz Besonderes **5**
κατσαρόλα η [katsa'rola] Kochtopf **2**
κατσίκι το [ka'tsici] Ziege **13**
κάτω ['kato] unten, unter **6**
καύσωνας ο ['kafsonas] Hitzewelle **13**
καφέ *unv* [ka'fe] braun **11**
καφέ το *unv* [ka'fe] Café **1**
καφές ο [ka'fes] Kaffee **1**
καφές (γαλλικός ~) ο [ɣali'kos‿ka'fes] Filterkaffee **3**
καφετζής ο [kafe'dzis] Kaffeehausbesitzer **10**
κέικ το *unv* ['ceik] Kuchen **9**
κεντρικά [cendri'ka] zentral **6**
κεντρικός, -ή, -ό [cendri'kos,-'ci,-'ko] zentral **3**
κέντρο το ['cendro] (Stadt)zentrum **1**
κεραμικός, -ή, -ό [cerami'kos,-'ci,-'ko] aus Keramik **11**
κερδίζω [cer'ðizo] gewinnen **1**
κερί το [ce'ri] Kerze **13**
κερνάω [cer'nao] zu etw. einladen, spendieren **11**
κεφάλι το [ce'fali] Kopf **12**
κεφαλόπονος ο [cefa'loponos] Kopfschmerzen **12**
κέφι το ['cefi] gute Laune **3**
κήπος ο ['cipos] Garten **13**
κήπος (ζωολογικός ~) ο [zooloji'kos‿'cipos] Zoo(logischer Garten) **VL**
κιθάρα η [ci'θara] Gitarre **8**
κιλό το [ci'lo] Kilo **5**
κιμάς ο [ci'mas] Hackfleisch **5**
Κινέζα η [ci'neza] Chinesin **2**
κινέζικα τα *Pl* [ci'nezika] Chinesisch **2**
Κινέζος ο [ci'nezos] Chinese **2**
κινηματογράφος ο [cinimato'ɣrafos] Kino **6**
κινητό το [cini'to] Handy; Handynummer **1, 2**
κιόλας ['colas] schon; sogar **13**
κίτρινος, -η, -ο ['citrinos] gelb **11**
κλαδί το [kla'ði] Zweig, Ast **4**
κλαίω ['kleo] weinen **5**
κλασικός, -ή, -ό [klasi'kos,-'ci,-'ko] klassisch **12**
κλέβω ['klevo] klauen, stehlen **7**
κλειδί το [kli'ði] Schlüssel **10**
κλείνω ['klino] schließen; buchen **10**
κλιματιστικό το [klimatisti'ko] Klimaanlage **10**
κοιλιά η [ci'ʎa] Bauch **12**
κοιλόπονος ο [ci'loponos] Bauchschmerzen **12**
κοιμάμαι [ci'mame] schlafen **6**
κοιτάζω [ci'tazo] schauen **7**
κόκα η ['koka] Colagetränk **9**
κόκκινος, -η, -ο ['kocinos] rot **VL, 9**
κολοκυθάκι το [koloci'θaci] Zucchini **5**
κολυμπάω [kolim'bao] schwimmen **9**
κολύμπι το [ko'limbi] Schwimmen **9**
κομπιούτερ το *unv* [kom'bjuter] *oder* [kom'pçuter] Computer **8**
κομψός, -ή, -ό [kom'psos] elegant **9**
κοντά [kon'da] nahe, in der Nähe **6**
κοντινός, -ή, -ό [kondi'nos] kurz, nah **9**
κοντός, -ή, -ό [kon'dos] kurz; klein **3**
κοπέλα η [ko'pela] junge Frau **2**
κόρη η ['kori] Tochter **1**
κορίτσι το [ko'ritsi] Mädchen, Mädel **1**
κόσμος ο ['kozmos] Welt; Leute **VL, 10**
κοστίζω [ko'stizo] kosten **5**
κότα η ['kota] Huhn **13**
κοτόπουλο το [ko'topulo] Hühnchen **5**
κουλούρα η [ku'lura] Kringel; Osterkuchen **13**
κουλουράκι το [kulu'raci] Plätzchen **5**
κουμπάρα η [kum'bara] Trauzeugin; Patin **10**
κουμπάρος ο [kum'baros] Trauzeuge; Pate **10**
κουνούπι το [ku'nupi] Mücke **13**
κουράζω [ku'razo] ermüden, anstrengen **15**
κουρασμένος, -η, -ο [kura'zmenos] müde, erschöpft **7**
κουστούμι το [ku'stumi] Anzug, Kostüm **11**
κουτάλι το [ku'tali] Löffel **2**
κουτί το [ku'ti] Schachtel, Kiste **7**

κρασί το [kra'si] Wein **VL, 9**
κρατάω [kra'tao] halten **13**
κράτος το ['kratos] Staat **11**
κρέας το ['kreas] Fleisch **5**
κρεβάτι το [kre'vati] Bett **2**
κρεμμύδι το [kre'miði] Zwiebel **5**
κρεοπωλείο το [kreopo'lio] Metzgerei **5**
κρίμα ['krima] schade **1**
κρύβω ['krivo] verstecken **13**
κρύο το ['krio] Kälte **13**
κρυολόγημα το [krio'lojima] Erkältung **12**
κρύος, -α, -ο ['krios] kalt **3**
κρυφτό το [kri'fto] Verstecken (*Kinderspiel*) **8**
κρυωμένος, -η, -ο [krio'menos] erkältet **15**
κρυώνω [kri'ono] sich erkälten; frieren **13, 15**
κτλ. (και τα λοιπά) *Abk.* [ce‿ta‿li'pa] usw. **15**
κυκλοφορία η [ciklofo'ria] Verkehr **10**
κυκλοφορώ [ciklofo'ro] in Umlauf sein, erscheinen **12**
κυνηγάω [cini'ɣao] jagen **9**
κυνηγητό το [ciniji'to] Fangen (*Kinderspiel*) **8**
κυνήγι το [ci'niji] Jagen **9**
κυνικός, -η, -ο [cini'kos,-'ci,-'ko] zynisch **VL**
κυρ ο [cir] Herr (*volkstümlich*) **5**
κυρά η [ci'ra] Frau, Herrin (*volkstümlich*) **10**
κυρία η [ci'ria] Dame, Frau **VL, 1**
Κυριακή η [cirja'ci] Sonntag **3**
κύριος ο ['cirios] Herr **VL, 1**

Λ

λαγός ο [la'ɣos] Hase **13**
λάδι το ['laði] Öl **5**
λάθος *unv* ['laθos] falsch **4**
λάθος το ['laθos] Fehler **11**
λαϊκή (αγορά) η [lai'ci‿(aɣo'ra)] Wochenmarkt **5**
λαϊκός, -ή, -ό [lai'kos,-'ci,-'ko] Volks- **3**
λαιμός ο [le'mos] Hals **VL, 12**
λάμπα η ['lamba] Lampe **VL, 2**
λαμπάδα η [lam'baða] Osterkerze **13**
λαχανικά τα *Pl* [laxani'ka] Gemüse **5**
λάχανο το ['laxano] Kohl **5**
λείπω ['lipo] fehlen, abwesend sein **7**
λειτουργία η [litur'jia] Messe; Funktion **13**
λένε (με ~) [me‿'lene] ich heiße **1**
λεξιλόγιο το [leksi'lojio] Wortschatz **1**
λεπτό το [le'pto] Minute; Cent **1, 5**
λεπτός, -ή, -ό [le'ptos] schlank, dünn **3**
λευκός, -ή, -ό [le'fko,-'ci,-'ko] weiß (*Katharévousa*) **VL**
λεφτά τα *nur im Pl* [le'fta] Geld **2**
λέω ['leo] sagen, meinen **3**
λεωφορείο το [leofo'rio] Bus **6**
λεωφόρος η [leo'foros] Boulevard **6**
λήψη η ['lipsi] Aufnahme, Empfang **15**
λιακάδα η [ʎa'kaða] Sonnenschein **13**
λιβάδι το [li'vaði] Wiese **13**
λίγο ['liɣo] ein wenig **1**
λιμάνι το [li'mani] Hafen **10**
λίμνη η ['limni] der See **7**
λινός, -ή, -ό [li'nos] aus Leinen **11**
λιχουδιά η [lixu'ðja] Leckerei **7**
λογαριασμός ο [loɣarja'zmos] Rechnung; Konto **14, 15**
λογικά [loji'ka] logisch **VL**
λογιστήριο το [loji'stirio] Buchhaltung **14**
λογιστής ο [loji'stis] Buchhalter **14**
λόγος ο ['loɣos] Wort; Rede; Grund **VL, 15**
λογοτεχνία η [loɣote'xnia] Literatur **12**
λοιπόν [li'pon] also **1**
λόττο το *unv* ['loto] Lotto **15**
λουκάνικο το [lu'kaniko] Wurst **5**
λουλούδι *το* [lu'luði] Blume **9**
λούνα παρκ το *unv* ['luna‿'park] Vergnügungspark **8**
λύκος ο ['likos] Wolf **13**
λυπάμαι [li'pame] bedauern, etw. tut jdm. Leid **6**
λύση η ['lisi] Lösung **9**

Μ

μα ['ma] aber **5**
μαγαζί το [maɣa'zi] Geschäft, Laden **15**
μαγειρεύω [maji'revo] kochen **1**
μαγειρίτσα η [maji'ritsa] Ostersuppe **13**
μαγευτικός, -ή, -ό [majefti'kos,-'ci,-'ko] magisch **13**
μαγιό το *unv* [ma'jo] Badeanzug, Badehose **11**
μαζί [ma'zi] zusammen **3**
μαθαίνω [ma'θeno] lernen; erfahren **1, 10**

μάθημα το ['maθima] Lektion; Unterricht **1, 8**
μαθητής ο [maθi'tis] Schüler **2**
μαθήτρια η [ma'θitria] Schülerin **2**
μαϊμού η [mai'mu] Affe **10**
Μάιος ο ['maios] Mai **8**
μακάρι [ma'kari] hoffentlich **15**
μακαρονάδα η [makaro'naða] Nudeln, Pasta **12**
μακριά [makri'a] fern, weit **6**
μάκρος το ['makros] Länge **11**
μακρύς, -ιά, -ύ [ma'kris] lang **11**
μάλιστα ['malista] richtig, jawohl **2**
μαλλί το [ma'li] Wolle **11**
μαλλί της γριάς το [ma'li‿tiz‿ɣri'as] Zuckerwatte (*wörtl.*: das Haar der alten Frau) **8**
μαλλιά τα *Pl* [ma'ʎa] Haare **3**
μάλλινος, -η, -ο ['malinos] aus Wolle **11**
μάλλον ['malon] eher **12**
μαλώνω [ma'lono] (aus)schimpfen **8**
μαμά η [ma'ma] Mama **VL, 4**
μάνα η ['mana] Mutter **8**
μανάβης ο [ma'navis] Obst- und Gemüsehändler **5**
μανάβικο το [ma'naviko] Obst- und Gemüsegeschäft **5**
μανία (έχω ~ με) ['exo‿ma'nia‿me] besessen sein von etw. **8**
μαρμελάδα η [marme'laða] Marmelade **9**
μαρούλι το [ma'ruli] Kopfsalat **5**
Μάρτιος ο ['martios] März **VL, 8**
μάτι το ['mati] Auge **3**
μαύρος, -η, -ο ['mavros] schwarz **VL, 3**
μαχαίρι το [ma'çeri] Messer **2**
με [me] mit **1**
Μεγάλη Εβδομάδα η [me'ɣali‿evðo'maða] Karwoche **13**
μεγάλος, -η, -ο [me'ɣalos] groß; älter **3**
μέγεθος το ['mejeθos] Größe **11**
μεζές ο [me'zes] Vorspeise **9**
μεθαύριο [me'θavrio] übermorgen **7**
μεθάω [me'θao] (sich) betrinken **15**
μέθοδος η ['meθoðos] Methode **6**
μεθυσμένος, -η, -ο [meθi'zmenos] betrunken **15**
μέιλ το *unv* ['meil] E-Mail **13**
μέλι το ['meli] Honig **5**
μέλισσα η ['melisa] Biene **13**
μελιτζάνα η [meli'dzana] Aubergine **5**
μελιτζανοσαλάτα η [melidzanosa'lata] Auberginensalat **5**
μέλλον το ['melon] Zukunft **15**
μένω ['meno] wohnen; bleiben **2**
μέρα, ημέρα η [(i)'mera] Tag **3**
μερικοί, -ές, -ά *Pl* [meri'ci,-'ces,-'ka] einige, welche **5**
μέσα ['mesa] drin, in **6**
μεσάνυχτα τα [me'sanixta] Mitternacht **3**
μέση η ['mesi] Rücken, Kreuz, Taille; Mitte **10**
μεσημέρι το [mesi'meri] Mittag, mittags **1**
μεσημεριανό το [mesimerja'no] Mittagessen **9**
μέσω + *Gen.* ['meso] mit, durch **15**
μετά [me'ta] nach, dann, danach **3, 7**
μετακομίζω [metako'mizo] umziehen **2**
μετάξι το [me'taksi] Seide **11**
μεταξωτός, -ή, -ό [metakso'tos] aus Seide **11**
μεταφορικός, -ή, -ό [metafori'kos,-'ci,-'ko] Transport- **14**
μετρό το *unv* [me'tro] U-Bahn **6**
μέτρο το ['metro] Meter; Maß **6**
μέτωπο το ['metopo] Stirn **12**
μέχρι ['mexri] bis **3**
μήλο το ['milo] Apfel **5**
μην, μη ['mi(n)] nicht **9**
μήνας ο ['minas] Monat **8**
μήνυμα το ['minima] Botschaft; Nachricht; SMS **1**
μήπως ['mipos] vielleicht (*nur in Fragesätzen*) **5**
μητέρα η [mi'tera] Mutter **1**
μηχάνημα αυτόματης συναλλαγής (ATM) το [mi'xanima‿a'ftomatis‿sinala'jis], [eiti'em] Geldautomat **15**
μιας κι ['mɲas‿ci] da **13**
μικρός, -ή, -ό [mi'kros] klein; jung **3**
μιλάω [mi'lao] sprechen, reden **2**
μισθός ο [mi'sθos] Lohn, Gehalt **14**
μισός, -ή, -ό *Abk.* [mi'sos] halb **3**
μ.μ. (μετά μεσημβρία(ν)) *Abk.* [me'ta mesim'vria(n)] nach Mittag **3**
μνημείο το [mni'mio] Denkmal **7**

μοβ *unv* ['mov] lila **11**
μόδα η ['moða] Mode **11**
μοίρα η ['mira] Schicksal **VL**
μόλις ['molis] nur, fast, gerade **12**
μολύβι το [mo'livi] Bleistift **11**
μοναδικός, -ή, -ό [monaði'kos,‿'ci,‿'ko] einzig(artig) **4**
μοναστήρι το [mona'stiri] Kloster **7**
μοναχογιός ο [monaxo'jos] Einzelkind (*männlich*) **4**
μοναχοκόρη η [monaxo'kori] Einzelkind (*weiblich*) **4**
μοναχοπαίδι το [monaxo'peði] Einzelkind **4**
μόνο ['mono] nur **1**
μονόκλινο το [mo'noklino] Einbettzimmer **10**
μόνος, -η, -ο ['monos] einzig; selbst, allein **4, 14**
μουσακάς ο [musa'kas] Auberginen mit Hackfleisch und Bechamelsauce **9**
μουσείο το [mu'sio] Museum **VL, 6**
μουσική η [musi'ci] Musik **3**
μουσικός, -ή, -ό [musi'kos,‿'ci,‿'ko] Musik- **3**
μπα ['ba] nee **6**
μπαίνω ['beno] hineingehen **7**
μπακάλης ο [ba'kalis] Lebensmittelhändler **5**
μπακάλικο το [ba'kaliko] Lebensmittelgeschäft **5**
μπάλα η ['bala] Ball; Fußball **VL, 1**
μπαλκόνι το [bal'koni] Balkon **6**
μπαμπάς ο [ba'bas] Papa **4**
μπανάνα η [ba'nana] Banane **5**
μπαρμπούνι το [bar'buni] Barbe **5**
μπάσκετ το *unv* ['basket] Basketball **9**
μπεζ *unv* ['bez] beige **11**
μπέιμπι σίτερ η *unv* ['beibi‿'siter] Babysitterin **2**
μπέρδεμα το ['berðema] Durcheinander **4**
μπίρα η ['bira] Bier **1**
μπισκοτάκι το [bisko'taci] Plätzchen **9**
μπλε *unv* ['ble] blau **11**
μπλούζα η ['bluza] T-Shirt, leichter Pulli **7**
μπορεί *3. Pers. Sg* [bo'ri] vielleicht, es kann sein **12**
μπορώ [bo'ro] können **1**
μπότα η ['bota] Stiefel **8**
μπουζούκι το [bu'zuci] Bouzouki (*Musikinstrument*) **8**
μπουζούκια τα *Pl* [bu'zuca] Lokal mit griechischer Live-Musik **7**
μπουφάν το *unv* [bu'fan] Jacke, Blouson **11**
μπράβο ['bravo] bravo **2**
μπριζόλα η [bri'zola] Kotelett **5**
μπροστά [bro'sta] vorne, vor **6**
μύγα η ['miɣa] Fliege **13**
μυθιστόρημα το [miθi'storima] Roman **8**
μυρίζω [mi'rizo] riechen **13**
μυστικό το [misti'ko] Geheimnis **9**
μύτη η ['miti] Nase **3**
μωρέ! [mo're] Mensch! **8**
μωρό το [mo'ro] Baby **10**

N

να ['na] da, schau **3**
ναι ['ne] ja **VL, 1**
ναός ο [na'os] Tempel, Kirche **7**
ναυτία η [na'ftia] Übelkeit **12**
νεαρός ο [nea'ros] junger Mann **6**
νέος, -α, -ο ['neos] neu; jung **3**
νερό το [ne'ro] Wasser **1**
νες (καφές) ο [nes‿(ka'fes)] Nescafé **9**
νησί το [ni'si] Insel **7**
νηστεία η [ni'stia] Fastenzeit **13**
νιάτα τα *nur im Pl* ['ɲata] Jugend **VL**
νικάω [ni'kao] gewinnen **2**
Νοέμβριος ο [no'emvrios] November **8**
νοικιάζω, ενοικιάζω [(e)ni'cazo] (ver)mieten **7**
νοικοκυριό το [nikocir'jo] Haushalt **2**
νομίζω [no'mizo] meinen **3**
Νομική η [nomi'ci] Jura **8**
νονά η [no'na] Patentante **10**
νονός ο [no'nos] Patenonkel **10**
νοσοκόμα η [noso'koma] Krankenschwester **2**
νοσοκομείο το [nosoko'mio] Krankenhaus **12**
νοσοκόμος ο [noso'komos] Krankenpfleger **2**
νόστιμος, -η, -ο ['nostimos] lecker **5**
νούμερο το ['numero] Nummer; Größe **11**
ντεκολτέ το *unv* [dekol'te] Dekolleté, Ausschnitt **11**

ντίσκο η *unv* ['disko] Disko **8**
ντομάτα η [do'mata] Tomate **5**
ντουλάπα η [du'lapa] Schrank **9**
ντρέπομαι ['drepome] sich schämen **14**
ντύνω ['dino] anziehen **VL, 14**
νύφη η ['nifi] Schwägerin; Braut; Schwiegertochter **4**
νύχι το ['niçi] Nagel **12**
νύχτα η ['nixta] Nacht **3**
νυχτώνει *3. Pers. Sg* [ni'xtoni] es wird Nacht, es wird dunkel **13**
νωρίς [no'ris] früh **7**

Ξ

ξαδέλφη η [ksa'ðelfi] Cousine **4**
ξαδέλφια τα *Pl* [ksa'ðelfça] Cousins und Cousinen **4**
ξάδελφος ο ['ksaðelfos] Cousin **4**
ξανά [ksa'na] noch einmal, wieder **15**
ξανθός, -ή / -ιά, -ό [ksan'θos,-'θi / -'θça,-'θo] blond **3**
ξαπλώνω [ksa'plono] (sich) hinlegen; liegen **12**
ξαφνικά [ksafni'ka] plötzlich **8**
ξεκινάω [kseci'nao] losgehen, aufbrechen **13**
ξενοδοχείο το [ksenoðo'çio] Hotel **7**
ξένος ο ['ksenos] Ausländer, Fremder **2**
ξέρω ['ksero] wissen, kennen, können **VL, 1**
ξεχνάω [kse'xnao] vergessen **2**
ξεχωριστά [ksexori'sta] einzeln **12**
ξημερώνει *3. Pers. Sg* [ksime'roni] der Tag bricht an, es dämmert **13**
ξοδεύω [kso'ðevo] ausgeben **7**
ξύδι το ['ksiði] Essig **5**
ξύλινος, -η, -ο ['ksilinos] aus Holz **11**
ξύλο το ['ksilo] Holz **11**
ξυρίζω [ksi'rizo] rasieren **14**

Ο

ο, η, το [o], [i], [to] der, die, das **1**
όγδοος, -η, -ο ['oɣðoos] achte(r, s) **4**
οδηγώ [oði'ɣo] fahren **8**
οδός η [o'ðos] Straße (+ *Name*) **6**
οδός (εθνική ~) η [eθni'ci‿o'ðos] Autobahn **10**
οικογένεια η [iko'jenia] Familie **4**
οικογενειακός, -ή, -ό [ikojenia'kos,-'ci,-'ko] Familien- **4**
οικονομικός, -ή, -ό [ikonomi'kos,-'ci,-'ko] preiswert; finanziell **10, 15**
οίκος ο ['ikos] Haus (*Katharévousa*) **VL**
οίνος ο ['inos] Wein (*Katharévousa*) **VL**
Οκτώβριος ο [o'ktovrios] Oktober **8**
όλο ['olo] dauernd **13**
όλος, -η, -ο ['olos] ganz; *im Plural:* alle **VL, 3**
ομίχλη η [o'mixli] Nebel **13**
όμορφος, -η, -ο ['omorfos] hübsch, schön **3**
ομπρέλα η [om'brela] Schirm **8**
όμως ['omos] aber **1**
ονειρεύομαι [oni'revome] träumen **6**
όνομα το ['onoma] Name; Vorname **4, 14**
όντως ['ondos] tatsächlich **12**
όποιος, -α, -ο ['opços] wer, was **10**
οποιοσδήποτε, οποιαδήποτε, οποιοδήποτε [opçoz'ðipote, opça'ðipote, opço'ðipote] irgendeine(r, s) **14**
οπωροπωλείο το [oporopo'lio] Obst- und Gemüsegeschäft **5**
όπως ['opos] wie **6**
οπωσδήποτε [opoz'ðipote] unbedingt, auf jeden Fall **9**
όρεξη η ['oreksi] Lust; Appetit **8, 9**
ορίστε [o'riste] bitte schön, bitte sehr **2, 5**
όρος ο ['oros] Bedingung **15**
όσος, -η, -ο ['osos] so viel, so groß, so lange wie **10**
όταν ['otan] als, wenn **8**
Ο.Τ.Ε. (Οργανισμός Τηλεπικοινωνιών της Ελλάδας) ο [o'te] Griechisches Fernmeldeamt **15**
ότι ['oti] dass **4**
ό,τι ['oti] alles, was **10**
ουρανός ο [ura'nos] Himmel **VL, 13**
ουρλιάζω [ur'ʎazo] kreischen, schreien **8**
ούτε ['ute] nicht einmal **VL, 6**
ούτε ... ούτε ['ute 'ute] weder ... noch **2**
όχι ['oçi] nein **1**
όχι δα ['oçi‿'ða] nicht doch **7**

Π

πάγκος ο ['paŋgos] Bank; Theke; Stand **8**
παγωμένος, -η, -ο [paɣo'menos] eiskalt, gefroren **15**
παγωνιά η [paɣo'ɲa] Frost **13**
παγώνω [pa'ɣono] (ge-), (er)frieren **15**
παγωτό το [paɣo'to] Eis **5**
πάει (μου ~) *3. Pers. Sg oder Pl* [mu‿'pai] es steht mir **11**
παζάρι το [pa'zari] Bazar **7**
παζάρια (κάνω ~) ['kano‿pa'zarja] handeln, feilschen **2**
παθαίνω [pa'θeno] jdm passiert etw. **12**
παϊδάκι το [pai'ðaci] Rippchen **VL**
παιδί το [pe'ði] Kind; junger Mann; *im Pl auch:* junge Leute **1, 5**
παιδίατρος ο [pe'ðiatros] Kinderarzt **12**
παιδικός, -ή, -ό [peði'kos,-'ci,-'ko] Kinder- **8**
παίζω ['pezo] spielen **1**
παίρνω ['perno] nehmen; kaufen; abholen; erhalten **2, 7, 8**
παιχνίδι το [pe'xniði] Spiel **8**
πακέτο το [pa'ceto] Schachtel, Paket; Pauschalangebot **6, 10**
πάλι ['pali] wieder **14**
παλιά [pa'ʎa] früher **10**
παλιός, -α, -ο [pa'ʎos] alt **4**
παλτό το [pal'to] Mantel **11**
παν μέτρον άριστον ['pan 'metron 'ariston] alles mit Maß **9**
Παναγία μου! [pana'jia‿mu] Heilige Maria! **7**
πανεπιστήμιο το [panepi'stimio] Universität **VL, 8**
πάντα ['panda] immer **VL, 7**
πάντα τα *Pl* ['panda] alles **6**
παντελόνι το [pande'loni] Hose **1**
παντοπωλείο το [pandopo'lio] Lebensmittelgeschäft **5**
παντού [pan'du] überall **6**
παντρεμένος, -η, -ο [pandre'menos] verheiratet **4**
παντρεύω [pan'drevo] verheiraten **15**
πάντως ['pandos] jedenfalls **13**
πάνω, επάνω [(e)'pano] über, auf **6**
παπαρούνα η [papa'runa] Mohnblume **13**
παπάς ο [pa'pas] Pope **10**
πάπια η ['papça] Ente **13**
παπούτσι το [pa'putsi] Schuh **11**
παππούς ο [pa'pus] Großvater, Opa **4**
παρά [pa'ra] vor (*bei Uhrzeitangabe*) **3**
πάρα πολύ ['para‿po'li] sehr (viel) **5**
παράγραφος η [pa'raɣrafos] Paragraph **6**
παραδοσιακός, -ή, -ό [paraðosia'kos,-'ci,-'ko] traditionell **3**
παράθυρο το [pa'raθiro] Fenster **2**
παρακαλώ [paraka'lo] bitte; bitten **2**
παραλία η [para'lia] Strand **8**
παραλίγο [para'liɣo] beinahe, fast **9**
παραμύθι το [para'miθi] Märchen **15**
παραπάνω [para'pano] mehr, zuviel **9**
παραπονιέμαι [parapo'ɲeme] jammern, sich beklagen, sich beschweren **14**
Παρασκευή η [parasce'vi] Freitag **VL, 3**
παρατάω [para'tao] aufgeben, verlassen **15**
παρδαλός, -ή, -ό [parða'los] bunt (scheckig) **8**
παρέα η [pa'rea] Freundeskreis, Gesellschaft **7**
παρέα (κάνω ~) ['kano‿pa'rea] Umgang haben, befreundet sein **8**
παρέλαση η [pa'relasi] Umzug, Parade **3**
παρελθόν το [parel'θon] Vergangenheit **15**
πάρκο το ['parko] Park **7**
παρόν το [pa'ron] Gegenwart **15**
παροχή η [paro'çi] Leistung, Gewährung **15**
πάρτι το *unv* ['parti] Party **6**
πάστα η ['pasta] einzelnes Tortenstück **9**
παστίτσιο το [pa'stitsço] Nudeln mit Hackfleisch und Bechamelsauce **9**
Πάσχα το ['pasxa] Ostern **13**
πασχαλινός, -ή, -ό [pasxali'nos] Oster- **13**
πατατάκια τα *Pl* [pata'taca] Chips **8**
πατέρας ο [pa'teras] Vater **VL, 1**
πάτωμα το ['patoma] Fußboden **2**
παύω ['pavo] aufhören **7**
παχαίνω [pa'çeno] zunehmen, dick werden bzw. machen **9**
παχιά [pa'ça] fett **11**
πάχος το ['paxos] Durchmesser; Fett **11**
παχύς, -ιά, -ύ [pa'çis] fett **11**
πάω, πηγαίνω ['pao], [pi'jeno] gehen **3, 5**

πεδιάδα η [pe'ðjaða] Ebene **7**
πέδιλο το ['peðilo] Sandale **11**
πεζοπορία η [pezopo'ria] Gehen, Wandern **9**
πεθερά η [peθe'ra] Schwiegermutter **4**
πεθερικά τα *Pl* [peθeri'ka] Schwiegereltern **4**
πεθερός ο [peθe'ros] Schwiegervater **4**
πείθω ['piθo] überzeugen **7**
πεινασμένος, -η, -ο [pina'zmenos] hungrig **15**
πεινάω [pi'nao] Hunger haben **8**
πείρα η ['pira] Erfahrung **14**
πειράζω [pi'razo] ärgern; schlecht bekommen **8, 12**
πειρασμός ο [pira'zmos] Versuchung **6**
πεισματάρης, -α, -ικο [pizma'taris] trotzig **13**
πελάτης ο [pe'latis] Kunde **5**
Πέμπτη η ['pempti] *oder* ['pemti] Donnerstag **3**
πέμπτος, -η, -ο ['pemptos] *oder* ['pemtos] fünfte(r, s) **4**
πεπόνι το [pe'poni] Honigmelone **5**
περασμένος, -η, -ο [pera'zmenos] vergangen **7**
περαστικά [perasti'ka] gute Besserung **12**
περιβάλλον το [peri'valon] Umwelt, Umgebung **12**
περιμένω [peri'meno] warten; erwarten **3, 5**
περίοδος η [pe'rioðos] Periode **VL, 6**
περίπατος ο [pe'ripatos] Spaziergang **10**
περίπου [pe'ripu] ungefähr **6**
περίπτερο το [pe'riptero] Kiosk **6**
περισσότερος, -η, -ο [peri'soteros] mehr **6**
περιστατικά (επείγοντα ~) τα *Pl* [e'piɣonda‿peristati'ka] Notaufnahme **12**
περιφορά η [perifo'ra] Prozession; Umhertragen **13**
περνάω [per'nao] vergehen (*Zeit*); vorbeigehen; (Zeit) verbringen; vorbei sein **8, 12**
περνάω τις εξετάσεις [per'nao‿tis‿ekse'tasis] Prüfungen bestehen **15**
περπατάω [perpa'tao] laufen, zu Fuß gehen **9**
πέρσι, πέρυσι ['persi], ['perisi] letztes Jahr **7**
πεταχτός, -ή, -ό [peta'xtos] ab-, hervorstehend **3**
πέτρα η ['petra] Stein **11**
πέτρινος, -η, -ο ['petrinos] aus Stein **11**
πέφτω ['pefto] fallen; sich hinlegen **12**
πήλινος, -η, -ο ['pilinos] aus Ton **11**
πηλός ο [pi'los] Ton **11**
πια [pça] mehr, endlich **8**
πιάνο το ['pçano] Klavier **8**
πιάνω ['pçano] nehmen; (an)fassen; *in der 3. Pers. Sg oder Pl*: kriegen **11**
πιάτο το ['pçato] Teller **2**
πιάτο (κύριο ~) το ['cirio‿'pçato] Hauptspeise **9**
πίνακας ανακοινώσεων ο ['pinakas‿anaci'noseon] schwarzes Brett **2**
πινακίδα η [pina'ciða] Schild **10**
πίνω ['pino] trinken **1**
πιο ['pço] mehr **6**
ποτό το [pço'to] Trinken; Getränk **6**
πιπέρι το [pi'peri] Pfeffer **5**
πιπεριά η [piper'ja] Paprika **5**
πιρούνι το [pi'runi] Gabel **2**
πιστεύω [pi'stevo] glauben **12**
πιστός ο [pi'stos] Gläubiger **13**
πίσω ['piso] hinten, hinter **6**
πίτα η ['pita] Pastete **10**
πλάκα (κάνω ~) ['kano‿'plaka] Spaß machen **2**
πλαστικό το [plasti'ko] Plastik **11**
πλαστικός, -ή, -ό [plasti'kos,-'ci,-'ko] aus Plastik **11**
πλατεία η [pla'tia] Platz **3**
πλάτη η ['plati] Rücken **12**
πλατιά [pla'tça] breit, weit **11**
πλάτος το ['platos] Breite **11**
πλατύς, -ιά, -ύ [pla'tis,-'tça,-'ti] breit, weit **11**
πλέκω ['pleko] stricken; häkeln; flechten **7**
πλένω ['pleno] waschen **9**
πλεονέκτημα το [pleo'nektima] Vorteil **15**
πληροφορία η [plirofo'ria] Information **10**
πληρωμή η [pliro'mi] Zahlung, Bezahlung **15**
πληρώνω [pli'rono] (be)zahlen **14**
πλούσιος, -α, -ο ['plusios] reich; reichhaltig **3**
π.μ. (προ μεσημβρίας) *Abk.* [pro mesim'vrias] vor Mittag **3**
πνευματικός, -ή, -ό [pnevmati'kos,-'ci,-'ko] geistig **14**
ποδηλασία η [poðila'sia] Fahrradfahren **9**
ποδήλατο το [po'ðilato] Fahrrad **9**
πόδι το ['poði] Fuß; Bein **6**
ποδόσφαιρο το [po'ðosfero] Fußball **9**

ποικιλία η [pici'lia] Vielfalt **11**
ποιος, -α, -ο ['pços] wer **2**
πόλη η ['poli] Stadt **3**
πολίτης ο [po'litis] Bürger **12**
πολύ [po'li] sehr **1**
πολυκατάστημα το [polika'tastima] Kaufhaus **11**
πολυκατοικία η [polikati'cia] Hochhaus; Mehrfamilienhaus **13**
πολύς, πολλή, πολύ [po'lis] viel **VL, 3**
πονάω [po'nao] weh tun, Schmerzen haben **8**
πονηρά [poni'ra] verschmitzt, schlau **8**
πόπο! ['popo] Oh! **4**
πόρτα η ['porta] Tür **VL, 2**
πορτοκαλάδα η [portoka'laða] Orangenlimonade **3**
πορτοκαλί *unv* [portoka'li] orange **11**
πορτοκάλι το [porto'kali] Orange **5**
πόσο ['poso] wie viel, wie groß **4**
πόσος, -η, -ο ['posos] wie viel(e), wie groß **4**
ποσοστό το [poso'sto] Prozentsatz **12**
ποτάμι το [po'tami] Fluss **7**
ποταμός ο [pota'mos] Fluss **7**
ποτέ [po'te] nie(mals); *in Fragen:* jemals **VL, 7**
πότε ['pote] wann **3**
ποτήρι το [po'tiri] Glas **9**
που [pu] der, die, das *(Relativpronomen)*; dass **VL, 8, 10**
πού ['pu] wo **VL, 2**
πού και πού ['pu‿ce‿pu] ab und zu **8**
πουθενά [puθe'na] nirgendwo; *in Fragen:* irgendwo **6**
πουκάμισο το [pu'kamiso] Hemd; Bluse **7**
πουλάω [pu'lao] verkaufen **2**
πουλί το [pu'li] Vogel **13**
πούλια η ['puʎa] Paillette **11**
πουλόβερ το *unv* [pu'lover] Pullover **11**
πράγμα το ['praɣma] Sache, Ding **2**
πράγματι ['praɣmati] tatsächlich **11**
πραγματικά [praɣmati'ka] wirklich, echt **7**
πρακτορείο το [prakto'rio] Busbahnhof **10**
πράσινος, -η, -ο ['prasinos] grün **11**
πρέπει *unv* ['prepi] müssen, sollen **9**
πρεσβεία η [pre'zvia] Botschaft **15**
πριν ['prin] vorher; bevor **7, 9**
προβάρω [pro'varo] anprobieren **11**
πρόβλημα το ['provlima] Problem **9**
πρόγραμμα το ['proɣrama] Programm **3**
προίκα η ['prika] Aussteuer, Ausstattung **11**
προϊόν το [proi'on] Produkt **15**
προϊστάμενος ο [proi'stamenos] Vorgesetzter **14**
προλαβαίνω [prola'veno] (noch rechtzeitig) erreichen, es schaffen **11**
προξενείο το [prokse'nio] Konsulat **15**
πρόοδος η ['prooðos] Fortschritt **6**
πρόπερσι, προπέρ(υ)σι ['propersi], [pro'per(i)si] vorletztes Jahr **7**
προς ['pros] an **6**
προσέχω [pro'sexo] aufpassen, achten **7**
πρόσκληση η ['prosklisi] Einladung **10**
προσλαμβάνω [prozlam'vano] einstellen **14**
προσπαθώ [prospa'θo] sich Mühe geben, versuchen **9**
πρόσφατα ['prosfata] kürzlich **12**
προσφέρω [pros'fero] anbieten **14**
προσφορά η [prosfo'ra] Angebot **11**
προσωπικός, -ή, -ό [prosopi'kos,-'ci,-'ko] persönlich **14**
πρόταση η ['protasi] Vorschlag; Satz **15**
προτιμάω [proti'mao] bevorzugen **2**
προτίμηση (κατά ~) [kata‿pro'timisi] vorzugsweise **12**
προϋπηρεσία η [proipire'sia] Berufserfahrung **VL, 14**
προχθές, προχτές [pro'xθes], [pro'xtes] vorgestern **7**
πρωί το [pro'i] Morgen **3**
πρωινό το [proi'no] Frühstück **9**
πρώτα ['prota] zuerst **7**
Πρωτομαγιά η [protoma'ja] 1. Mai **13**
πρώτος, -η, -ο ['protos] erste(r, s) **4**
Πρωτοχρονιά η [protoxro'ɲa] Neujahr **13**
πτήση η ['ptisi] Flug **10**
πτυχίο το [pti'çio] Diplom **8**
πυρετός ο [pire'tos] Fieber **12**
πυροτεχνήματα τα *Pl* [pirote'xnimata] Feuerwerk **13**
πως [pos] dass **VL, 10**
πώς ['pos] wie **VL, 1**

P

ραδιόφωνο το [ra'ðjofono] Radio **8**
ραντεβού το *unv* [rande'vu] Verabredung **3**
ρεαλιστικός, -ή, -ό [realisti'kos,‿'ci,‿'ko] realistisch **15**
ρεσεψιόν η *unv* [rese'psçon] Rezeption **10**
ρέστα τα *nur im Pl* ['resta] Restgeld **5**
ρετσίνα η [re'tsina] Retsina (*geharzter Wein*) **9**
ρεύμα το ['revma] Strom **15**
ρίγος το ['riɣos] Schüttelfrost **12**
ρίχνω ['rixno] (um-), (hin)werfen **9**
ρόδα η ['roða] Rad **VL**
ροδάκινο το [ro'ðacino] Pfirsich **5**
ροζ *unv* ['roz] rosa **11**
ρολόι το [ro'loi] Uhr **VL**
ρομαντικά [romandi'ka] romantisch **10**
ρούχο το ['ruxo] Kleidungsstück **9**
ρύζι το ['rizi] Reis **5**
ρύπανση (ατμοσφαιρική ~) η [atmosferi'ci‿'ripansi] Luftverschmutzung **12**
ρωτάω [ro'tao] fragen **2**

Σ

Σάββατο το ['savato] Samstag **3**
Σαββατοκύριακο το [savato'cirjako] Wochenende **3**
σακάκι το [sa'kaci] Anzug-, Kostümjacke, Jackett **11**
σακούλα η [sa'kula] Tüte **5**
σαλάτα η [sa'lata] Salat **9**
σάλτσα η ['saltsa] Sauce **9**
σαν ['san] wie **5**
σανδάλι το [san'ðali] Sandale **11**
σαντιγί η *unv* [sandi'ji] Sahne **9**
σαρδέλα η [sar'ðela] Sardine **5**
σγουρομάλλης, -α, -ικο [zɣuro'malis] Lockenkopf **13**
σγουρός, -ή, -ό [zɣu'ros] lockig **3**
σε [se] in, auf, an, bei, nach, zu **1, 3**
σελίδα η [se'liða] Seite **4**
Σεπτέμβριος ο [se'ptemvrios] September **8**
σηκώνω [si'kono] (hoch)heben **14**
σημαίνω [si'meno] bedeuten **4**
σημείωμα (βιογραφικό ~) το [vioɣrafi'ko‿si'mioma] Lebenslauf **14**
σήμερα ['simera] heute **5**
σιγά σιγά [si'ɣa‿si'ɣa] nicht so schnell, immer langsam **14**
σικ *unv* ['sik] chick **15**
σιλουέτα η [silu'eta] Figur **7**
σινεμά το *unv* [sine'ma] Kino **6**
σιντί το *unv* [si'di] CD **2**
σιροπιαστά τα *Pl* [siropça'sta] in Sirup getränkte Kuchen **9**
σιχαίνομαι [si'çenome] verabscheuen **14**
σκάκι το ['skaci] Schach **8**
σκάλα η ['skala] Treppe **11**
σκέφτομαι ['sceftome] (sich) überlegen, (nach)denken **6**
σκι το *unv* ['sci] Skifahren, Ski **9**
σκόρδο το ['skorðo] Knoblauch **5**
σκούπα η ['skupa] Staubsauger; Besen **2**
σκύλος ο ['scilos] Hund **13**
σλίπιν μπαγκ το *unv* ['slipin‿'bag] Schlafsack **10**
σοβαρά [sova'ra] ernsthaft, ernst **7**
σοβαρός, -ή, -ό [sova'ros] ernsthaft, ernst **12**
σοκολάτα η [soko'lata] Schokolade **9**
σοκολατάκι το [sokola'taci] Praline **5**
σοκολατένιος, -α, -ο [sokola'teɲos] aus Schokolade **13**
σούβλα η ['suvla] Spieß **13**
σουπερμάρκετ το *unv* ['super'marcet] Supermarkt **6**
σπανάκι το [spa'naci] Spinat **5**
σπάνιος, -α, -ο ['spanios] selten **12**
σπεσιαλιτέ η *unv* [spesçali'te] Spezialität **7**
σπίτι το ['spiti] Haus, Wohnung **VL, 1**
σπορ το *unv* ['spor] Sport(art) **9**
σπουδάζω [spu'ðazo] studieren **1**
σπουδές οι *Pl* [spu'ðes] Studium **14**
σταθμός ο [staθ'mos] Bahnhof **6**
σταθμός ΚΤΕΛ ο [staθ'mos‿'ktel] Omnibusbahnhof **6**
σταματάω [stama'tao] aufhören **9**
στάση η ['stasi] Haltestelle **6**
σταφύλι το [sta'fili] Weintraube **5**

στέλνω ['stelno] schicken, senden **1**
στεναχωρημένος, -η, -ο [stenaxori'menos] besorgt, traurig **15**
στεναχωρώ [stenaxo'ro] jdm Sorgen machen **15**
στενός, -ή, -ό [ste'nos] eng **11**
στήθος το ['stiθos] Brust **12**
στιλάκι το [sti'laci] schlank und elegant **9**
στοιχεία τα *Pl* [sti'çia] Daten **14**
στολισμένος, -η, -ο [stoli'zmenos] geschmückt **13**
στόμα το ['stoma] Mund **12**
στομάχι το [sto'maçi] Magen **12**
στραβός, -ή, -ό [stra'vos] schief **3**
στρίβω ['strivo] einbiegen, abbiegen **6**
στρώνω ['strono] sitzen (*Kleidungsstück*) **11**
συγγενείς οι *Pl* [siŋɟe'nis] Verwandte **4**
συγκάτοικος ο, η [siŋ'gatikos] Mitbewohner(in) **VL, 2**
συγκοινωνία (αστική ~) η [asti'ci siŋɟino'nia] innerstädtisches Verkehrsnetz **6**
συγκοινωνία (υπεραστική ~) η [iperasti'ci siŋɟino'nia] überregionales Verkehrsnetz **6**
συγνώμη [si'ɣnomi] Entschuldigung, Verzeihung **2**
συγχαρητήρια [siŋxari'tiria] Herzlichen Glückwunsch **10**
συγχωρώ [siŋxo'ro] entschuldigen **6**
συζητάω [sizi'tao] diskutieren **12**
σύζυγοι οι *Pl* ['siziji] Ehepaar **4**
σύζυγος ο, η ['siziɣos] Ehemann, -frau **4**
σύκο το ['siko] Feige **5**
συλλυπητήρια [silipi'tiria] Beileid **10**
συμβαίνει *3. Pers. Sg oder Pl* [sim'veni] etw. geschieht **15**
συμβολίζω [simvo'lizo] symbolisieren **13**
συμμαθητής ο [simaθi'tis] Klassenkamerad **8**
συμπαθητικός, -ή, -ό [simbaθiti'kos,-'ci,-'ko] sympathisch **7**
συμφέρον το [sim'feron] Vorteil **15**
συνάδελφος ο, η [si'naðelfos] Kollege, -in **14**
συναντάω [sinan'dao] treffen **8**
συναυλία η [sina'vlia] Konzert **8**
συνάχι το [si'naçi] Schnupfen **12**
συνδυάζω [sinði'azo] kombinieren **11**
συνδυασμός ο [sinðia'zmos] Kombination **11**
συνέντευξη η [si'nendefksi] Vorstellungsgespräch, Interview **14**
συνεχίζω [sine'çizo] fortsetzen, weiterhin machen **9**
συνήθεια η [si'niθia] Gewohnheit **9**
συνηθίζω [sini'θizo] etw. gewöhnlich tun, sich an etw. gewöhnen **9**
συνήθως [si'niθos] gewöhnlich **4**
συνθετικός, -ή, -ό [sinθeti'kos,-'ci,-'ko] aus Synthetik, Kunststoff **11**
συννεφιά η [sine'fça] Bewölkung **13**
συνοδός ο, η [sino'ðos] Begleiter(in) **3**
σύνταξη η ['sinðaksi] Rente **14**
συστημένο (γράμμα) το [sisti'meno‿('ɣrama)] Einschreiben **15**
συχνά [si'xna] oft **8**
σχεδόν [sçe'ðon] fast **7**
σχέση η ['sçesi] Beziehung, Zusammenhang **4**
σχέση (έχω ~ με) ['exo‿'sçesi‿me] etw. zu tun haben mit **4**
σχετικά [sçeti'ka] bezüglich **12**
σχολείο το [sxo'lio] Schule **8**
σχολή η [sxo'li] Schule; Institut; Fakultät **14**
σχολικός, -ή, -ό [sxoli'kos,-'ci,-'ko] Schul- **11**
σώμα το ['soma] Körper, Figur **9**
σωπαίνω [so'peno] schweigen **11**
σωρό (ένα ~) ['ena‿so'ro] eine Menge **7**
σωστά [so'sta] richtig **9**
σωστό το [so'sto] das Richtige **9**
σωστός, -ή, -ό [so'stos] richtig **4**

T

ταβέρνα η [ta'verna] Taverne **6**
τάβλι το ['tavli] Backgammon **1**
ταινία η [te'nia] Film **15**
ταιριάζω (με) [ter'jazo] passen **11**
ταιριαστός, -ή, -ό [terja'stos] passend **11**
τακτικά [takti'ka] regelmäßig **9**
ταμείο το [ta'mio] Kasse **15**
τάξη η ['taksi] (Schul)klasse **8**
ταξί το *unv* [ta'ksi] Taxi **6**
ταξιδεύω [taksi'ðevo] reisen **8**
ταξίδι το [ta'ksiði] Reise **10**
ταξιτζής ο [taksi'dzis] Taxifahrer **VL**

ταυτότητα (αστυνομική ~) η [(astinomi'ci) ta'ftotita] Personalausweis **15**
ταφτάς ο [ta'ftas] Taft **11**
ταχυδρομείο το [taçiðro'mio] Post **6**
τέλειος, -α, -ο ['telios] perfekt **11**
τελειώνω [te'ʎono] (be)enden, zu Ende sein **7, 13**
τελευταίος, -α, -ο [tele'fteos] letzte(r, s) **8**
τέλος το ['telos] Ende **VL, 11**
τεμπέλης, -α, -ικο [tem'belis] faul; Faulpelz **13**
τένις το *unv* ['tenis] Tennis **9**
τεράστιος, -α, -ο [te'rastios] riesengroß **10**
Τετάρτη η [te'tarti] Mittwoch **3**
τέταρτο το ['tetarto] Viertel **3**
τέταρτος, -η, -ο ['tetartos] vierte(r, s) **4**
τέτοιος, -α, -ο ['tetços] solche(r, s) **5**
τετράδιο το [te'traðio] Heft **11**
τεχνολογία η [texnolo'jia] Technologie **12**
τζάκποτ το *unv* ['dzakpot] Jackpot **15**
τζαμί το [dza'mi] Moschee **7**
τζόκινγκ το *unv* ['dzociŋg] Joggen **9**
τηλεόραση η [tile'orasi] Fernsehen **8**
τηλέφωνο το [ti'lefono] Telefon **2**
τηλεφωνώ [tilefo'no] telefonieren, anrufen **2**
τηλέφωνο (παίρνω ~) ['perno‿ti'lefono] anrufen **2**
τι ['ti] was; wie, was für **1, 4**
τιμή η [ti'mi] Preis; Ehre **5**
τιμή (με ~) [me‿ti'mi] hochachtungsvoll **7**
τίποτα (με ~) [me‿'tipota] auf keinen Fall **10**
τίποτα, τίποτε ['tipota], ['tipote] nichts; *in Fragen:* (irgend)etwas **1, 5**
τίτλος ο ['titlos] Titel **12**
τομέας ο [to'meas] Bereich **12**
τοπικός, -ή, -ό [topi'kos,‿'ci,‿'ko] lokal; örtlich **3**
τοπίο το [to'pio] Landschaft **7**
τόπος ο ['topos] Ort **14**
τόσο ['toso] so **5**
τόσο ... όσο ['toso 'oso] so ... wie **6**
τόσος, -η, -ο ['tosos] so groß, so viel(e) **5**
τότε ['tote] dann, damals **7**
τουλάχιστον [tu'laçiston] mindestens **8**
Τουρκάλα η [tur'kala] Türkin **2**
τουρκικά, τούρκικα τα *Pl* [turci'ka], ['turcika] Türkisch **2**
Τούρκος ο ['turkos] Türke **2**
τούρτα η ['turta] Torte **9**
τραγικός, -ή, -ό [traji'kos,‿'ci,‿'ko] tragisch **9**
τραγουδάω [traɣu'ðao] singen **6**
τραγούδι το [tra'ɣuði] Lied **9**
τραμ το *unv* ['tram] Straßenbahn **6**
τράπεζα η ['trapeza] Bank **6**
τραπέζι το [tra'pezi] Tisch **2**
τρέλα η ['trela] Verrücktheit **8**
τρελαίνω [tre'leno] verrückt machen **14**
τρένο το ['treno] Zug **7**
τρέχω ['trexo] laufen, rennen **7, 10**
τρίκλινο το ['triklino] Dreibettzimmer **10**
τριπλός, -ή, -ό [tri'plos] dreifach **4**
Τρίτη η ['triti] Dienstag **3**
τρίτος, -η, -ο ['tritos] dritte(r, s) **4**
τρίχα η ['trixa] Haar **9**
τρομάζω [tro'mazo] erschrecken **8**
τρόπος ο ['tropos] Art, Weise **9**
τρώω ['troo] essen **2**
τσάι το ['tsai] Tee **9**
τσάντα η ['tsanda] Tasche **11**
τσιγάρο το [tsi'ɣaro] Zigarette **6**
τσιπούρα η [tsi'pura] Meerbrasse **5**
τσίχλα η ['tsixla] Kaugummi **6**
τσουγκρίζω [tsuŋ'grizo] titschen, anstoßen **13**
τυρί το [ti'ri] Käse **5**
τυρόπιτα η [ti'ropita] Blätterteigtasche mit Käse **5**
τυχερός, -ή, -ό [tiçe'ros] Glück(s)- **6**
τώρα ['tora] jetzt **1**

Υ

υγεία η [i'jia] Gesundheit **9**
υγιεινός, -ή, -ό [ijii'nos] gesund **9**
υγρό το [i'ɣro] Flüssigkeit **12**
υπάλληλος ο, η [i'palilos] Angestellte(r) **2**
υπάρχει *3. Pers. Sg oder Pl* [i'parçi] es gibt **4**
υπέροχος, -η, -ο [i'peroxos,‿çi,‿xo] wunderbar, ausgezeichnet **3**
υπηρεσία η [ipire'sia] Dienst **15**
ύπνος ο ['ipnos] Schlaf **7**
υποθήκη η [ipo'θici] Hypothek **VL**
υπολογιστής (ηλεκτρονικός ~) ο [(ilektroni'kos)‿ipoloji'stis] Rechner **14**

υποτροφία η [ipotro'fia] Stipendium **14**
υποψήφιος ο [ipo'psifios] Kandidat **14**
ύστερα ['istera] dann, nachher **7**
ύφασμα το ['ifazma] Stoff **11**
ύψος το ['ipsos] Größe, Höhe **VL, 11**

Φ

φαγητό το [faji'to] Essen **6**
φαγούρα η [fa'ɣura] Juckreiz **11**
φανάρι το [fa'nari] Ampel **6**
φανερώνω [fane'rono] sichtbar machen; aussagen **9**
φανταστικός, -ή, -ό [fandasti'kos,-'ci,-'ko] fantastisch **6**
φαξ το *unv* ['faks] Fax **14**
φάρδος το ['farðos] Weite **11**
φαρδύς, -ιά, -ύ [far'ðis,-'ja,-'i] weit **11**
φαρμακείο το [farma'cio] Apotheke **6**
φάρμακο το ['farmako] Medikament **12**
φασαρία η [fasa'ria] Lärm **10**
Φεβρουάριος ο [fevru'arios] Februar **8**
φεγγάρι το [feŋ'gari] Mond **VL**
φέρι μποτ το *unv* ['feri_bot] Fähre **10**
φέρνω ['ferno] (mit)bringen **6**
φέτος ['fetos] dieses Jahr **7**
φεύγω ['fevɣo] verlassen; weggehen, wegfahren **2**
φθινόπωρο το [fθi'noporo] Herbst **13**
φίλη η ['fili] Freundin **2**
φιλί το [fi'li] Kuss **7**
φιλικά [fili'ka] freundschaftlich **7**
φιλικός, -ή, -ό [fili'kos,-'ci,-'ko] freundlich **7**
φιλολογία η [filolo'jia] Philologie **14**
φίλος ο ['filos] Freund **VL, 1**
φιλόσοφος ο, η [fi'losofos] Philosoph(in) **VL**
φιλάω [fi'lao] küssen **7**
φλιτζάνι το [fli'dzani] Tasse **9**
φοβάμαι [fo'vame] sich fürchten **6**
φοβητσιάρης, -α, -ικο [fovi'tsçaris] ängstlich; Angsthase **13**
φοιτητής ο [fiti'tis] Student **1**
φοιτητικός, -ή, -ό [fititi'kos,-'ci,-'ko] Studenten- **15**
φοιτήτρια η [fi'titria] Studentin **2**
φορά η [fo'ra] Mal **5**
φοράω [fo'rao] tragen, anziehen **8**
φόρεμα το ['forema] Kleid **11**
φόρμα η ['forma] Form **9**
φόρουμ το *unv* ['forum] Forum **12**
φούρναρης ο ['furnaris] Bäcker **5**
φούρνος ο ['furnos] Backofen; Bäckerei **2, 5**
φουρτούνα η [fur'tuna] Sturm **13**
φούστα η ['fusta] Rock **11**
φουστάνι το [fu'stani] Kleid **11**
φράουλα η ['fraula] Erdbeere **5**
φρέσκος, -ια /-η, -ο ['freskos,-ca /-ci,-ko] frisch **5**
φρούτο το ['fruto] Obst **5**
φρουτοσαλάτα η [frutosa'lata] Obstsalat **5**
φταίω ['fteo] schuld sein **5**
φτάνω ['ftano] ankommen; reichen **1, 15**
φτηνός, -ή, -ό [fti'nos] billig **5**
φτιάχνω ['ftçaxno] machen **10**
φτωχός, -ή, -ό [fto'xos,-'çi,-'xo] arm **3**
φυλλάδιο το [fi'laðio] Prospekt **10**
φυσάει *3. Pers. Sg* [fi'sai] es ist windig **13**
φύση η ['fisi] Natur **7**
φυσικά [fisi'ka] natürlich **2**
φυτεύω [fi'tevo] pflanzen **10**
φωνάζω [fo'nazo] schreien; rufen **8**
φωνακλού η [fona'klu] weiblicher Schreihals **10**
φως το ['fos] Licht **13**
φωτογραφία η [fotoɣra'fia] Foto **3**
φωτοτυπία η [fototi'pia] Kopie **14**
φωτοτυπία (βγάζω ~) ['vɣazo_fototi'pia] kopieren **14**

Χ

χαδιάρης, -α, -ικο [xa'ðjaris] verschmust **13**
χαζεύω [xa'zevo] (gemütlich) anschauen **10**
χαϊδεύω [xai'ðevo] streicheln **VL**
χαίρετε ['cerete] guten Tag **1**
χαιρετίσματα τα *Pl* [cere'tizmata] Grüße **7**
χαιρετισμός ο [çereti'zmos] Gruß **7**
χαίρομαι ['cerome] sich freuen **6**
χαίρω πολύ ['cero_po'li] sehr erfreut **1**
χαλάζι το [xa'lazi] Hagel **13**
χαλασμένος, -η, -ο [xala'zmenos] kaputt, verdorben **15**

χαλάω [xa'lao] kaputt machen, kaputt gehen **13**
χάλι το ['xali] schlimmer Zustand **9**
χάλια ['xaʎa] sehr schlecht **1**
χάνω ['xano] verlieren; etw. verpassen **VL, 1, 7**
χαρά (μια ~) ['mɲa‿xa'ra] blendend **1**
χαρακτήρας ο [xara'ktiras] Charakter **3**
χάρη η ['xari] Gefallen **6**
χαρίζω [xa'rizo] (ver)schenken **2**
χαριτωμένος, -η, -ο [xarito'menos] hübsch, niedlich **7**
χαρτί το [xar'ti] Papier; Spielkarte **8, 11**
χάρτινος, -η, -ο ['xartinos] aus Papier **11**
χασάπης ο [xa'sapis] Metzger **5**
χασάπικο το [xa'sapiko] Metzgerei **5**
χατίρι το [xa'tiri] Gefallen **13**
χείλια τα *Pl* ['çiʎa] Lippen **3**
χειμώνας ο [çi'monas] Winter **8**
χειμωνιάζει *3. Pers. Sg* [çimo'ɲazi] es wird Winter **13**
χειρισμός ο [çiri'zmos] Bedienung, Handhabung **14**
χειρότερος, -η, -ο [çi'roteros] schlechter **6**
χέρι το ['çeri] Hand, Arm **VL, 12**
χήρα η ['çira] Witwe **4**
χήρος ο ['çiros] Witwer **4**
χθες, χτες ['xθes], ['xtes] gestern **7**
χιόνι το ['çoni] Schnee **13**
χιονίζει *3. Pers. Sg* [ço'nizi] es schneit **13**
χοντρός, -ή, -ό [xon'dros] dick **3**
χορεύω [xo'revo] tanzen **7**
χορηγώ [xori'ɣo] gewähren **15**
χορός ο [xo'ros] Tanz, Ball **3**
χορτοφάγος ο, η [xorto'faɣos] Vegetarier(in) **5**
χρειάζομαι [xri'azome] brauchen **6**
χρήμα το ['xrima] Geld **VL, 14**
χρήση η ['xrisi] Gebrauch; Bedienung **1, 14**
χρήσιμος, -η, -ο ['xrisimos] nützlich **1**
Χριστός Ανέστη [xri'stos‿a'nesti] "Christus ist auferstanden" **13**
Χριστούγεννα τα *Pl* [xri'stujena] Weihnachten **VL**
χρονιά η [xro'ɲa] Jahr **10**
χρόνος ο ['xronos] Zeit; Jahr **3, 8**
χρόνου (του ~) [tu‿'xronu] nächstes Jahr **7**
χρώμα το ['xroma] Farbe **11**
χρωστάω [xro'stao] schulden **5**
χτενίζω [xte'nizo] kämmen **14**
χτυπάω [xti'pao] klopfen; schlagen **12**
χώμα το ['xoma] Erde **9**
χώρα η ['xora] Land; Hauptort einer Insel **10**
χωράω [xo'rao] passen **9**
χωρίζω [xo'rizo] trennen **15**
χωριό το [xo'rjo] Dorf **7**
χωρίς [xo'ris] ohne **2**
χωρισμένος, -η, -ο [xori'zmenos] getrennt **4**
χωρισμός ο [xori'zmos] Trennung **4**

Ψ

ψάλλω ['psalo] singen (*in der Kirche*) **13**
ψαλμωδία η [psalmo'ðia] Psalmodie **13**
ψαράδικο το [psa'raðiko] Fischgeschäft **5**
ψαράς ο [psa'ras] Fischhändler; Fischer **5, 10**
ψάρεμα το ['psarema] Fischen **9**
ψαρεύω [psa'revo] fischen **9**
ψάρι το ['psari] Fisch **VL, 5**
ψάχνω ['psaxno] suchen **1**
ψηλομύτης, -α, -ικο [psilo'mitis] hochnäsig **13**
ψηλός, -ή, -ό [psi'los] hoch; groß **3**
ψηλοτάκουνος, -η, -ο [psilo'takunos] hochhackig **11**
ψήσιμο το ['psisimo] das Grillen, Braten **13**
ψιχαλίζει *3. Pers. Sg* [psixa'lizi] es nieselt **13**
ψυγείο το [psi'jio] Kühlschrank **9**
ψύχρα η ['psixra] Kühle **13**
ψωμί το [pso'mi] Brot **5**
ψώνια τα *Pl* ['psoɲa] Einkäufe **5**
ψωνίζω [pso'nizo] einkaufen **5**

Ω

ώμος ο ['omos] Schulter **12**
ώρα η ['ora] Zeit; Stunde **VL, 3**
ώρα (στην ~ μου) [stin‿'ora‿mu] pünktlich **15**
ωραία [o'rea] schön **1**
ωραίος, -α, -ο [o'reos] hübsch, schön **3**
ωράριο το [o'rario] Arbeitszeit **14**
ως [os] als **1**